中国法学会“中日韩法律研究中心暨中日韩高端法律人才培养基地”支持

山東大學法律評論

（2021—2023）

——日韩法专辑

周长军　主编

山东大学出版社
SHANDONG UNIVERSITY PRESS
·济南·

图书在版编目（CIP）数据

山东大学法律评论．2021-2023：日韩法专辑／周长军主编．—济南：山东大学出版社，2023.12

ISBN 978-7-5607-8035-1

Ⅰ．①山…　Ⅱ．①周…　Ⅲ．①法学-文集　Ⅳ．①D90-53

中国国家版本馆CIP数据核字（2024）第017199号

责任编辑　刘晓燕
封面设计　王　昆　杜　婕

山东大学法律评论（2021—2023）
SHANDONG DAXUE FALÜ PINGLUN（2021—2023）
——日韩法专辑

出版发行　山东大学出版社
社　　址　山东省济南市山大南路20号
邮政编码　250100
发行热线　（0531）88363008
经　　销　新华书店
印　　刷　山东华鑫天成印刷有限公司
规　　格　720毫米×1000毫米　1/16
　　　　　19.25印张　316千字
版　　次　2023年12月第1版
印　　次　2023年12月第1次印刷
定　　价　76.00元

《山东大学法律评论》(2021—2023)
编 委 会

前　言

《山东大学法律评论》是由山东大学法学院编辑出版的连续性学术辑刊，自2003年创刊以来，得到越来越多校内外法学名家、研究人员及学习者的认同和赞誉，并在日本、韩国等国家和地区产生了一定的影响力。知名学者如日本的近江幸治、道垣内弘人，韩国的金载亨，美国的阿克曼、鲍尔森等均在《山东大学法律评论》上发表过学术论文。

为更好地发挥山东大学作为中国法学会“中日韩法律研究中心暨中日韩高端法律人才培养基地”的学科优势，打造日韩法研究的特色，从2019年开始，连续编辑出版《山东大学法律评论——日韩法专辑》，主要刊载日韩法研究领域的学术论文和最新成果，下设日本法专辑、韩国法专辑等栏目。同时，为适应山东自贸区建设以及青岛建设中国—上海合作组织地方经贸合作示范区的需要，本刊也欢迎海内外法学界和实务界的同仁惠赐有关自贸区法治建设、中国—上海合作组织地方经贸合作法治保障方面的佳作。

为提高书稿质量，办出水平，《山东大学法律评论》成立了编委会。主编由山东大学法学院院长周长军担任，编委由以下8位学者组成（按姓氏笔画排序）：

毛映红，山东大学法学院教授，山东大学工学博士，2001—2007年在日本访学和工作。

付本超，山东大学法学院研究员，韩国海洋大学法学博士。

刘善华，山东大学法学院副教授，日本一桥大学法学博士。

李长勇，山东大学法学院副教授，日本山口大学法学博士。

杨瑞贺，山东大学法学院助理研究员，日本北海道大学法学博士。

［韩］金永完，山东大学法学院教授，韩国高丽大学法学学士、日本中央大学法学博士。

［韩］郑栽骏，山东大学法学院教授，韩国东国大学警察行政法学硕士、高丽大学法学博士结业，美国加州大学伯克利分校法学博士。

徐千寻，山东大学法学院讲师，日本京都大学法学博士。

最后，感谢李梦丹、杨姝琪、李菲、滕依丽、刘桂茨等研究生同学对本书提供的文字校对等协助工作。

编　者

2023 年 12 月

目　录

日本法专辑

韩国法专辑

日本法专辑

动物在民法上的地位

——以法国法上的讨论为中心

[日]吉井啓子 著　李起宁 译　杨瑞贺 校译*

一、引言

现代社会出现了新的有体物,它们具有新性质,无法被原来的有体物概念所包含。日本民法将“物”限定为有体物,但对于具有新性质的新有体物,民法应该如何应对呢?例如,动物、负财产(如工业废弃物等只有负价值的财产)、人体的构成物和人体的产出物等。仅此处列举的几个例子就各具争议,因此本文无法全部涉及。本文将探讨的是动物在民法上的地位,这一问题迄今为止在日本鲜少争议。

民法应如何定位在现代社会中呈现出新性质的动物?这一问题在欧洲引起了激烈的讨论,但在日本却很少被提及。在日本,有关动物的讨论限于以下内容:动物作为所有权客体之“物”,其特殊性在于动物被赋予了人格价值和情感价值,所有权人对动物行使所有权受到限制。① 因此,本文参照设立动物特别条款的欧洲各国民法典,探讨是否应将动物从“物”的范畴中解放出来,是否应赋予动物法律人格,以及创设新的“物”的概念的可能性。

由于人类对动物的看法发生了变化,在现代社会中,越来越多的人对断言动物是“物”感到犹豫。德国、瑞士、奥地利等国家甚至将“动物不是物”

---

* 吉井啓子,日本明治大学法学院教授;李起宁,山东大学法学院硕士研究生;杨瑞贺,山东大学法学院助理研究员,日本北海道大学法学博士。

① 参见[日]吉井啓子:《动物的法律地位》,[日]吉田克己、片山直也编:《财产的多样化与民法学》,商事法务 2014 年版,第 252 页。

写入民法典。[①] 但若动物非物,那么动物是人吗?可以预见到将动物定位成"人"会遭到传统"人、物严格区分论"的强烈反对。若动物既非物亦非人,那么是否应赋予动物介于人与物之间的新的法律地位呢?

对于在民法典中特别对待动物,法国一直持慎重态度。但在 2015 年初,法国出台了有关动物的新条款(法国《民法典》515-14 条)。因此,本文将在介绍这一修改的同时,参照法国关于动物法律地位的讨论,重新思考日本民法应该如何对动物进行定位。作为私法一般法的民法是否确有必要特别对待动物?抑或通过民法之外的动物保护法来谋求个别保护即可?本文内容虽未及于此,但有关该问题的探讨对于人、物区分乃至物的分类在民法的规范构造上所发挥的作用,以及民法与保护特定物的特别法的关系等问题的研究提供了有益的视角。

二、法国民法典上有关动物的新规定

(一)2015 年修改前的状况

《法国危险动物、流浪动物及动物保护 1999 年 1 月 6 号法律》(Loi n°99-5 du 6 janvier 1999 relative aux animaux dangereux et errants et à la protection des animaux)对民法典进行了修改,对"由用途决定的不动产""由性质决定的动产"的定义进行了修正。[②]

旧《民法典》第 524 条第 1 项规定:"土地所有者为了便利或有效利用而在土地上放置的动物和物(les animaux et les objets)是由用途决定的不动产。"

旧《民法典》第 528 条规定:"自主移动还是在外力作用下移动在所不问,能够移动场所的动物和物体(les animaux et les corps)是由性质决定的动产。"

在上述条文中,"动物"与"物""物体"是并列关系,即动物不是"物""物体"。但一般认为这一民法修改只具有象征意义。动物虽然不是"物"

---

① 参见[日]吉井啓子:《动物的法律地位》,[日]吉田克己、片山直也编:《财产的多样化与民法学》,商事法务 2014 年版,第 258 页。

② 2015 年修改前的法国民法典对动物的定位,详见[日]吉井啓子:《动物的法律地位》,[日]吉田克己、片山直也编:《财产的多样化与民法学》,商事法务 2014 年版,第 258 页。

“物体”,但仍属于“动产”“财产”。在上述条文中,动物的特征不是具有生命和感觉,而是具有可移动性,这一修改并没有将动物从以往的物、动产范畴中解放出来。民法典将动物规定为动产,刑法典严厉惩罚侵害动物的行为,农业、海洋和渔业法典将动物定义为“有感觉的存在”(être sensible)①,这些规定被认为互相矛盾。

因此,在2005年,动物法制报告书被提交给司法大臣,报告书建议统一与动物相关的法律制度。② 在报告书中,有提案认为应当为动物创设“受保护物(bien protégé)”范畴,将动物作为“财产”的同时明确其特殊性。此外,更加激进的提案认为不应将动物视为“财产”。

2008年11月,安利·卡维坦协会公布的法国民法典《财产法(物权法)修改准备草案》(L' avant-projet de la loi portant reforme du Livre Ⅱ du Code civil relatif aux biens)中,有提案认为,应制定动物特别条款,使动物与普通物相区别,但仍适用有体物的相关规定。“动物在适用保护动物法律的前提下,服从于有体物制度。”③(准备草案第521条)故意避开了对动物的法律性质进行定性。

(二)2015年修改

经过上述过程,2015年法国民法典进行了重要的修改。《关于司法和内务领域法律和程序现代化和简略化的2015年2月16日第177号法律》(Loi n°2015-177 du 16 fevrier 2015 relative à la modernisation et à la simplification du droit et des procédures dans les domaines de la justice et des affaires intérieures)新增第515-14条。随着该条的新增,第524条第1项中有关动物的部分移至第2项,删除了第528条中有关动物的部分。新增的第515-14条规定:“动物是具备感觉有生命的存在(des êtres vivants doués de sensibilité)。动物在适用保护动物法律的前提下,遵守财产制度。”该条对动

---

① “sensible”这一形容词也可以被译为“具有感受性”,但与[日]青木人志的《动物的比较法文化》(有斐阁2002年版,第59页)保持一致,译为“具有感觉”。

② S. Antoine, Rapport sur le régime juridique de l' animal, 10 mai 2005.关于该报告书,参见《动物在法国民法典中地位——关于动物法制的安托万报告书》,《国学院法学》2006年第44卷1号,第117页。

③ 修改准备草案第521条的翻译参照法国物权法研究会:《法国物权法修改动向》2009年民商141卷1号,第134页。

物的定义,与规定了动物保护的一般原则的农业、海洋和渔业法典相同,都将动物视为“有感觉的存在”①。《农业、海洋和渔业法典》(第 2 编第 1 章“动物的保有、流通和动物制品”第 4 节“动物保护”)L.214-1 条规定:“所有动物都是有感觉的存在,动物所有人必须在符合该种动物生物学需求的条件下饲养。”通过规定动物不是物等方式,在民法典中特别对待动物的国家逐渐增加,此次修改实际上是法国国内动物保护团体在这一国际趋势影响下积极游说的成果。作为本次修改推动者的动物保护团体似乎认为这次修改是过渡性的,他们的最终目标是引入与德国和瑞士相同的规定,即“动物不是物”。但是,引入这样的规定可能会严重动摇“人”“物”区分这一民法典的构造基础。以此次修改为契机,法国国内围绕动物的法律性质展开了激烈的讨论。②

(三)对修改的评价

新增的第 515-14 条将动物定义为“具备感觉有生命的存在”,对其意义,学界存在不同见解。在这一条文中,动物不是“物”而是“存在”,有批判观点认为动物变成了既非“物”也非“人”的某种莫名其妙的东西。③ 2015 年参与该法修改的立法者有意避开界定动物是物还是人,只规定“动物服从于财产制度”,刻意避免明确的法律定性。

但是,也有人认为民法典在动物不是“物”这一点上进行了明确。④ 还有人认为,法国未像德国、瑞士、奥地利、波兰、爱沙尼亚、阿塞拜疆等国家以

---

① 继该条之后,《农业、海洋和渔业法典》L.214-2 条,所有人都享有在 L.214-1 条规定的条件下饲养动物的权利,在 L.214-3 条规定的条件下使用动物的权利。法国没有日本《动物爱护管理法》等被视为动物保护基本法的法律。与动物相关的法律法规主要规定于《农业、海洋和渔业法典》(Code rural et de la pêche maritime)。野生动物则规定于《环境法典》(Code de l' environnement)中。

② 最近法国有关动物法的书籍大量出版。以法国动物法第一人马格诺为中心撰写的 J.-P. Marguénaud, F. Burgat et J. Leroy, *Le droit animalier*, PUF, 2016 可以说是了解动物法的第一部基本书籍。关于动物这一具有感觉的存在,参见 R. Bismuth et F. Marchadier (dir.), *Sensibilite animale: Perspectives juridiques*, CNRS, 2015。关于动物在刑法中的地位,参见 M. Perrin, *LeStatut penal de l' animal*, L' Harmattan, 2016。并且,2009 年开始以《动物法半年评》(*Revue Semestrielle de Droit Animalier, RSDA*)为题的动物法专门杂志每年发行两次。该杂志可从利摩日大学的网页(http://www.unilim.fr/omij/publications-2/revue-semestrielle-de-droit-animalier.)下载。

③ L. Neyret, Droit des biens. D., 2015, p. 1863.

④ J.-P. Marguénaud, Une révolution théorique: l' extraction masquée des animauxd de la catégorie des biens, JCP. 9 mars 2015, p. 495.

"动物不是物"的否定观点确定动物的法律性质,而是以"具备感觉有生命的存在"积极地定义动物。① 还有人着眼于"在适用保护动物法律的前提下"这一部分,他们认为保护动物的法律主要是农业、海洋和渔业法典以及刑法典,但并非所有动物都有动物保护立法,因此根据动物种类不同,有些动物仍然会被视为"财产""动产"。②

即使根据新增的第 515-14 条,只要没有特别法的规定,动物仍然会被视为"财产"。因此这次修改在法律上并无特别意义。该条只是象征性规定,象征性地将动物区别于其他动产,这可能是大多数民法学者对第 515-14 条的评价。③ 但有人认为即使是象征性的修改也不能忽视④,并对这次的修改给予一定肯定。将动物定义为"具备感觉有生命的存在",使得一直以来被视为边缘问题的动物法律性质定性问题得到关注。认为动物是"财产(物)"意味着只从有用性(utilité)的视角看待动物,此次修改在提高动物保护有效性的同时,也是抛弃旧观念的机会。通过此次修改,民法典中增加了被视为动物保护一般原则的规定,有观点认为这对于统一以往散见于各个法律领域中的规定有重要作用。⑤

也有人认为第 515-14 条具有更加积极的意义。⑥ 该条可能会实际影响法院对动物相关法规(特别是动物保护相关法规)的解释。⑦ 产生实际影

---

① E. Langenaken, L' animal en droit civil: les amorcesd'un nouveau statut, Journal des tribunaux, n° 6667, 2016, p. 693.

② N. Reboul-Maupin, Nos amis. les animaux... sont désormais doués de sensibilité: un tournant et des tourments!, D., 2015, p. 573.

③ P. Malinvaux, L' animal va-t-il s'égarer dans le Code civil?, D., 2015.p.87.

④ G. Loiseau, La sensibilité de l' animal en droit civil: l' animal entre chose entre être, in R. Bismuth et F. Marchadier (dir.), *Sensibilité animale: Perspectives juridiques*, CNRS, 2019, p. 75.

⑤ S. Demoulin-Cansellier, De la sensibilité à l' unicité: une nouvelle étape dansl' élaboration d'un statut sui generis pour l' animal, D., 2016. p. 361.

⑥ L. Boisseau-Sowinski, La désappropriation de lanimal, Presses Universitaires deLimoges, 2013, p. 124; F. Glansdorff, Plaidoyer pour unstatut de l' animal dans le Code civil, in *Contestations, combats et utopies: Liberamicorum Christine Matray, Larcier*, 2015, *p.* 198.

⑦ E. Langenaken, L' animal en droit civil, p. 700; S. Demoulin-Cansellier, De la sensibilité à l' unicité, p. 360.

响的例子是翻案法院第一民事部2015年12月9日的判决[①],繁育人以800欧元出售的狗在出售后不到6个月就因眼球晶状体疾病导致视力出现问题而接受了手术,手术费用为2400欧元。狗的主人根据《消费法典》(旧)L.211-9条有关买卖标的物不符合合同约定的规定请求繁育人进行损害赔偿,但是根据同条的规定,如果修理费用与商品价格不相称,出卖人可以选择更换商品。繁育人选择了更换作为“商品”的狗,双方因此产生争议。一审的瓦纳小审法院认为,“狗是有生命的存在,具有唯一性,不可替代”,“受其主人喜爱”,因此驳回了L.211-9条的适用。[②] 翻案法院对小审法院的判决理由进一步展开,指出作为伴侣动物的狗没有任何经济上的作用[③],不能基于《消费法典》(旧)L.211-9条主张更换,因此根据动物的特性作出了判决。在此情况下,可以期待法官参照《民法典》第515-14条的规定,根据动物的特性作出判断。

立法者在此次修改中避免对动物作出明确的法律定性,使动物继续服从有关财产的制度。立法者的这一判断或许是为了避免使民法典发生重大变动。法国动物法研究第一人马格诺也指出,使动物不再遵守财产制度,是

---

① Civ. 1er, 9 déc. 2015 (https://www.legifrance.gouv.fr/affichJuriJudi.do?oldAction=rechJuriJudi&idTexte=JURITEXT000031608173&fastReqId=1413834808&fastPos=1(2017年5月10日访问,官方案例集预定刊载).

② 在日本的判例中,民事请求中动物保护立法也被更多地提及。如大阪高等法院2014年6月27日的判决(未刊,消费者法新闻102号363页)。在寻找猫收养人的志愿活动中,有人假意承诺妥善饲养并从志愿者处获赠猫,原告要求被告返还猫并向被告主张不法行为产生的精神损害赔偿。在这一事例中,法院提到原告基于动物保护精神,为了防止野猫被杀,开展保护野猫、为野猫寻找收养人的志愿活动。并且,法院在确定因不法行为导致精神痛苦产生的精神损害赔偿金额时,参考了动物爱护法的条文,并指出法律规定了爱护和妥善饲养动物的义务,因此志愿者开展的动物爱护活动是合法的,应该受到保护。被告的行为与上述内容相违背,应受到强烈谴责。该判决相关情况,参见[日]吉井啓子:《从为猫寻找收养人的志愿者处诈骗猫者的不法行为责任》,新·判例解说编辑委员会编:《法学研讨会增刊·速报判例解说》vol.16《新·判力解说Watch》,日本法律评论社2015年版,第75页。

③ 在法国,伴侣动物(animal de compagnie)是人为了快乐(agrément)而保有的一切动物(农业、海洋和渔业法典L.214-6条)。法国法上的定义采用“保有”一词,与在有关伴侣动物保护的欧洲条约第一条中,作为人类的同伴在家庭中生活的动物这一定义不同。

剥夺人对动物的特权,这存在很大的困难。[①] 但是,如前所述,推动法国2015年修改的动物保护组织认为此次修改是过渡性的。关于在民法典中如何定位动物,学者众说纷纭,尚未达成一致意见。

三、动物在民法上的地位

(一)动物作为物(财产)的特殊性

民法典颁布时仅从经济价值、财产价值的角度看待动物,动物与非生物相同,在民法中属于所有权的对象"物"。另外,动物有生命,有感知痛苦的能力,以此为出发点推进了动物保护立法。"物"是"区别于人的、有体或无体、自然或人工的存在"[②]。之所以将动物作为物,仅仅因为动物是不同于人的存在,这是所有物的唯一共通点。但是,在法律上,"物"是指能够成为人所有的客体,具有经济价值和财产价值,是可以让与的东西。在此含义上,动物是"物",但通过主人请求精神损害赔偿的案件可以看出[③],在现代社会,动物具有无法用财产价值衡量的人格价值和情感价值。吉田克己教授将这种动物称为"依恋财产",他认为,"依恋财产"不同于以经济价值、财产价值为中心的传统财产,而是一种新的财产。[④] 在法国,利布沙贝尔基于同样的宗旨,将动物称为"主观财产(bien subjectif)"。[⑤]

具有此种性质的动物,是否仍可被划分在"财产"或"物"的范畴之中?法律范畴的作用之一在于,它可以直接导向适用的法律制度(例如,若为不动产,则适用以登记为基础的有关物权变动的对抗要件制度)。范畴的划分应尽可能接近实际情况,但人与特定动物之间的情感联系(人对动物的喜

---

① J.-P. Marguénaud, La question du statut juridique de l' animal: le passage irréversible de l' étape du riducule à l' étape de la discussion. RSDA 2/2013. p. 167; J.-P. Marguénaud, Les propositions de lois Povinelli relatives au statut de l' animal, RSDA 2/2011, p. 19; J.-P. Marguénaud, Une révolution théorique, p. 498.

② F. Zénati-Castaing et T. Revet, Les biens, PUF. 3e éd., 2008, n°1.

③ 有关日本动物死伤时饲养人的精神损害赔偿请求相关判例,参见[日]吉井启子:《动物的法律地位》,[日]吉田克己、片山直也编:《财产的多样化与民法学》,商事法务2014年版,第254页。

④ 参见[日]吉田克己:《财产的多样化与民法学的课题》,《财产的多样化与民法学》,商事法务2014年版,第12页。

⑤ R. Libchaber, La récodification du droit des biens, in *Le Code civil, 1804–2004: Livre du Bicentenaire*, Dalloz-Litec, 2006, p. 297.

爱)是否能使将动物归类于“物”的行为正当化呢?持此疑问者批判用所有权的概念定义人和动物的法律关系,认为这会使法律范畴的划分逐渐人为化,背离实际情况。① 所有权是对物直接的、排他的支配权,是应受宪法保护的基本权利,只有为了公共利益才能限制所有权的行使,而对动物所有权人所有权的限制是出于动物利益。

动物有生命,有感知痛苦的能力,因此在民法典之外是受到保护的对象。在日本,根据《动物爱护管理法》(以下简称《动物爱护法》),动物的所有权人(饲养人)对于自己所有的动物,不得剥夺、伤害、弃之不理。如果实施了以上行为会被追究虐待动物罪(《动物爱护法》第 44 条)。而且,动物的所有权人作为“有生命的动物”的所有者,必须充分意识到爱护和管理动物的责任,正确饲养动物,努力保持动物的健康和安全(《动物爱护法》第 7 条第 1 项,该条第 4 项还规定了饲养人对动物的终生饲养义务)。

对于为什么要保护动物,学界存在不同观点。利普沙别尔认为动物不是因为其自身性质,即有感觉、有感受痛苦的能力才会受到保护,而是因为人类看到动物痛苦的样子会产生同情。② 与之相反,马格诺认为,法国刑法典虐待动物罪删掉了“公然性”的要件,因此可以认为动物本身就是应该受到保护的对象。③ 法国《刑法典》第 521-1 条第 1 项惩罚对“家畜”“驯养的动物”“捕获的动物”实施严重虐待、性虐待以及残忍伤害的行为,R.622-2 条、R.653-1 条、R.654-1 条、R. 655-1 条规定了各种与动物有关的违警罪(police offences)。这些条文处罚将可能危害他人的动物置于游荡状态的监督者,因不注意、过失、不履行安全义务导致动物死亡的所有权人,以及虐待动物和导致动物死亡的行为(例如,用枪射杀猫狗、将猫狗放置在车窗玻璃紧闭的汽车内、将狗轧死等)。如上所述,法国刑法典禁止不必要的杀害动

---

① E. Langenaken, L' animal en droit civil, p. 695.

② R. Libchaber, Perspectives sur la situation juridique de l' animal, RTDciv., 2001, p. 239.

③ J.-P. Marguénaud, Les animaux sont-ils encore des bien? Prendre au sérieux la sage réponse du droit suisse, in J.-P. Marguénaud et O. Dubois (dir.), *Les animaux et les droits européens-Au-delà de la distinction entre les hommes et les choses*, A. Pedone, 2013, p. 51; J.-P. Marguénaud, L' animal dans le nouveau code pénal, D., 1995, Chr., p. 189.

物的行为,大幅度地限制所有权人最大的特权——处分权(abusus)。[1] 随着动物保护立法的增加,为了保护动物而非为了公共利益,动物所有权特别是处分权受到更多限制。动物所有权逐渐从对物的绝对支配权,转变为在尊重物的前提下享有的有限支配权。[2] 在这种情况下,即使是赞成动物是所有权客体、支持将动物作为财产的人也表示,动物所有权处于"被切断了手脚(amputé)"的状态。[3]

(二)特别物

那么,应该如何对待使财产(物)所有权人行使权利受到极大限制的动物呢?若仍将动物视为物,因动物具有特殊性,是否应该在民法中设立新的财产(物)范畴呢?前述 2005 年提交给司法大臣的动物法制报告书中有两种提案,一种是为动物创设"受保护物"(bien protégé)范畴,在将动物视为"财产"的同时明确其特殊性;另一种是不将动物视为"财产"的更为激进的提案。[4] 以下首先探讨前者的建议,即将动物划归"财产"范畴,同时赋予其"特别物"的定位。

在 2015 年修改前的法国,将动物从"财产"的范畴中解放出来面临很大阻力。但是,动物作为新型财产所具有的性质在民法典中完全没有体现,对此很多观点认为这是落后于时代发展的。里伯沙贝尔指出,将动物插入现在人、物二选一的范畴中确有困难,"应该将动物归于物的范畴。但这并不意味着动物必须作为静物或未分化的物来处理"。即使将动物作为物,"在人与物严格的二选一之间,动物的地位仍不明确。它不是服从支配权人权利的通常物,而是以情感构成要素为特征的物,如果承认这一点,那么争论将止于物的范畴的扩大"。他强调新的物的分类的必要性。[5] 同时,他指出

---

① 在刑法典以外,农业、海洋和渔业法典 R.214-17 条规定,无论出于何种目的,以下行为都应当被禁止:不给动物必要的饲料和水,动物患病、受伤后不予治疗放任不管,在不适合该类动物的面积、气温下饲养动物,在可能导致动物受伤,发生事故的设施、设备中饲养动物,在不必要的情况下对动物使用不适合的穿着用具和栅栏、笼子等。如果发现因虐待或弃养而导致动物患病、受伤、陷入悲惨状况,县知事可以采取措施使动物的痛苦降至最低,根据情况可下令就地安乐死(费用由动物所有者承担)。

② J.-P. Marguénaud, La question du statut juridique de l'animal, 162.

③ G. Loiseau, La sensibilité de l'animal en droit civil, p. 86.

④ S. Antoine, Rapport sur le régime juridique de l'animal.

⑤ R. Libchaber, La recodification du droit des biens, n°35.

财产(物)分类中有无生命这一标准,使动物保护的目的发生变化。[①] 他认为,动物保护的理念不在于保护动物本身,而是为了更有效地保护与动物一样具有生命的人类。但是,很多人认为这一观点过于以人类为中心。[②]

除此之外,卢瓦索还提出了"受保护物"(chose protégée)的范畴,并提议将动物是有感知的物应受到尊重这一动物保护一般原则写入民法典。[③] 马雷·普里库尔提出了"作为存在的财产"(biens-êtres)和"作为客体的财产"(biens-objets)的区别,他认为这种区分方式可以表现人对动物的支配。[④] 拉贝认为,与法国民法典第714条所定义的"公共物"(chose commune)(湖泊、河水等)相同,动物是物,但应将其定义为"有感觉的存在",作为特别物对待,这样不必将动物拟人化就能把握其特殊性质。[⑤] 整理2005年动物法制报告书的安托万也提倡"生物"(organismes vivants)、"无生命财产"(biens inertes)、"公共物"(chose commune)的分类。[⑥] 与拉贝不同,安托万的分类并没有使用"具备感觉"(sensibilité)这一标准。安托万似乎意在创设一种不仅适用于动物,也适用于人体构成要素和人类胚胎等的分类,他认为野生动物是公共物,应该排除在财产法之外。

(三)具备感觉的性质

2008年《财产法(物权法)修改准备草案》第521条提出:"动物在适用保护动物法律的前提下,服从于有体物制度。"对此,有人在认可准备草案方向性的同时,提出了"有感觉的动产"(meubles sensibles)这一定义。[⑦] 2015年的修改虽然遵循了这一观点,但是在民法典中引入了异质的"具备感觉"的说法,这是具有争议的。本文中"sensible"和"sensibilité"这两个法语单词分别被翻译为"有感觉"和"具备感觉",是指对所处环境内事物的变化刺激

---

① R. Libchaber, Perspectives sur la situation juridique de l' animal, p. 240.

② E. Langenaken, L' animal en droit civil, p. 697.

③ G. Loiseau, Pour un droit des choses, D., 2006, p. 3019.

④ B. Mallet-Bricourt, Droit des biens, D., 2014, p. 1844.

⑤ X. Labbée, Esquisse d'une définition civiliste de l' espèce humaine, D., 1999, Chr., p. 437.

⑥ S. Antoine, L' animal et le droit des biens, D., 2003, p. 2651.

⑦ W. Dross et B. Mallet-Bricourt, L' avant-projet de réforme du droit des biens: premier regard critique, D., 2009, p. 508.

产生感觉和反应的能力。[①] 从动物保护的角度出发,将动物的这一性质纳入法律,在国际上已经成为一种潮流。[②] 关于这种现象及其意义将另文说明。欧洲、欧盟自古以来就认为动物是“有感觉的存在”因此必须受到保护。1974 年《保护国际运输中的动物的欧洲协定》明确规定要关注动物“福祉”(bien-être)。近来,2010 年 12 月 22 日《欧盟关于保护科学实验用动物的指令》提到了“动物感受、表达疼痛、痛苦和恐惧的能力”,不仅关怀动物的生命,还表现出了对动物“心理方面”的关注。《农业和海洋渔业法典》L. 214-1 条(所有动物都是有感觉的存在……)规定了动物保护的一般原则,是法国民法典第 515-14 条的基础,它是以 1976 年 7 月 10 日《关于自然保护的法律》第 9 条为基础的。该第 9 条是法国国内第一个将动物规定为“有感觉的存在”的条文,它是在《保护国际运输中的动物的欧洲协定》得到批准后制定的。

但是,对于将动物具备感觉的性质纳入民法典有关动物的规定,也有人表示担忧。里布沙贝尔认为,即使人负有不给动物带来不必要痛苦的道德义务,但动物并不享有免受痛苦的权利,“具备感觉”这一表述会给人带来错误的认识。[③] 对于这一观点,有批判观点表示,法律是文化的产物,“具备感觉”的性质是动物保护的出发点,如果社会向限制给动物施加痛苦的方向发展,那么将动物性质纳入民法典会成为这一发展趋势的方向指引。[④]

此外,有观点认为,2015 年修改时使用的形容词“sensible”会使人联想到理性和良知,这可能成为下文所讨论的承认动物法律人格的第一步。[⑤]

(四)人与物的中间范畴

根据 2015 年的修订,动物被认为是具备感觉的“存在”,好像变成了既

---

① X. Longy, La sensibilité animale saisie par le droit: l’ avis d’ un vétérinaire praticien, in R. Bismuth et F. Marchadier (dir.), *Sensibilité animale: Perspectives juridiques*, p. 39.

② R. Bismuth et F. Marchadier, La sensibilité de (et vis-à-vis de) l’ animal. grillede lecture du droit animalier?, in R. Bismuth et F. Marchadier (dir.), *Sensibilitéanimale: Perspectives juridiques*, p. 39.

③ R. Libchaber, La souffrance et les droits: à propos d’ un statut de l’ animal, D., 2014, p. 381.

④ R. Bismuth et F. Marchadier, La sensibilité de (et vis-à-vis de) l’ animal, p. 35.

⑤ J. Leroy, Brèves réflexions sur l’ usage de l’ expression «être sensible» appliquées à l’ animal, RSDA, 2011/2, p. 11.关于这一点,在法国的判例中,导盲犬可以成为“由用途决定的人(personne par destination)”,这点很有意思(TGI Lille, 24mars 1999, D., 1999, 350, note X. Labée; Defrénois. 1999, 37048, note Ph. Malaurie)。

不是"物"也不是"人"的东西。也有人认为动物既非财产也非人,而是介于二者之间的新的法律范畴。① 该学说认为,赋予动物法律人格对于不能主动提起诉讼的动物来说是没有意义的,否定将动物视为人。同时,该学说对于介于财产与人之间的新的法律范畴,提出了"利益的中心(centres d' intérêts)"的概念。② 下面,我们将探讨这种创立中间范畴的观点。

2015 年修改之前,费卢杰提出"利益的中心(centres d' intérêts)"这一人与财产中间的新范畴。它由"法人的代用(succédanes de personnes morales)"和"法人的投影(ombresde la personnes morales)"形成。动物和人的胚胎、遗骸都属于后者。③ 它们虽然不能作为权利主体实施一定行为,但却备受立法者关注,并形成了与之相关的部分法律制度。动物保护立法的增加使动物成为"利益的中心",虽然动物权利主体的性质未得到承认,但人类对动物承担的义务增加了。若不履行对"利益的中心"的动物所负担的义务,动物相关者(动物保护团体等)会承担责任履行义务,因此赋予动物法律人格并无必要。

但是,设立新的中间范畴的提案并没有得到大多数人的赞同。批判的声音认为,为了设立这一概念必须构建新的制度,这会使一直以来行之有效的制度陷入混乱。也有人认为,这一新概念只是人的代用品,其因反对将动物看作人而提出。④ 如果划分法律范畴是为了能够适用一定的法律制度,那么就必须重新制定新范畴适用的新制度。但这几乎是不可能的,而且会比现在的制度更加复杂。最后,动物还是不得不适用"财产(物)"(或"人")的制度。

(五)赋予动物法律人格

那么,将动物视为"人"是否可能呢?德格贝尔斯认为,动物具有"受法律保护的利益",应该承认动物具有有限的法律人格。⑤ 马尔格诺主张"自然人""法人"以及"第三人——动物人(personne animale)",两位学者都对

---

① N. Rebour-Maupin, Droit des biens, 6e éd., Dalloz, 2016, n°11.除了动物以外,还有人的胚胎、新型"奴隶"(代孕母亲等)。

② G. Farjat, Entre les personnes et les choses. les centres d' intérêts. RTDciv., 2002, p. 228.

③ 前者包括通过特许经营建立的流通网等。

④ E. Langenaken, L' animal en droit civil, p. 698.

⑤ C. Daigueperse, L' animal. sujet de droit: réalité et demain, Gaz. Pal., 1981, 1, Doc., p. 160.

赋予动物法律人格持肯定态度。[①] 马尔格诺认为，法国法院之所以在保护动物和人的亲密关系方面面临困难，是因为动物在民法典中一直被视为"财产"和"物"。[②] 但在现代，动物的固有价值超过其财产性价值，仍将动物归于"财产"和"物"范畴是存在疑问的。[③] 马尔格诺认为，具有法律人格的标准是拥有固有的法律利益和有意思表示的可能性，由于动物保护团体的诉讼权利得到承认，因此在法国法中动物已经是"人"了。[④] 1994 年新刑法典中动物的位置变化也是他的论证依据。在 1994 年通过的新刑法典中，虐待动物罪的章节位置发生了很大变化，虐待动物罪不再位于"对财产的重罪、轻罪"的章节，不再是对财产、人、国家、社会的犯罪，而是在"其他重罪、轻罪"的相关章节中加以规定。[⑤]

对于这种观点，民法学者的批判尤其强烈。利普沙伯认为，如果承认动物具有法律人格，就必须承认动物可以(更准确地说是保护动物的人)主张人所具有的价值和尊严。利普沙贝尔认为，这有"丧失人类尊严，使人类权利殖民地化"的危险。[⑥] 也有观点认为，不能将动物视为权利主体，拒绝削弱人类尊严的动物"神圣化(sacralisation)"[⑦]。在日本，吉田克己教授也从同样的角度指出将动物作为权利主体有可能导致人类权利稀释化。[⑧]

---

① 关于这一点马尔格诺的最新观点，J.-P. Marguénaud et X.Perrot, Le droit animalier, de l' anecdotique au fondemental, D., 2017, p. 996.在提及 2016 年 11 月阿根廷法院承认黑猩猩的权利主体性等的同时，对赋予动物法律人格的问题进行了重新讨论。关于赋予动物法律人格的问题，在最新一期的 JCP 中也有提及。La tentation de la personnification à outrance n' est-elle pas une manifestation d' une pensée nominaliste attentive aux symboles plus qu' aux mesures concrètes? - 3 questions à Françoise Dekeuwer-Defossez, JCP, n°22, 29 Mai 2017. p.627。

② J.-P. Marguénaud, La protection du lien d' affection envers un animal, D., 2004, p.3009.关于在法国动物死伤时的精神损失费请求的问题，参见 C.Higy, Les atteientes portées à l' animal, in Y. Stricler (dir.), *L' animal: propriété, responsabilité, protection*, Presses Universitaires de Strasbourg, 2010, p. 63.

③ J. - P. Marguénaud, La personnalité juridique des animaux, D., 1998, p. 205; J. - P. Marguénaud, Une révolution théorique, p. 498.

④ J.-P. Marguénaud, L' animal dans le nouveau code pénal, p. 189.

⑤ 关于法国虐待动物罪的历史，详见[日]青木人志:《动物的比较法文化》，有斐阁 2002 年版，第 78 页。

⑥ R. Libchaber, Des droits humains pour des personnes non humaines, D., 2011, p. 2563.

⑦ A.-M. Sohm-Bourgeois, La personnification de l' animal: une tentation à repousser, D., 1990, Chr., p. 33.

⑧ 参见[日]吉田克己:《现代市民社会与民法学》，日本评论社 1999 年版，第 190 页。

对此,反对观点认为,肯定赋予动物法律人格者,将动物利益和人类利益对立起来的思考方式存在问题,尊重动物与轻视人类并不相关。[①] 对弱小动物的关怀和同情只会增强人的尊严,而不会损害人的尊严。另外,他们并不承认动物拥有人类所拥有的全部权利,而只考虑赋予对动物有用的权利,即保护动物的生命和身体以及与动物福祉相关的权利。[②] 并且,不应感情用事,而应以更具技术性的观点讨论赋予动物法律人格的问题。[③]

持肯定观点者认为,权利义务相对应不是赋予权利的必要条件,主张动物与未成年人和成年被监护人相同。[④] 也有人主张赋予动物"消极的"法律人格,承认动物是不负担义务的权利主体。[⑤]

但是,利布沙贝利从动物即使成为权利主体也不需要承担义务这一角度出发,认为动物只是保护对象,对认可有权利但无对应义务的"半身不遂(hémiplégique)"的法律人格表示强烈批评。[⑥] 另外,隆布瓦在马尔格诺的动物法巨著《私法中的动物》的序言中指出,赋予动物法律人格,只是将动物作为人类不得危害动物这一义务的中心,与赋予动物权利不相关。[⑦]

此外,围绕赋予动物法律人格问题,对哪些范围内的动物赋予法律人格(黑猩猩等类人猿和乌鸦、鱼是否同等对待)、在哪些问题和场景中赋予动物法律人格、由谁作为动物的代表等难题尚待解决。对于动物的多样性,有观点认为,即使是法人也并非都拥有相同的权利,这一点不足以成为问题。关于谁来代表动物实施行为这一问题,定期申报的动物保护团体可以根据刑事诉讼法成为诉讼原告人,因此将其作为动物的代理人。[⑧]

---

① E. Langenaken, L' animal en droit civil, p. 698.

② J.-P. Marguénaud, La personnalité juridique des animaux, p. 210.

③ 关于以杜莫格的法人学说为基础,从技术层面对动物赋予法律人格的说明,参见[日]青木人志:《动物的比较法文化》,有斐阁 2002 年版,第 249 页。青木人志教授围绕动物的法律性质,介绍了法国"动物的人类化(personnalisation de l' animal)",即支持承认动物法律人格律的学说,虽然说引入日本法非常困难,但对其方向性表示赞同。

④ A. Comte-Sponvillem, Sur les droits des animaux, Rev. Esprit, décembre 1995, p. 142.

⑤ F. Glandorff, Plaidoyer pour un statut de l' animal dans le Code civil, p. 199.

⑥ R. Libchaber, Perspectives sur la situation juridique de l' animal, p. 241; S. Demoulin-Canselli-er, Quel droit pour les animaux? Quel statut juridique pourl' animal?, Pouvoirs, 2009/4, p. 46.

⑦ C. Lombois, préface à J.-P. Marguénaud, L' animal en droit privé, PUF, 1992, p.3.

⑧ J.-P. Marguénaud, La question du statut juridique de l' animal, p. 160.

四、结语

本文介绍了2015年法国将动物相关规定纳入民法典的讨论,同时思考了此前一直被认为是单纯的物、动产的动物在民法中应该如何定位的问题。是应该将动物从所有权客体“物”的范畴中解放出来,还是仍将动物归于“物”的范畴,但明确指出其具有与其他“物”不同的特性,为动物创设一个介于“人”与“物”之间的中间范畴?最终能否赋予动物法律人格?这些都是从动物具有何种法律性质、如何在民法中对其定位的角度进行的讨论。与之相对,也有一些研究改变视角,从动物和人关系的变化、人对动物所有权的变化这一视角来看待这个问题。[①] 布瓦索·索文斯基认为,当下应该考虑通过其他形式在法律上展现人与动物的联系,而不是以所有权的形式,并提出了“动物脱离专有化”的概念。根据他的观点,对于包括犬猫等伴侣动物在内的家畜(animaux domestiques),饲养人拥有“监护权”(droit d' adveillance)。[②] 这是由照顾管理动物的义务、保护人对动物的依恋和喜爱的权利、对动物的支配权限、为动物利益代理动物的权限产生的(近似于监护权)。与此相对,对于为了经济目的饲养的动物,饲养人拥有“使役权(droit d' absumération)”。这种权利是指人在尊重动物的前提下使用、消费动物的权利,这是为了平衡人对动物的权利和动物受保护的权利而设定的权利。布瓦索·索文斯基的观点以动物和人的关系为出发点,颇具深意,但在区分伴侣动物和供人使用、消费的动物这一点上存在问题(边界在何处),创制复杂制度和因此可得利益失衡。

不可否认,为使人可以使用、消费动物而构建的所有权概念,因所有权的行使面临限制的增加,而处于一种近乎空洞的状态。[③] 但基于保护动物的需要而对动物所有权进行的限制,只是外在制约,不会损害所有权人与其所有物动物之间的排他性关系。法律上动物和人的关系尚未发生质变,动物是所有权客体的性质没有改变。并且,确定动物的法律性质并对其进行分类,是为了使动物能够适用最适当的制度。如此想来,动物只能是“物”。

---

① L. Boisseau-Sowinski, La désappropriation de l' animal, p. 204.

② “adveillence”“sumeration”都是法语词典中没有的名词,一般认为是布瓦索·索文斯基造的词。

③ J.-P. Marguénaud, La question du statut juridique de l' animal, p. 167.

但是,将动物定位为“物”,绝不是轻视动物保护。对于动物这一“物”,被称为民法特别法的动物保护法将动物作为特别物对待。那么,立足于传统民法人、物严格区分的思考方式的同时,是否也应转变民法仅从经济价值、财产价值来定义物的方式,赋予动物特殊物的地位呢?笔者认为以动物有生命、有感觉为理由而设置特别对待动物的条款,有使民法丧失一般法视角的危险。且即使这样规定,也只具有象征性意义。但即使只有象征性意义,也可以考虑参照欧洲国家设置动物特别条款。在这种情况下,最大的问题是如何规定动物不同于其他物的特殊性质。日本的动物爱护法保护“有生命的动物”(第2条),但没有法国“有感觉的存在”这样的表述。因此,若要设置动物特别条款,或许应该规定动物是有生命的特别物,或动物是受人保护的物。

【原文】

民法における動物の地位

——フランスにおける議論を中心

吉井啓子

Ⅰはじめに

現代社会においては、有体物であっても旧来の物概念ではとらえきれない性質を有する有体物が出現している。日本民法のように「物」を有体物に限るという立場を取ったとしても、従来の有体物とは異なる性質を持つものに民法はどのように対応していくべきか。たとえば、動物、負財(産業廃棄物のようなマイナスの価値しかない財産)、人体の構成物や産出物などである。ここにあげた例だけでも、それぞれが多くの問題を有しているため、本稿ですべてに言及することは不可能である。そこで、本稿では、これまでわが国では議論がほとんどなかった動物の民法における位置づけの問題を取り上げて検討する。

現代社会において新たな性質を有するに至った動物をどのように民法の中で位置づけるべきかについては、ヨーロッパにおいては盛んに議論されているが、わが国ではほとんど議論されてこなかった問題である。所有権の客体である「物」としての動物の特殊性については、動物に対する人格的価値・感情的価値の付与および所有者の権利行使の制限を取り上げて、かつて論じたことがある①。そこでは、動物に関する特別な条文を置くヨーロッパ各国の民法典を参照しつつ、動物を「物」のカテゴリーから解放することの是非、動物に対する法人格付与の議論、新たな「物」概

① 吉井啓子「動物の法的地位」[日]吉田克己、片山直也編『財の多様化と民法学』(商事法務、2014)252頁。

念の創設の可能性について検討した。

人々の動物を見る視線の変化により、現代社会においては、動物を単なる「物」であると言い切ることにためらいを覚える人々も増えてきている。ドイツ、スイス、オーストリアなどは、「動物は物ではない」とする条文を民法典に置くに至っている①。しかし、動物が物ではないとしたら人なのか。動物を「人」として位置づけることは、伝統的な人・物峻別論の立場から大きな反対にあうことが予想される。動物が物でもなく人でないとしたら、その中間に位置する新たな法的地位を与えることになるのであろうか。

前稿発表後である2015年の初めに、それまで民法典において動物を特別扱いすることに慎重な姿勢を見せていたフランスが、動物に関する新たな条文(仏民515-14条)を置くに至った。そこで、本稿では、この改正を紹介するとともに、動物の法的地位に関するフランスの議論を参照しながら、日本民法において動物をどのように位置づけるべきかについて再考してみたい。私法の一般法である民法において動物を特別に扱う必要性があるのか、それとも民法の外での動物保護立法により個別に保護が図られるだけでよいのか。今回はそこまで検討は及ばないが、この問題の検討は、人・物の区別さらには物の分類が民法の規律構造において有する役割、民法と特定の物を保護する特別法の関係などにも有益な視点を提供してくれるであろう。

Ⅱフランス民法典における動物に関する新規定

1.2015年改正前の状況

フランスでは、危険動物・徘徊動物および動物保護に関する1999年1月6日の法律第5号(Loi n° 99-5 du 6 janvier 1999 relative aux animaux dangereux et errants et à la protection des animaux)により民法典が改正され、以下のように「用途による不動産」・「性質による動産」の定義規定

① 前出・吉井「動物の法的地位」258頁以下。

に修正が加えられた①。

旧524条1項「土地所有者が、その便益または利用のために上地においた動物および物（les animaux et les objets）は、用途による不動産である。」旧528条「自力で移動し得るのと、他力によってしか移動し得ないのとを問わず、場所を移動し得る動物および物体（les animaux et les corps）は、性質による動産である。」

これらの条文では、「動物」が「物」および「物体」と並んであげられており、「動物」は「物」や「物体」ではない。しかし、この民法改正は象徴的な意味しかないとの評価が一般的であった。動物は、「物」や「物体」ではないが、「動産」であり「財」であることに変わりはない。これらの条文において、動物の特徴は生命や感覚があるという点にではなく可動性に求められており、従来の物であり動産であるという枠組みから動物を解き放つものではなかった。動物を動産としたままの民法典の規定と、動物に加えられた侵害を厳しく罰する刑法典の規定や動物を「感覚ある存在(être sensible)」と定義する農業海洋漁業法典L.214-1条とは矛盾したままであると批判されていた②。

そこで、2015年には、司法大臣に動物法制に関する報告書が提出され、動物に関するより一貫した法制度を確立するための提言が行われた③。報告書では、動物のために「保護される物(bien 」というカテゴリーを新たに作り、動物を「財」としながらもその特殊性を明らかにすべきであるとする提案のほかに、動物を「財」ではなくするというよりラディカルな提案も選択肢として示された。

2008年11月にアンリ・カピタン協会が公表したフランス民法典「財の法(物権法)」改正準備草案(L' avant-projet de la loi portant reforme du Livre

---

① 2015年改正前のフランス民法典における動物の位置づけについて詳しくは、前出・吉井「動物の法的地位」258頁以下。

② 《sensible》という形容詞については「感受性のある」と訳することも考えられるが、青木人志『動物の比較法文化』(有斐閣、2002)59頁以下に従い、「感覚ある」と訳した。

③ S. Antoine, Rapport sur le régime juridique de l' animal, 10 mai 2005.同報告書については、吉井啓子・「フランス民法典における動物の地位一動物法制に関するアントワース報告書」国学院法学44巻1号117頁(2006)。

Ⅱdu Code civil relatif aux biens)では、動物について特別な条文を置き通常の物と区別しながらも有体物に関する制度に服さしめるとの提案がなされていた。「動物は、それを保護する法律を留保して、有体物の制度に服する」(準備草案521条)という条文であり、あえて動物の法性決定を避ける提案となっていた①

2. 2015年改正

以上のような経過を経て、2015年にフランス民法典に重要な改正があった。司法および内務分野における法および手続の現代化および簡略化に関する2015年2月16日の法律第177号(Loi n°2015-177 du 16 fevrier 2015 relative à la modernisation et à la simplification du droit et des procé dures dans les domaines de la justice et des affaires inté rieures)による515-14条の新設である。同条の新設にともない、524条1項のうち動物に関する部分が2項に移されたほか、528条からは動物に関する部分が削除された。新設された515-14条は、「動物は、感覚を備えた生命ある存在(des ê tres vivants doué s de sensibilité)である。動物の保護に関する法律を留保して、動物は財に関する制度に従う」と規定する。同条の動物の定義は、動物保護に関する一般原則を規定する農業海洋漁業法典(第2編第1章「動物の保有と流通及び動物製品」第4節「動物の保護」)L.214-1条の「すべての動物は感覚ある存在であり、その所有者によって、その動物の種類の生物学的要請に適合した条件の下で飼育されなければならない」という条文と同様に、動物を「感覚ある存在」とする②。今回の改正は、実際のところ、「動物は物ではない」という規定を置くなど民法典の中で動物を特別に扱う国々の増加を受けて行われた、フランス国内の動物保護団体の積極的なロビー活動の成果である。改正を後押しした動物

① 改正準備草案521条の翻訳は、フランス物権法研究会(代表・金山直樹)「フランス物権法改正の動向」民商141巻1号134頁(2009)による。

② 同条に続き、農業海洋漁業法典L.214-2条は「すべての人は、L.214-1条で定められた条件の下で動物を飼う権利を有し、L.214-3条で定められた条件の下で動物を使用する権利を有する」と定める。なお、フランスにはわが国の動物愛護法のような動物保護に関する基本法と呼べる法律はない。動物保護に関する法規は、主として農業海洋漁業法典(Code rural et de la pê che maritime)に含まれている。野生動物については環境法典(Code de l' environnement)で扱われている。

保護団体は今回の改正を過渡的なものと考えているようであり、最終的には「動物は物ではない」とするドイツやスイスと同様の規定の導入を目指している。しかし、このような規定の導入は、民法典の構造の基礎ともいえる「人」と「物」の区別を大きく揺るがす事態となりかねない。今回の改正を契機に、フランス国内で動物の法的性質をめぐる議論が活発となったのもこのためである①

3.改正に対する評価

新515-14条は、動物を「感覚を備えた生命ある存在」と定義する。その意義について様々な見解がある。この条文において、動物は「物」ではなく「存在」とされている。動物は、「物」ではなく「人」でもない何かよくわからないものになってしまったという批判がある②。2015年改正の立法者は、動物が物であるか人であるかについて明確にすることを意識的に避け、「動物は財の制度に服する」と規定するに止めており、明確な法性決定をあえて避けていると思われる。

しかし、民法典の条文で動物は「物」ではないことが明らかにされた点を評価する者もいる③。また、フランスが、ドイツ、スイス、オーストリア、ポーランド、エストニア、アゼルバイジャンなどのように「動物は物ではない」と否定的に動物の法的性質を決定するのではなく、「感覚を備えた生命ある存在」であると積極的に動物を定義した点を評価する声もある④。また、「動物の保護に関する法律を留保して」という

① 最近のフランスでは、動物法に関する書籍の出版が盛んである。フランスにおける動物法の第一人者であるマルゲノーが中心となって執筆されたJ.-P. Margué naud. F. Burgat et J. Leroy. *Le droit animalier*. PUF.2016は、動物法一般について扱う初めての基本書といってよいだろう。感覚ある存在としての動物に関しては、R. Bismuth et F. Marchadier (dir.). *Sensibilite animale: Perspectives juridiques*, CNRS.2015、刑法における動物の法的地位については、M. Perrin. *LeStatut penal de l' animal*. L' Harmattan. 2016。さらに、2009年からRevue Semestrielle de Droit Animalier (RSDA)と題する動物法の専門雑誌が年2回発行されている。同誌はリモージュ大学のサイト(http://www.unilim fr/omij/publications-2/revue-semestrielle-de-droit-animalier/〔2017年5月10日最終確認〕)からダウンロードすることができる。

② L. Neyret. Droit des biens. D., 2015. p. 1863.

③ J.-P. Marguénaud. Une révolution théorique: l' extraction masquée des animauxd de la catégorie des biens, JCP. 9 mars 2015, p. 495.

④ ベルギーの論稿であるが、E. Langenaken, L' animal en droit civil: les amorcesd' un nouveau statut. Journal des tribunaux. n° 6667. 2016. p. 693.

部分に着目する者は、このような動物保護立法は主として農業海洋漁業法典と刑法典であるが、あらゆる動物について動物保護立法があるわけではないため、種類によってはこれまで通り「財」・「動産」として扱われ続ける動物がいる点を問題視する①。

新たに作られた515-14 条によっても、特別法による規律がない限りは、動物は「財」として扱われ続ける。 そう考えると、この改正は法的には特に意味を持つものではない。 同条は単なる象徴的規定であって、動物を象徴的に他の動産と区別しているだけであるといえる。 これが515-14 条に対する多くの民法学者の評価であろう②。 象徴的な改正に過ぎないとしてもこれを無視することはできないと今回の改正に一定の評価をする者もいる③。 動物を「感覚を備えた生命ある存在」としたことで、これまでマージナルな問題としてしか扱われてこなかった動物の法性決定に関する問題が、やっとクローズアップされた。 動物を「財(物)」と考えることは動物を有用性(utilité)の視点でしか見ないということであり、今回の改正により、動物保護の実効性が高まるとともに、この問題に関する旧套墨守な考え方を捨てる良い機会であると考えるのである。 今回の改正により、民法典に動物保護に関する一般原則と呼ぶべき規定が置かれることになったが、これはこれまで法の分野ごとにばらばらであったルールを束ねる役割を果たすとの評価もある④。

515-14 条に、より積極的な意義を見出す者もいる⑤。 同条は、裁判所による動物に関する様々な法規(特に動物保護に関するもの)について

---

① N. Reboul-Maupin. Nos amis. les animaux... sont désormais doués de sensibilité: un tournant et des tourments!, D., 2015, p. 573.

② たとえば、P. Malinvaux, L'animal va-t-il s'é garerdans le Code civil?, D., 2015.p.87.

③ G. Loiseau. La sensibilité de l' animal en droit civil: l' animal entre chose entre être. in R. Bismuth et F. Marchadier (dir.). Sensibilité animale: Perspectives juridiques, op. cit., p. 75.

④ S. Demoulin-Cansellier. De la sensibilité à l' unicité: une nouvelle étape dansl' élaboration d' un statut sui generis pour l' animal, D., 2016. p. 361.

⑤ L. Boisseau-Sowinski. La désappropriation de lanimal. Presses Universitaires deLimoges, 2013. p. 124.ベルギーの論稿であるが、F. Glansdorff. Plaidoyer pour unstatut de l'animal dans le Code civil, in Contestations, combats et utopies, Liberamicorum Christine Matray. Larcier. 2015. p. 198.

の解釈に実際の影響をもたらすのではないかというのである①。実際の影響の例としてあげられているのは、破毁院第一民事部 2015 年 12 月 9 日判決である②。ブリーダーにより800ユーロで売却された犬が、売却後 6か月もたたずに眼球の水晶体の病気で視力に問題が生じたため手術を受け、2400 ユーロの手術費用がかかった。売却目的物が契約適合性を欠く場合に関する消費法典〔旧〕L. 211-9 条を根拠に、犬の飼い主がブリーダーに対して損害賠償を求めたが、商品の価格に比して不釣り合いな額の修理費用がかかる場合、売主は商品の取替えを選択しうるとする同条の規定に基づき、ブリーダーが「商品」である犬の取替えを選択したために争いとなった。第一審であるヴァンヌ小審裁判所は、「犬は生命ある存在であり、それはこの世に唯一のものであり代替のきくものではなく」、「その飼い主から愛情を受けるものである」と述べ、消費法典〔旧〕L. 211-9 条の適用を退けた③。破毁院はこのような小審裁判所の理由づけをさらに展開して、コンパニオン・アニマルとしての犬

---

① E.Langenaken. L' animal en droit civil, op. cit., p. 700. note 100: S. DemoulinCansellier. De la sensibilité à l' unicité, op. cit., p. 360も同旨。

② Civ. 1er. 9 déc. 2015 (https: //www. legifrance. gouv. fr/affichJuriJudi. do? oldAction = rechJuriJudi&idTexte = JURITEXT000031608173&fastReqld = 1413834808&fastPos = 1〔2017 年 5 月 10 日最終確認、公式判例集掲載予定〕)

③ 日本の裁判例においても、民法上の請求に関して動物保護法に言及することが増えている。たとえば、大阪高等裁判所平成 26 年 6 月 27 日判決(公刊物未掲載、消費者法ニュース 102 号 363 頁)は、猫の里親募集のボランティア活動をしている者から、適切に飼養する意思がないにもかかわらずあるかのように装い猫の贈与を受けた者に対して、猫の返還請求および不法行為に基づく慰謝料請求がなされた事例において、原告らが動物愛護の精神に基づき野良猫の殺処分という事態を防ぎつつ野良猫の保護や里親探しのボランティア活動を行っている者であるという点に言及する。そして、不法行為による精神的苦痛に対する慰謝料額の算定に際しては、動物愛護法の条文を参照しつつ、動物の愛護と適正な飼育が法律によって義務づけられていることから、ボランティアによる動物愛護の活動は法的にも保護されるべきものであり、これを踏みにじった被告の行為は、強い非難を免れないことを強調する。同判決については、吉井啓子を「猫の里親を探すボランティアから猫を詐取した者の不法行為責任」新・判例解説編集委員会編「法学セミナー増刊・速報判例解説 vol.1 6 新・判例解説 Watch」(日本評論社、2015)75 頁。

はいかなる経済的な役割も有さないのであるから①、消費法典〔旧〕L. 211-9 条による取替えは不可能であるとして、動物の特性に着目した判断をした。このような場面で、民法典 515-14 条が参照され、動物の特性に応じた判断が期待できるというのである。

明確な法性決定を避けて動物を財に関する制度に従わせ続けるという今回の改正における立法者の判断は、大きな変動を民法典全体にもたらすことをためらったためであろう。フランスの動物法の第一人者であるマルゲノーも、動物を財の制度に従わせないとすること、つまり人から動物に対する特権を奪うことの困難性を説いている②。しかし、先述したように、フランスにおける2015 年改正を推進した動物保護団体は今回の改正を過渡的なものと考えているようである。最終的に動物を民法典においてどのように位置づけるかについては様々な考え方があり、なお見解の一致は見られない。

Ⅲ 民法における動物の地位

1.動物の物(財)としての特殊性

民法典成立時に、動物は、経済的価値・財産的価値という側面でのみとらえられ、他の無生物と同様に、所有権の対象である「物」として民法に位置づけられた。他方で、動物は命あるものであり、苦しみなどを感じる能力があることを出発点にして動物保護立法は進められてきた。「物」とは、「人とは区別される、有体または無体の、自然のまたは人工的な存在」である③。動物が物であるということは、単に動物

---

① フランスにおける「コンパニオン・アニマル(animal de compagnie)」は、楽しみ(agré ment)のために人によって保有されるすべての動物を指す(農業海洋漁業法典 L. 214-6 条以下)。フランス法における定義では「保有する(dé tenir)」という言葉が用いられており、コンパニオン・アニマルの保護に関するヨーロッパ条約 1 条における、家庭で人の同伴者として生活する動物という定義とは異なる。

② J.-P. Marguénaud. La question du statut juridique de l' animal: le passage irréversible de l' étape du riducule à l' étape de la discussion. RSDA 2/2013. p. 167: J.-P. Marguénaud, Les propositions de lois Povinelli relatives au statut de l' animal, RSDA 2/2011, p. 19: J.-P. Marguénaud, Une révolution théorique. op. cit., p.498.

③ F. Zénati-Castaing et T.Revet. Les biens, PUF. 3e éd., 2008, n°1.

は人とは異なる存在であるということであり、このことが物すべてに共通する唯一の点である。ただ、法の世界で「物」であるということは、人の所有の客体となるということであり、経済的価値・財産的価値を備え譲渡可能なものであるということである。動物はこのような意味で「物」であるが、飼い主の慰謝料請求の裁判例を通じて明らかなように[①]、現代社会においては、財産的価値だけでは測ることのできない人格的価値や感情的価値を有する存在となっている。吉田克己教授は、このような動物を、「愛着財」と呼んで、経済的価値・財産的価値を中心に把握されてきたそれまでの古典的な財とは異なる新たな財の登場であると論じている[②]。フランスにおいては、リブシャベールが同様の趣旨で、動物を「主観的財(bien subjectif)」と呼んでいる[③]。

このような性質を持つに至った動物を、従来と同じ「財」あるいは「物」というカテゴリーに留めることでよいのか。法的カテゴリーの有用性の一つは、適用される法制度が直ちに導かれるという点である(たとえば、不動産であれば登記による物権変動に関する対抗要件制度)。カテゴリーはできるだけ実態に近いものであることが望ましいが、はたして、人と一定の動物との愛情的なつながり(人の動物への愛着)は動物を「物」に分類することを正当化するだろうか。このような疑問を呈する論者は、所有権概念を用いて人と動物との法的関係を定義することは、徐々に人工的なもの、実態にそぐわないものとなっていると批判する[④]。所有権は、物に対する直接的で排他的な支配権であり、憲法によって守られるべき基本権であり、その行使は公益のためにのみ制限されるはずだが、動物の所有者は動物の利益のために所有権の行使を制限されるのである。

動物は命あるもの、苦しみなどを感じる能力を有するものとして、民

---

① わが国における動物の死傷に際しての飼い主の慰謝料請求に関する裁判例については、前出・吉井「動物の法的地位」254 頁以下。

② 吉田克己「財の多様化と民法学の課題」前出・『財の多様化と民法学』12 頁。

③ R. Libchaber.La récodification du droit des biens, in Le Code civil. 1804-2004.Livre du Bicentenaire. Dalloz-Litec. 2006, p. 297.

④ E. Langenaken. L' animal en droit civil, op. cit., p.695.

法典の外では厚い保護の対象となっている。わが国でも、動物の愛護及び管理に関する法律(以下、動物愛護法という)により、動物の所有者(飼い主)は自らの所有物である動物について、必要なくその命を奪ったり、傷つけたり、放置したりすることはできず、そのようなことをすれば動物虐待罪に問われる(動物愛護法44条)。さらに、動物の所有者は、「命あるものである動物」の所有者として動物の愛護および管理に関する責任を十分に自覚して、動物を適正に飼養し、動物の健康および安全を保持するように努めなければならない(同法7条1項。同条4項では、飼い主の動物に対する終生飼養に関する努力義務も定められている)。

そもそも動物をなぜ保護すべきかには様々な見解があるだろう。リプシャベールは、動物はそれ自体の性質、すなわち感覚を備えており苦しみを感じる能力を有するからではなく、人がその苦しむ姿を見てそれに同情を覚えるために保護されると考える①。これに対して、マルゲノーは、フランス刑法典の動物虐待罪から「公然性」の要件が外されたことから、動物それ自体が保護されるべき対象と考える②。フランス刑法典は、521-1条1項で「家畜」・「飼い慣らされた動物」・「捕獲された動物」に対する重大な虐待・性的な虐待・残虐行為を罰するとともに、R.622-2条・R.653-1条・R.654-1条・R.655-1条で、動物に関する各種の違警罪を規定している。これらの条文では、他人に危害を与える可能性のある動物を徘徊状態に置いた監督者や不注意・過失・安全義務の不履行により動物を死に至らしめた所有者を処罰するほか、動物に対する様々な虐待や動物を死に至らしめる行為を処罰している(たとえば、大や猫を銃で射殺する、猫を殺する、窓ガラスを閉めた自動車の中に大を放置する、大をひき殺すなど)。このように、フランス刑法典は必要なく動物を死に至らしめることを禁じており、所有権者の最大の

---

① R. Libchaber, Perspectives sur la situation juridique de l' animal, RTDciv., 2001.p.239.

② J.-P. Marguénaud. Les animaux sont-ils encore des bien? Prendre au sérieux la sage réponse du droit suisse, in J.-P. Marguénaud et O. Dubois (dir.). *Les animaux et les droits européens-Au-delà de la distinction entre les hommes et les choses*. A. Pedone, 2013. p. 51: J.-P.Marguénaud, L' animal dans le nouveau code pénal.D., 1995. Chr., p.189.

特権である処分権（abusus）を大幅に制限している[①]。増加する動物保護立法により、動物の所有権、特に処分権は、公益のためではなく動物自体のためにますます制限されるようになっており、物についての絶対的な支配権から、物を尊重しながらの制限された支配権へ変容している[②]。このような状況については、動物を所有権の客体である財とし続けることに賛同している論者も、動物の所有権は「手足を切断された(amputé)」状態にされたと表現している[③]。

2.特別な物

では、財(物)として所有者の権利行使が大幅に制限されるようになった動物をどのように扱うべきか。動物を「財(物)」のカテゴリーに留めておくとしても、民法において、その特殊性に基づく財(物)の新たなカテゴリーを設けるべきであろうか。先述の2005年に司法大臣に提出された動物法制に関する報告書では、新たに動物のために「保護される物（bien proté gé ）」というカテゴリーを作り、動物を「財」としながらもその特殊性を明らかにすべきである旨の提案と、動物を「財」ではなくするというよりラディカルな提案の2つの提案がなされた[④]。以下ではまず、前者の提案のように、動物を「財」のカテゴリーに留めつつ、「特別な物」としての位置づけを与える見解を検討する。

2015年改正前のフランスにおいては、動物を「財」のカテゴリーから解放することへは抵抗が大きかったものの、民法典では動物の新たな財としての性質が全く考慮されていないことに対しては時代遅れであるとの意見が多かった。リプシャベールは、動物を現在の人・物という二

---

① 刑法典以外でも、農業海洋漁業法典R.214-17条は、いかなる目的であっても、動物に必要な餌や水をやらないこと、病気・ケガをしているのに治療をせず放置すること、その動物の種類には不適切な広さ・気温の下で飼育すること、けが・事故を引き起こす怖れのある施設・設備で飼育すること、必要がないのにその動物の種類には不適切な装着具柵・檻などを用いることを禁止している。虐待や飼育放棄により病気・けが・悲惨な状況におかれた動物が発見された場合、県知事は動物の苦痛を最小限にするための措置を取ることができ、場合によってはその場での安楽死も命じうる(費用は動物所有者が負担する)。

② J.-P. Marguénaud, La question du statut juridique de l' animal, op.cit., p.162.

③ G. Loiseau, La sensibilité de l' animal en droit civil. op. cit.. p.86.

④ S. Antoine. Rapport sur le régime juridique de l' animal, op.cit.

者択一のカテゴリーに挿入することの困難を指摘しつつも、「動物を物の側に置くべきである。しかし、このことは〔動物が〕静物または分化していない物として扱われなければならないということではない」と述べ、動物を物としながらも、「人と物の間の厳格な二者択一により、動物は不明確な地位を占めている。支配者の力に服する通常の物としては扱えない感情的な構成要素により特徴づけられる物を認めるとするならば、議論はカテゴリーを拡張することで落ち着くだろう」と述べ、動物について新しい物の分類の必要性を唱えた①。そして、財(物)の分類において生命があるか否かという基準は、動物保護の目的に大きな変化をもたらすと指摘した②。彼によれば、動物保護の理念は、動物それ自体の保護ではなく、同じ生命ある存在として動物の近くにいる人をより効率的に保護しようという意思から出てくるものである。しかし、このようなリプシャベールの見解に対しては、人を中心に考えすぎているとの批判も多③。

このほかにも、ロワゾーは、「保護される物(chose proté gé e)」というカテゴリーを提案し、動物は感覚ある物として尊重されるという動物保護の一般原則を民法典に置くことを提案した④。マレ・ブリクールは、「存在としての財(biens-ê tres)」と「客体としての財(biens-objets)」の区別を提唱し、このような区別により人の動物に対する支配を表現できると述べていた⑤。ラベーは、フランス民法典714条により定義されている「公共物(chose commune)」(湖や川の水など)と同様に、動物を物ではあるが特別な物として扱い「感覚ある存在」と定義することで、動物を擬人化することなく、その特別な性質を把握できると述べていた⑥。2005年の動物法制に関する報告書を取りまとめたアントワーヌも、「生物(organismes vivants)」と「生命なき財(biens inertes)」と

① R. Libchaber. La recodification du droit des biens, op. cit., n°35.

② R. Libchaber. Perspectives sur la situation juridique de l' animal. op. cit., p. 240.

③ E. Langenaken. L' animal en droit civil. op. cit., p. 697, note 60.

④ G. Loiseau. Pour un droit des choses. D., 2006, p. 3019.

⑤ B. Mallet-Bricourt. Droit des biens. D., 2014. p. 1844.

⑥ X. Labbée. Esquisse d' une définition civiliste de l' espèce humaine, D., 1999. Chr.p. 437.

「公共物(chose commune)」という分類を提唱していた①。ラベーと異なり、アントワーヌによる分類では「感覚を備えていること(sensibilité)」という基準は用いられていない。アントワースは、動物だけに限らず人体の構成要素や人の胚などにも用いうる分類を構想し、野生動物は公共物であるとして財の法の外へ出すことを考えていたようである。

3.感覚を備えているという性質

2008年の「財の法(物権法)」改正準備草案521条では「動物は、それを保護する法律を留保して、有体物の制度に服する」という提案がなされたが、これに対しては、準備草案の方向性を承認しつつ「感覚ある動産(meubles sensibles)」として定義してはどうかとの意見があった②。2015年改正は、このような意見にそったものであるが、民法典には異質ともいえる「感覚を備えていること」という視点を持ち込んだことには議論の余地がある。本稿では、《sensible》および《sensibilité 》というフランス語を、それぞれ「感覚ある」、「感覚を備えていること」と訳してきたが、これは、環境内の事象の変化を刺激として感じて反応することができる能力を備えていることを意味するとされる③。このような動物の性質を動物保護の観点から法に取り込むことは、国際的に見て一つの大きな潮流となっている④。このような現象およびその意義については別稿に委ねるが、特にヨーロッパ、EUレベルでは古くから、動物は「感覚ある存在」であることから保護されなければならないとされてきた。1974年の国際輸送中の動物の保護に関するヨーロッパ協定では、動物の「福祉 (bien-ê tre) 」への配慮が明記されている。近時では、科学のために用いられる動物の保護に関する2010年12月22日EU指令が、「痛み、苦しみ、恐怖を感じそれを表現することのできる動物の能

① S. Antoine, L' animal et le droit des biens, D., 2003. p. 2651.

② W.Dross et B. Mallet-Bricourt. L' avant-projet de réforme du droit des biens: premier regard critique. D., 2009, p.508.

③ X.Longy.La sensibilité animale saisie par le droit: l' avis d' un vétérinaire praticien, in R. Bismuth et F.Marchadier (dir.) .*Sensibilité animale: Perspectives juridiques*, op.cit., p.39.

④ R.Bismuth et F.Marchadier. La sensibilité de (et vis-à-vis de) l' animal. grillede lecture du droit animalier?. in R. Bismuth et F.Marchadier (dir.) .*Sensibilitéanimale: Perspectives juridiques*. op.cit.. p.39.

力」に言及している。そこでは、動物の生命だけではなく、動物の「心理面」に対する配慮が見て取れる。フランス民法典515-14条の基礎となった、動物保護に関する一般原則を規定する農業海洋漁業法典L.214-1条(「すべての動物は感覚ある存在であり…」)は、自然保護に関する1976年7月10日の法律9条が基となっている。同条はフランス国内で動物を「感覚ある存在」とした初めての条文であるが、上述の国際輸送中の動物の保護に関するヨーロッパ協定を批准した後に制定されたものである。

しかし、感覚を備えているという動物の性質を、民法典における動物の規定に盛り込んだことには懸念の声がある。リプシャベールは、動物に無益な苦痛を与えないという道徳的な義務を人が負うとしても、動物の側に苦痛を受けない権利があるわけではなく、「感覚を備えている」という文言は誤った認識を与えるとする”①。このような考え方に対しては、法は文化の産物であり、社会が動物に課される苦痛を制限する方向に進んでいるならば、動物保護の出発点である「感覚を備えている」という動物の性質をそのような動きの発展を方向づけるものとして用いるべきであるとの批判がある②。

なお、2015年改正で用いられた《sensible》という形容詞は、理性や良識を想起させるとされ、5で検討する動物の法人格の承認へと至る第一歩となりうる可能性も指摘されている③。

4.人と物の中間的カテゴリー

2015年改正により感覚を備えている「存在」とされたことで、動物は「物」でも「人」でもないものになってしまったのであろうか。動物は財でもない人でもないその中間に位置するものであるとして、新たな

---

① R.Libchaber. La souffrance et les droits: à propos d' un statut de l' animal. D..2014. p.381.

② R.Bismuth et F. Marchadier, La sensibilité de (et vis-à-vis de) l' animal, op. cit., p.35.

③ J. Leroy. Brèves réflexions sur l' usage de l' expression «être sensible» appliquées à l' animal. RSDA, 2011/2, p.11.この点に関連して、フランスの我判例の中には盲導犬は「用途による人(personne par destination)」となりうるとしたものがあり興味深い(TGI Lille, 24mars 1999, D., 1999, 350, note X. Labé e; Defré nois. 1999, 37048, note Ph. Malaurie)

法的カテゴリーが承認されたと考える者もいる①。学説の中には、後述する動物への法人格付与は自ら訴訟を提起することができない動物には無意味であるとして動物を人とすることは否定しつつ、財と人の中間に位置する新たな法的カテゴリーとして、「利益の中心（centres d' inté rê ts）」なる概念を提唱するものがある②。以下では、このような中間的なカテゴリーの創設について考える。

2015年改正前であるが、ファルジャは、人と財の中間に位置する「利益の中心（centres d' inté rê ts）」という新たなカテゴリーを考えた。これは、「法人の代用（succé danes de personnes morales）」と「法人の投影（ombresde la personnes morales）」から成る。動物は人の胚や遺骸とともに後者に含まれる③。これらは権利主体として行為することはできないが、立法者の関心を集める存在であり、それらに関する部分的な法制度が構築されているものである。動物は保護立法の増加により「利益の中心」となり、権利主体性は認められないものの、動物に対して人々が負う義務は増加している。「利益の中心」である動物に対する義務が履行されない場合には、動物に関係する者(動物保護団体など)が責任をもってそれらの義務が履行されるようにするため、動物に法人格を与えることまではその保護に必要ではない。

しかし、このような新たな中間的カテゴリーを設けるという提案は、多くの賛同を得ていない。この概念のために新たな制度を構築しなければならない点、これまでうまく機能してきた制度を混乱に陥れる点が批判されているほか、動物などを「人」とすることへの抵抗から生み出された代用品にすぎないと評する者もいる④。法的カテゴリーがそこに分類されるものを一定の法制度に従わせるためのものであるとすれば、新たなカテゴリーのための新たな制度を一から作る必要がある。しかし、これは不可能に近いうえ、現在の制度よりも複雑で難解なものにな

---

① N. Rebour-Maupin. Droit des biens, 6e éd., Dalloz, 2016, n°11.動物以外では、人の胚、新たな形の「奴隷」(代理母など)が取り上げられている。

② G. Farjat. Entre les personnes et les choses. les centres d' intérêts. RTDciv..2002, p.228.

③ 前者には、フランチャイズにより構築された流通網などが含まれる。

④ E. Langenaken. L' animal en droit civil, op. cit., p.698.

ってしまうであろう。 結局、動物は「財(物)」(または「人」)の制度に従わせざるを得ない。

5.動物への法人格付与

では、動物を「人」とする可能性はあるのだろうか。 動物は「法的に保護される利益」を有するのであり、制限された法人格を動物に認めるべきであると説いたデグベルスや①「自然人」・「法人」に次ぐ第三の「人」--「動物人(personne animale)」として、動物に法人格を与えよと説いたマルゲノーが動物への法人格付与に肯定的な論者である②。動物と人の愛情的な関係を保護することにフランスの裁判所が困難を感じているのは、動物が常に民法典によって「財」・「物」とされているためである③。 しかし、動物固有の価値がその財産的な価値を上回っている現代においては、動物をもはや「財」・「物」に留めておくことは問題である④。 このように考えるマルゲノーは、法人格を認める基準は固有の法的利益を持つことと意思表示の可能性があることであり、動物保護団体に私訴権が認められていることなどから、フランス法において動物はすでに「人」であるとする⑤。 1994 年新刑法典での動物の位置づけの変化も、彼の論拠となっている。 1994 年に成立した新刑法典において、動物虐待罪の編別上の位置づけが大きく変わり、動物虐待罪は、それまでの「財産に対する重罪・軽罪」に関する章ではなく、財産

① C. Daigueperse. L' animal. sujet de droit: réalité et demain. Gaz. Pal., 1981. 1.Doc. p. 160.

② この点に関する最新のマルゲノーの見解については、J.-P. Margué naud et X.Perrot, Le droit animalier, de l'anecdotique au fondemental, D., 2017, p.996を参照。 2016 年 11 月にアルゼンチンの裁判所がチンパンジーに権利主体性を認めたことなどに言及しつつ、動物への法人格付与の問題について再検討している。 動物への法人格付与の問題については、最新号のJCPでも取り上げられている(La tentation de la personnification à outrance n'est-elle pas une manifestation d'une pensé e nominaliste attentive aux symboles plus qu'aux mesures concrè tes?-3 questions à Françoise Dekeuwer-Defossez, JCP, n°22, 29 Mai 2017. p.627)。

③ J.-P. Marguénaud. La protection du lien d' affection envers un animal. D., 2004.3009.フランスにおける動物が死傷した場合の謝料請求の問題については、C.Higy. Les atteientes porté es à l' animal, in Y. Stricler (dir.). *L'animal: proprié té , responsabilité , protection*. Presses Universitaires de Strasbourg. 2010. p. 63.

④ J.-P. Marguénaud. La personnalité juridique des animaux, D., 1998, p. 205: J.-P.Marguénaud. Une révolution théorique, op. cit., p. 498.

⑤ J.-P. Marguénaud. L' animal dans le nouveau code pénal, op. cit., p.189.

・人・国家・社会に対する犯罪ではない「その他の重罪・軽罪」に関する章に規定されている①。

このような見解に対しては、特に民法学者からは強い批判がある。リプシャベールは、動物に法人格を認めると、人が有している価値や尊厳を動物(より正確にはそれらを保護する者たち)が主張することを認めなければならなくなる。リプシャベールは、ここに「人の尊厳を捨て去るような人の権利の植民地化」の危険があるという②。動物を権利主体と考えることは不可能であると考え、人の尊厳の弱体化をもたらすであろう動物の「神聖化(sacralisation)」を認めることを拒否する論者もいる③。日本においても、吉田克己教授が、同様の視点から、動物を権利主体とする方向を志向することは、人の権利の稀釈化につながりかねないとの危惧を示している④。

これに対して、動物への法人格付与を肯定する論者からは、動物の利益を人の利益に対立させる思考を問題視し、動物を尊重することは人の軽視にはつながらないとの反論がある⑤。より弱きものである動物への思いやりや同情は人の尊厳を高めることはあっても損なうことはない。また、自分たちは、動物に人が有するすべての権利を認めようとしているわけではないのであり、動物にとって有用と考えられる権利、すなわち動物の生命・体の保護および福祉に関する権利のみを付与しようと考えているだけだという⑥。そして、感情的ではなく、より技術的な観点から動物への法人格付与を論じるべきであると説く⑦。

---

① フランスにおける動物虐待罪の歴史について詳しくは、前出・青木『動物の比較法文化』78頁以下。

② R. Libchaber. Des droits humains pour des personnes non humaines. D., 2011. p. 2563.

③ A.-M. Sohm-Bourgeois, La personnification de l' animal: une tentation à repousser. D., 1990. Chr. p. 33.

④ 吉田克己『現代市民社会と民法学』(日本評論社、1999)190頁。

⑤ E. Langenaken. L' animal en droit civil, op. cit., p.698.

⑥ J.-P. Marguénaud. La personnalité juridique des animaux, op. cit., p.210.

⑦ ドゥモーグの法人学説を基本とした、動物への法人格付与の技術的側面からの説明については、前出・青木『動物の比較法文化』249頁以下。青木人志教授は、動物の法的性質をめぐって、フランスで「動物の人間化(personnalisation de l' animal)」、すなわち動物に法人格を認めることを支持する学説があることを紹介し、日本法への導入は非常に困難としつつも、その方向性に賛意を示される。

肯定論者は、権利と義務の相互性は権利を付与するのに必要な条件ではないとして、動物は未成年者や成年被後見人と同じであると主張する①。動物に「消極的な」法人格を付与すべきと主張し、義務を負わない権利主体性を承認する者もいる②。

しかし、動物が権利の帰属主体となっても義務を負うことはない点から、リプシャベールは、動物はあくまで保護の対象であり、権利の裏返しとしての義務を有さない「半身不随の(hé miplé gique)」法人格を認めることを強く批判する③。また、ロンボワは、マルゲノーの動物法の大著「私法における動物」の序言において、動物への法人格付与は、動物を人々の動物に対して危害を加えてはならないという義務の中心にするだけであり、動物に権利を付与することにはつながらない点を指摘する④。

このほか、動物への法人格付与をめぐっては、どの範囲の動物に法人格を認めるのか(チンパンジーなどの類人猿と鳥や魚を同じように扱うのか)、どのような問題・場面について認めるのか、誰が動物の代表者となるのかなど、きわめて困難な問題が待ち構えている。このような動物の多様性に対しても、法人はすべてが同じ権利を有するわけではなくそのことに問題はないとの反論がなされている。誰が動物に代わり行為するのかという点については、定期的な届出をしている動物保護団体⑤は刑事訴訟法において私訴原告人となりうることから、これを動物の代理人とする⑥。

Ⅳ 終わりに

本稿では、2015 年に動物に関する規定を民法典に置いたフランスにおける議論を紹介しながら、これまで単なる物であり動産であるとされてきた動物を民法においてどのように位置づけるべきかについて考え

---

① A. Comte-Sponvillem. Sur les droits des animaux. Rev. Esprit, décembre 1995.p. 142.

② F. Glandorff. Plaidoyer pour un statut de l' animal dans le Code civil, op. cit., p. 199.

③ R. Libchaber. Perspectives sur la situation juridique de l' animal. op. cit.. p. 241: S. Demoulin-Cansellier. Quel droit pour les animaux? Quel statut juridique pourl' animal?. Pouvoirs. 2009/4. p. 46.

④ C. Lombois, préface à J.-P. Marguénaud. L' animal en droit privé. PUF. 1992. p.3.

⑤ J.-P. Marguénaud. La question du statut juridique de l' animal op. cit.. p. 160.

⑥ L. Boisseau-Sowinski. La désappropriation de l' animal. op. cit., p. 204.

た。動物を所有権の客体としての「物」というカテゴリーから解放すべきか、解放しないとしても他の「物」とは異なる特性を有していることを明記すべきか、動物のために「人」と「物」の中間的カテゴリーを創設すべきか、そして究極には動物に法人格を付与することができるか。いずれも動物をどのような法的性質を有するものとして民法に位置づけるべきかという視点での議論であった。これに対して、視点を変えて、動物と人の関係の変化から、動物に対する所有権の変容という視点でこの問題をとらえる研究もある。ボワソー・ソヴィンスキは、動物と人の結びつきを、所有権ではなく、別な形で法的に表現する方法を検討すべき時期であるとし、「動物の脱専有化(dé sapropriation de l'animal)」について語る。彼によれば、犬猫などのコンパニオン・アニマルを含む家畜(animaux domestiques)について、飼い主は「監護権（droit d'adveillance）」を有する①。これは、動物を世話し管理する義務、動物に対する愛着・愛情を保護するための権利、動物に対する支配の権限、動物の利益のために動物を代理する権限からなる(親権に近いものだろうか)。これに対して、経済目的の動物について、飼い主は「使役権（droit d' absumé ration）」を有する。この権利は、人が動物を尊重しつつ使役し消費することを可能にする権利であり、人の動物に対する権利と動物の保護を受ける権利のバランスをとるために考えられたもののようである。このようなボワソー・ソヴィンスキの見解は動物と人の関係性を出発点にする点で興味深いものであるが、コンパニオン・アニマルと人の使役や消費の対象となる動物を区別する点ですでに問題をはらんでおり(どこにその境界があるのか)、複雑な制度を生み出すこととそれによって得られる利益のバランスを欠いている。

動物を人の使役や消費に用いるための所有権概念は、その行使に対する制限が増加し、もはやフィクションともいえる状態となっていることは否定できない②。しかし、動物保護の要請による動物の所有権への制

---

① 《adveillence》《sumeration》は共にフランス語辞書にはない名詞であり、ボワソーヴィンスキの造語であると思われる。

② J.-P. Marguénaud, La question du statut juridique de l' animal, op. cit., p. 167.

限は、所有者とその所有物たる動物を結びつけている排他性の関係を傷つけない外在的制約にすぎず、法の世界における動物と人の関係性、動物の所有権の客体としての性質を変質させるまでのものではないと考える。そして、動物の法的性質を決定し分類するということは、それを最も適当であると考えられる制度に従わせるためである。そのように考えると、やはり動物は「物」でしかない。

しかし、「物」として動物を位置づけることは、動物の保護を決してないがしろにするものではない。動物という「物」には、それらを特別な物として扱う、民法の特別法ともいえる動物保護立法が存在する。では、古典的な民法の人・物を峻別する考え方に立脚しつつも、経済的価値・財産的価値でのみ把握される他の物とは異なる特別な物としての位置づけを、民法においても動物に与えるべきであろうか。命あるもの、感覚あるものであるという理由で動物を特別視する条文を置くことは、民法の一般法としての視点を失うことにつながる危険があると考えられる。そして、そのような規定を置いたとしても象徴的意味しかないと考えられる。しかし、たとえ象徴的な意味しか持たないとしても、やはりヨーロッパの国々のような動物に関する特別な条文を置くことは考えられうる。その場合に一番問題となるのは、他の物とは異なる動物の特別な性質をどのように規定するかである。わが国の動物愛護法は「命あるものである動物」(同法2条)を保護しており、そこではフランスのような「感覚ある存在」という表現はない。したがって、動物に関する特別な条文を置くとすれば、動物は命のある特別な物、あるいは人によって保護される物であることを規定することになるのではないか。

日本家族法的演变

[日]江渊武彦 著　杨瑞贺 译*

一、日本家族法上的现代课题

近年，日本最高裁判所在家族法领域的判断变化显著。在一系列课题中，某些传统的判断得以保留，但裁判所改变以往判断的判决也不在少数。以下，首先提出日本家族法上的现代课题。

(1)丈夫死后，妻子以丈夫的冷冻精子怀胎生出的孩子，是否属于这对夫妻的婚生子女。

(2)基于美国(内华达州)法律承认的代孕母合同，使用日本夫妇的受精卵在美国女性体内生出的孩子，是否属于这对夫妻的婚生子女。

(3)将丈夫的精子与妻子以外的女性的卵子进行人工授精，该受精卵在妻子的子宫中着床并生出的子女，是否属于这对夫妻的婚生子女。

(4)非婚生子女的继承份额与婚生子女的继承份额，应当差别对待还是同等对待。

(5)已接受由女性变男性的性转换治疗的性别认同障碍患者，根据《关于性别认同障碍者性别变更特例的法律》在家庭裁判所获得向男性的性别变更决定时，该人的妻子经人工授精怀胎生出的子女，是否属于这对夫妻的婚生子女。

(6)经 DNA 鉴定，妻子在婚姻关系存续期间内生出的子女为丈夫以外

---

* 江渊武彦，日本国立岛根大学教授；杨瑞贺，山东大学法学院助理研究员，日本北海道大学法学博士。

的子女时,该鉴定能否作为证据推翻《民法典》第772条第1款的婚生子女推定。

二、各案例的内容

本部分将介绍与上述6个课题相关的具体案例。其中,除课题(3)外,均为裁判例,日本最高裁判所都作出了一定的判断。

上述6个课题的共通点在于:法律婚姻主义。裁判所试图维护这一法律原则的传统。但是,医疗技术以及夫妻和家庭价值观都在发生变化。随着这些变化,裁判所呈现的家族法的应有状态也在发生变化。但是,法律婚姻主义这一原则本身,作为裁判所在各个案例中所作判断的基准,没有改变。从该法律婚姻主义的规则中,亲子法的一个前提显现出来,即法律意义上的基于血缘关系的亲子关系未必与生物学上的亲子关系保持一致。除(4)以外的5个案例都体现了这一前提。下文将通过表1明确各个案例判决或决定的发布时间及其出处,然后介绍各案例的具体内容,最后对此作进一步的探讨。

表1　案例判决或者决定的发布时间及出处

	发布时间	出处
(1)	最高裁2006年9月4日判决	民集60卷7号2563页
(2)	最高裁2007年3月23日决定	民集61卷2号619页
(3)	—	—
(4)	最高裁2013年9月4日决定	民集67卷6号1320页
(5)	最高裁2013年12月10日决定	民集67卷9号1847页
(6)	最高裁2014年7月17日判决	民集68卷8号547页

以下,将详细介绍上述6个案例。

(一)案例(1)

A决定接受放射线治疗,但考虑到可能因该治疗患上“无精子症”,故将其精子冷冻保存。此后,A死亡。A的妻子X,用该精子进行体外受精,怀孕生出B。X将B作为A的婚生子女申请出生登记,但行政机关以A的死亡时间与B的出生时间存在差异为由,拒绝受理该出生登记。因此,X将B

作为非婚生子女提出出生登记的申请。X 以检察官 Y 为被告,提起“死后认领之诉”。

第一审驳回 X 的诉讼请求,其理由在于社会上的一般观念认为已故的父亲不可能认领该子女。与此相对,第二审认为 AB 间父子关系的认定不以怀胎时丈夫活着为要件,承认了 X 的诉讼请求。Y 以 AB 间父子关系的认定无法律根据为由提起上诉。判决(1)支持 Y 的上诉请求,推翻第二审判决,并作出如下判决:

民法上有关基于血缘关系的亲子关系的规定……至少没有设想到死后怀胎子与已故父亲间的亲子关系问题,这一点是明确的。也就是说,对于死后怀胎子而言,在母亲怀孕前父亲已经去世,所以在亲权方面,父亲不可能成为死后怀胎子的亲权人;在抚养等方面,死后怀胎子不可能得到父亲的监护、养育和抚养;在继承方面,死后怀胎子也不可能成为已故父亲的继承人。……相较于法律上的亲子关系,死后怀胎子与已故父亲间的关系无产生上述基本法律关系之余地。两者间法律上亲子关系形成的问题,本质上应该从以死者生前保存精子进行人工授精的生命伦理、出生子女的福祉、有关人员对亲子关系及亲属关系形成的意识以及社会对此等问题的一般认知等多重角度进行讨论。在此基础上,由法律就是否承认亲子关系作出判断,并规定承认后的要件和效果。既然不存在此种立法,那么就不应该承认死后怀胎子与已故父亲之间存在法律上的亲子关系。

(二)案例(2)

由于妻子 X_1 生殖器存在障碍无法怀孕,故与丈夫 X_2 一同前往代孕母合法化的美国内华达州,与美国女性 A 缔结代孕母合同。按照该契约,在内华达州的医疗机构,这对夫妇的受精卵植入 A 的子宫中,A 怀胎生出 B 等(双胞胎)。X_1 带着 B 等回到日本,向东京品川区的区长(Y)提出出生登记申请,请求将 B 等登记为 X_1X_2 夫妻的婚生子女,但 Y 未予受理。

X_1 等以 Y 为被告,向裁判所提出申诉,请求 Y 受理该出生登记申请。第一审驳回该申诉,第二审撤销一审决定,承认了 X_1 等的申诉。Y 上诉至最高裁判所。决定(2)撤销二审决定,并作出如下判决:

怀胎分娩的女性是出生子女的母亲,母子关系基于怀胎、分娩等客观事实当然成立,民法上的规定也以此为前提(参照《民法》第 772 条第 1 项)。

此外,对于母亲与非婚生子女间的母子关系,解释上同样认为母子关系因分娩这一客观事实当然成立。[①] 从民法的制定时期和判决的宣布时期观之,民法上有关母子关系成立的规定和上述案例,很明显将女性以自己的卵子怀胎分娩作为前提。但是,民法并未规定应当将未怀胎和未分娩的女性作为已出生子女的母亲,也未规定此种情形下的法律关系。此外,鉴于基于血缘关系的亲子关系涉及公共利益和子女的福祉,应当根据明确且统一的标准判断亲子关系的存在,作为现行民法的解释,也不得不将怀胎分娩的女性解释为已出生子女的母亲,而在代理分娩的情形下,不得承认血缘上的母亲与本案子女之间成立母子关系。

(三)案例(3)

由于日本国会议员 N 胎内功能障碍不能产生卵子,N 在美国接受其他女性提供的卵子,与丈夫的精子进行体外受精,并通过医疗技术将受精卵植入自己的子宫中,怀孕生子(N 向媒体公布了这一事实)。于此情形,N 与出生子女之间不存在生物学上的母子关系。但是,如上所述,决定(2)认为日本民法是以母子关系因怀胎、分娩等客观事实当然成立为前提,基于该趣旨,可以认为 N 与该出生子女之间存在法律上的母子关系。

(四)案例(4)

A 去世时留下婚生子女 Y 等人和非婚生子女 X 等人。X 等人以 Y 等人为被告向东京家庭裁判所申请遗产分割。在遗产分割审判中,X 等主张《民法》第 900 条第 4 号但书前段关于非婚生子女的继承份额为婚生子的继承份额的二分之一的规定(以下简称“本规定”)违反《宪法》第 14 条第 1 款而无效。最高裁判所曾在本规定陷入合宪性争议的同类案件中,强调法律婚姻主义的原则,于 1995 年 7 月 5 日作出本规定不违反《宪法》第 14 条第 1 款的判决,因此东京家庭裁判所遵循该判例,认定本规定不违反《宪法》第 14 条第 1 项,并认为应当按照本规定分割 A 的遗产(2012 年 3 月 26 日)。X 等人提起上诉。第二审在综合考虑最高裁判所 1995 年 7 月 5 日决定作出后的社会形势、家庭生活和亲子关系的实态及日本所处的国际环境等方面的变化的基础上,仍认为本案继承开始时(2001 年 7 月 25 日)本规定并

---

① 参照最高裁昭和 35 年(オ)第 1189 号同 37 年 4 月 27 日第二小法廷判決・民集 16 巻 7 号 1247 頁。

不违宪,以应适用本规定分割 A 的遗产为由驳回 X 等人的上诉请求。X 等人以本规定违反宪法为由向最高裁判所提起特别上诉。决定(4)以下列理由撤销原决定,发回原审裁判所重审:

在制定继承制度时,有必要综合考虑各个国家的传统、社会情势、国民感情等。此外,继承制度也不能脱离婚姻乃至亲子关系的相关规定和国民的意识。考虑到此等事项,立法机关制定继承制度时在一定程度上享有合理的裁量权。但是,如果根据本规定产生的非婚生子女与婚生子女在法定继承份额上的差别,即使考虑到立法机关所拥有的裁量权,也不能找到合理的根据支持这种差别,那么在解释上应当认定这种差别违反《宪法》第 14 条第 1 款。

基于《民法》第 739 条第 1 款可知,日本排斥了所谓的事实婚姻主义,而是采用法律婚姻主义。但是,在法律婚姻主义之下,婚生子女与非婚生子女的法定继承份额如何规定,应综合考虑上述事项。上述事项正随着时代的变迁而发生变化,其在日本也在发生变化。

例如,非婚生子女出生人数增加的趋势、晚婚化、非婚化、少子化等的加剧,离婚及再婚案件的增加等。由于这些因素,婚姻、家庭的形态发生显著变化并呈现出多样化。相应地,国民在婚姻、家庭之应有状态方面的意识也变得更加多样化。

综上所述,至迟在 A 于平成 13 年 7 月继承遗产时,即使考虑到立法机关的裁量权,也应当认为对婚生子女与非婚生子女之继承份额的差别对抗已丧失合理根据。因此,应当认为本规定至迟在平成 13 年 7 月已经违反了《宪法》第 14 条第 1 款。

根据上述情况,可以得出的结论是,本规定违反《宪法》第 14 条第 1 款而无效,对于平成 13 年 7 月 25 日开始的 A 的遗产继承,无适用之余地。原审裁判所的上述判断与此相悖,错误地解释同款规定,不能被认可。为了进一步审理本案,将本案退回给原审法院。

(五)案例(5)

X_1 在生物学上是女性,但患有性别认同障碍,在接受性别重置手术,且获得裁判所的性别变更审判后,与 X_2(女)结婚。X_2 通过使用丈夫 X_1 以外之人的精子进行人工授精怀孕,于平成 21 年生出 A。X_1 向(行政管辖机关)新宿区的区长 Y 提交申请,请求将 A 登记为 X_1X_2 的婚生子女。对于夫妻之间明显没有发生性关系之可能的情形,判例认为婚生子女推定(《民法》第 772 条)对妻子生育的子女不发挥作用。Y 考虑到该判例,以出生登记申请材料不完善为由,要求 X_1 补充材料,X_1 未予以补充。Y 经上级户籍行政厅(东京法务局长)许可,在 A 的父亲一栏留空,将 A 登记为 X_2 的长子。X_1X_2 提起诉讼,主张在 A 的父亲一栏记载 X_1 的姓名。其理由在于,《民法》第 772 条的婚生推定适用于 A,因此该户籍记载违法。原审驳回 X_1X_2 的诉讼请求。X_1X_2 等人以婚生推定适用于 X_1 与 A 为由向最高裁判所提起上诉。决定(5)以下列理由撤销原判,并作出判决:

对于妻子在《民法》第 772 条第 2 款规定的期间内生育的子女,如果妻子在其怀胎的期间内,与丈夫实际上离婚,丧失夫妻的实态,或居住于远方,夫妻间显然不可能发生性关系,那么该子女实质上也不受同条的推定。这是当初的判例。① 但对于接受性别变更决定的人,虽无法想象其通过与妻子的性行为生儿育女,但法律仍认为该当事人可以结婚,另一方面却又以该子女不属于夫妻间性关系的结果为由,否定对该子女适用婚生推定。这一做法本身欠缺妥当性。

(六)案例(6)

A 是 Y 的妻子,与 Y 作为夫妻生活在一起,同时 A 与 B(男)交往,并生下 B 的子女 X。尽管 Y 明知 X 不是自己的子女,仍将 X 登记为其与 A 的子女,把 X 自己作为自己的子女监护养育。嗣后,YA 将 X 的亲权人确定为 A 后离婚。AXB 三人一起生活,A 作为 X(幼儿)的法定代理人,向裁判所提起诉讼,请求确认 XY 之间不存在亲子关系。A 私自作了 DNA 鉴定,根据该鉴定 B 是 X 父亲的概率几乎为百分之百,A 以此作为证据提交至裁判所。第一审判决 X 胜诉。第二审驳回 Y 的上诉请求,其理由在于,“科学证据明确表明 Y 与 X 之间的不存在生物学上的父子关系,而且 Y 与 A 已经离婚分别居住,X 处于 A 的监护之下,因此在本案中排除婚生推定”。Y 坚持将 X 推定为自己的婚生子女,并提起上诉。判决(6)基于下列理由撤销原判,作出判决:

---

① 参照最高裁昭和 43 年(才)第 1184 号同 44 年 5 月 29 日第一小法廷判決・民集 23 巻 6 号 1064 頁、最高裁平成 8 年(才)第 380 号同 12 年 3 月 14 日第三小法廷判決・裁判集民事 197 号 375 号。

对于依《民法》第772条受婚生推定的子女，丈夫如欲否定该子女为婚生子女，应提起婚生否认之诉，且该诉讼受到一年诉讼提起期间的限制。该规定具有一定的合理性。法律之所以如此规定，是为了维护身份关系在法律上的安定。① 即使科学证据证明丈夫与子女之间不存在生物学上的父子关系，且丈夫与妻子已经离婚，分别居住，子女由亲权人妻子监护养育，但仍有必要维持子女身份关系在法律上的安定性。因此，上述情况的存在并不会排除《民法》第772条规定之婚生推定的适用，也应适用同条规定的婚生推定，也不得以亲子关系不存在的确认之诉对该父子关系的存在提出质疑。如此解释，才具有正当性。作为解释的结果，法律上的父子关系与生物学上的父子关系会出现不一致的情形，但该条及第774条至第778条的规定承认了这种不一致。

然而，对于妻子在《民法》第772条第2款规定的期间内生育的子女，妻子怀孕的时期，夫妻事实上已经离婚，丧失夫妻的实态，或居住于远方，夫妻间明显不可能发生性关系时，上记子女实际上属于不受同条推定的婚生子女。因此，在解释上可以不顾《民法》第774条以下之规定，认为可以通过提起亲子关系不存在的确认之诉，对父亲与上述子女间父子关系的存在提出质疑。② 但在本案中，A怀上X时并不存在上述情况，也没有其他可以确认本案诉讼合法性的情况。

三、案例的探讨

（一）医疗技术的发展与新课题的产生

案例(1)和案例(2)是由于日本民法制定时不存在的医疗技术而产生的婚生子女认定问题。此前，在妻子怀孕的时间点，丈夫通常存在。然而，随着医疗技术的进步，现在可以冷冻保存精子。这意味着妻子怀孕时，丈夫可能已经去世。案例(1)正是这种情况。

---

① 参照最高裁昭和54年（オ）第1331号同55年3月27日第一小法廷判決・裁判集民事129号353頁、最高裁平成8年（オ）第380号同12年3月14日第三小法廷判決・裁判集民事197号375頁。

② 参照最高裁昭和43年（オ）第1184号同44年5月29日第一小法廷判決・民集23巻6号1064頁、最高裁平成7年（オ）第2178合同10年8月31日第二小法廷判決・裁判集民事189号497頁、全軽最高裁平成12年3月14日第三小法廷判決。

案例(2)涉及代孕母问题。当时,美国内华达州正在考虑通过制定法律来规制代理母合同,但日本至今没有采取这种措施。在案例(2)中,日本夫妇前往美国通过代孕母获得自己的子女。按照内华达州的法律,提供卵子的妻子为代孕母亲产出子女的母亲,但在日本无相关法律,因此是否应该承认同样的效果成为问题。

在这两个案例中,各审判级别的裁判所的判断有一个共同的特征,即第一审地方裁判所作出了保守的判断,第二审高等裁判所作出了革新性的判断,而终审最高裁判所再次作出了保守的判断。相较于地方裁判所,高等裁判所的法官可能是经验更丰富、年龄较大的资深法官。相对年轻、经验缺乏的地方裁判所的裁判官在处理现代亲子关系的法律问题时呈现出保守的态势,而作为资深法律家的高等裁判所的裁判官却作出了相当革新性的判断。当然生物学上的父子关系和法律上的父子关系的概念也未必一致。作为经验丰富的裁判官,高等裁判所的裁判官持有这种法律观念,试图满足(生物学上的)父母的愿望,即希望法律承认其与出生子女间的亲子关系。笔者推测这就是高等裁判所的裁判官的心证过程。这种革新性判决背后,有他们丰富的裁判经验作为支撑。

对于相对年轻的地方裁判所的裁判官而言,很难在判决或决定中作出如此大胆的判断。正如前面所述,此等婚生子女的认定问题在民法制定时并不存在,而且亲子关系的法律问题系属对市民社会有较大影响的课题。在该课题中,即便要满足父母的情感需求,对于经验不丰富的裁判官来说,朝积极的方向迈出步伐可能会面临很大的困难。

在案例(1)和案例(2)中,最高裁判所采取了保守的立场,这需要考虑到与下级裁判所不同的情况。最高裁判所的法律判断(意见),被称为"判例",具有不同于下级审判断的重要性,最高裁判所呈现出的判例将起到近似于立法的作用。但只能说是近似于立法,不能说是等同于立法。这体现了日本权力分立的精神。

在日本,立法权归属于国会(日本国《宪法》第41条),裁判官受国会制定的法律的拘束(日本国《宪法》第76条第3款)。妻子怀胎时丈夫存在,妻子自己的卵子与丈夫的精子结合形成受精卵,该受精卵在妻子子宫内发育,生出由该受精卵发育出的胎儿的女性为出生子女的母亲,这是民法的前提,而这部民法由现在日本国会前身的议会于1896年制定。最高裁判所通过判例颠覆这个前提,就相当于最高裁判所自己修改民法(因此这一问题的解决,有待国会修改民法)——这正是最高裁判所在案例(1)和案例(2)中作出的判断。即使在生物学上存在亲子关系,法律上的基于血缘关系的亲子关系也可能无法获得承认。基于法律婚姻主义制定而成的家族法在当前阶段呈现出一定的局限性,这一点由最高裁判所在案例(1)和案例(2)中作出的判断展现而出。

案例(3)不同于前述裁判例。议员 N 作出了勇敢的人生选择,使用其他女性的卵子与丈夫的精子进行人工授精,然后将受精卵植入其子宫并生育孩子。她还表示,为了将女性从不能生育的痛苦中解放出来,法律有必要将这种生育方式制度化。案例(1)乃至案例(3)中的问题,推测今后可能通过立法的方式解决。但这一方向是否正确,尚不明确。虽然如此,正如前面所述,这三个案例所呈现出的问题,似乎除了立法以外别无解决之道。

不管怎样,在案例(3)中,正如前面所述,虽然出生子女与议员 N 之间不存在生物学上的母子关系,但毫无疑问的是,议员 N 取得了其作为该子女母亲的法律地位。正如前面所述,法律意义上的基于血缘关系的亲子关系并不一定以生物学上的亲子关系为前提,这一亲子法的根本原理在此案例中得以明确。

(二)判例的变迁

裁判终了后,最终通过立法方式解决是案例(4)中的问题。最高裁判作出该决定的 18 年前,最高裁判所曾表明,当时《民法》第 900 条第 4 号但书关于非婚生子女的继承份额为婚生子的二分之一的规定(以下称“旧原则”)并不违反《宪法》第 14 条第 1 款的平等原则。上述提到的最高裁判所于 1995 年 7 月 5 日作出的判决,即为此情况。

但是,这一判决并没有积极地承认旧原则。作为旧原则合宪的理由,1995 年判决指出法律婚姻主义是婚姻法的一项重要原则,但该判决并没有积极地将旧原则评价为好的制度,而是从法律婚姻主义的角度将其认定为“不得已而坚持”的原则。另外,一名主张旧原则违宪的裁判官的反对意见也附在其中。笔者阅读该判决时,就有一种预感,认为迟早会出现关于这个问题的判例变更的判断。然后,经过 18 年的时间,最高裁判所最终判定旧原则违宪。这对上述提出反对意见的裁判官(已经退休)来说,可能是漫长的。

然而,在决定(4)宣布后,一名保守的国会议员在电视新闻节目中强烈反对最高裁判所的判断。舆论中也可能存在一些反对决定(4)的声音,特别是那些站在婚生子女及其母亲立场的人。无论如何,国会迅速回应了这一判例变更,于2013年12月11日修改法律删除了旧原则。

能否将这一变革视为法律婚姻主义的后退,可能在很大程度上取决于主观看法。或许有人站在法律婚姻主义为正统的立场,将该判例变更看作继承份额差异的校正,或许有人站在法律婚姻主义缓和必要论的立场上,将该判例变更理解为该原则的后退。

(三)最高裁判所对行政法务错误的纠正

在研究案例(5)之前,有必要先了解《关于性别认同障碍者性别变更特例的法律》(以下称"特例法")。特例法的要点在于,经家庭裁判所的审判,在以民法为首的法令上,承认该患者的性别变更。接受这一审判的人在法令上可以从生物学上的性别向其他性别转换,因此即使最初为男性的人可以与男性结婚,而最初是女性的人可以与女性结婚。案例(5)属于后一种情况。在这个案例中,争论的焦点是,如果妻子通过人工授精怀胎生子,那么生育的生子女是否为妻子与原本为女性的丈夫间的婚生子女。在这个案例中,行政法务认为该出生的子女不是夫妻间的婚生子女,这显然是一个重大错误。原因在于,其根据判例将该子女认定为非婚生子女,而不是根据法律作出判断。

判例是什么?正如前面所述,判例是最高裁判所就特定法律问题提出的法律"意见"(判断)。例如,有责配偶不得请求离婚的规则,在民法有关离婚的规定中并未明确确立。但是,最高裁判所从整个民法的精神出发,提出了有责配偶不得请求离婚的判断。[①] 这就是最高裁判所提出的一种法律原则,而民法并未明确规定,因此可以称之为"判例"。问题在于,判例是否对裁判官具有拘束力。

总结来说,裁判官不受判例拘束。首先,正如前文提到的《宪法》第76条第3款,其规定裁判官受宪法及法律拘束,但没有提到裁判官受判例拘束。因此,根据《宪法》第76条第3款的反面解释,裁判官不受判例拘束。当然,通常情况下,裁判官会遵循判例作出判断,但这并不是裁判官的义务。

---

① 最高裁1952年2月19日判决·民集6卷2号110頁。

一方面，最高裁判所可以在大法庭上变更判例。尤其是当判例的立场在下级审中发生动摇，作出例外判断的下级审判决增多时，最高裁判所倾向于变更判例。例如，最高裁判所以有责配偶在具备一定条件的情况下可以请求离婚为由，在大法庭上变更了判例。[①] 应当铭记的是，不仅下级裁判所，创造判例的最高裁判所自身也不受判例拘束。另一方面，最高裁判所无权修改法律，因为这是国会的权力。因此，从裁判所的立场观之，法律比判例更具权威力，这一点是毋庸置疑的。

在案例(5)中，行政法务就这一点犯了错误，即该行政法务作出决定时没有依照效力比判例更大的法律，而是依照效力比法律更弱的判例，这显然是一个错误。决定(5)将此视为问题，并撤销了与该行政法务作出同样判断的原审判决。既然特例法规定"对于法律规定的适用……视其性别已经变更为其他性别"，那么在解释上应将案例(5)的 X_1 和 X_2 认定为法律上的夫妻，坦率地适用《民法》第 772 条第 1 款。在这种情况下，X_2 生育的子女与 X_1 之间无生物学上的父子关系，并不妨碍婚生子女的推定。对于此种接受性别变更审判结为夫妻的人，前述判例提出的婚生推定的例外无适用之余地。法律上的基于血缘关系的亲子关系未必以生物学上的亲子关系为前提，这一法律原则也在此发挥作用。

(四)为推翻婚生推定可否出示个人信息

在案例(6)中，推翻《民法》第 772 条第 1 款婚生推定的证据是否具有证明力成为课题。在此需要注意的是，"推定"与"视为"是一对不同的概念。前者有可能被推翻，而后者无推翻之可能。

在法律规定"推定"的情形，由于裁判官受法律拘束，该规定也在命令裁判官就所定事项进行"推定"。但与"视为"不同，如果当事人提出推翻推定的证据，上述命令将被解除，由裁判官基于心证进行判断。

即使法律未就某事项规定"推定"，但事实上也有可能进行某种推定。登记的推定正是如此。登记簿所有权栏记载所有权人的姓名和住所，但某人作为某不动产的所有权人，将姓名和住址录入登记簿时，被推定为真实的所有权人(判例通常也会作出这样的判断)。然而，需要注意的是，日本任何一部法律都没有规定"登记记载事项推定为真实"。因此，登记的推定对裁

---

① 最高裁 1987 年 9 月 2 日判決・民集 41 卷 6 号 1423 頁。

判官无拘束力。在不动产所有权纠纷中,裁判官在判断所有权归属时无义务将不动产登记作为证据使用。登记的推定之所以弱,是因为登记业务办理时,对审查登记书的登记官而言,该申请书的真实性未经公证(换言之,登记官没有调查申请书真实性的权限)。

由此,由于上述情况,无法设置“登记簿记载的事项推定为真实事项”的法律规定。这种弱(法律未规定)推定被称为“事实上的推定”,裁判官可以基于自己的判断决定进行该推定。另外,如果像《民法》第772条第1款那样,法律明确规定了“推定”,那么这将是一种对裁判官具有拘束力的强推定。此为“法律上的推定”。

综上可知,“事实上的推定”对裁判官无拘束力,因此可以提出反证据来推翻,而且该推定在裁判官的心证中也会发生动摇。与此相对,对于“法律上的推定”,是国会制定的法律命令裁判官进行推定,因此该推定只有在本证提出的情况下才可以被推翻。

根据《民法》第772条第1款的规定,法律上的妻子生育的子女被推定为法律上的丈夫的子女。这就是法律上推定的典型。问题在于,如果DNA鉴定结果证明丈夫与妻子生育的子女之间不存在生物学上的父子关系,那么该结果是否足以构成推翻该推定的本证。

问题是,证明丈夫与子女之间不存在生物学上的父子关系的DNA鉴定结果能否成为推翻法律推定的本证。判决(6)否定了这一点。在此,岿然存在的一个前提是,法律上的基于血缘关系的亲子关系未必与生物学上的亲子关系保持一致。

作为法定血亲的养亲子关系暂且不论,基于血缘关系的亲子关系也还是法律上的权利义务关系,正如案例(3)所明确的,它们并不总以生物学上父子关系为基础。《民法》第772条第1款基于这一前提,对于无生物学上父子关系的当事人,也强力将其推定为法律上的基于血缘关系的生父子关系,以稳定父子这一身份关系。这一点还可以从民法对颠覆这一安定的婚生否定之诉(《民法》第774条)所设置的限制性规定中得知。

婚生否认之诉,仅可以由丈夫(子女的父亲)提起。具有该诉讼原告资格的人仅限定于丈夫(父亲),妻子或子女无法作为原告提起婚生否认之诉。假设妻子在婚姻关系存续期间内生育的子女不是丈夫的子女,丈夫认识到这一点,还是将该子女看作婚生子女时,丈夫的意思应当受到尊重[就像案例(6)中的情况一样]。这正是亲子法上的基本原理,即法律上的基于血缘关系的亲子关系未必以生物学上的亲子关系为前提。法定婚生否定之诉之外的亲子关系不存在确认之诉,在这一基本原理面前处于次要地位。其目的在于,判例(6)提到的身份关系的安定性。如果妻子在婚姻关系存续期间内怀孕,胎儿瞬间被推定为丈夫的子女,该法律上的基于血缘关系的亲子关系并不以生物学上的父子关系为前提。法律婚姻为何如此重要,正在于此。法律上的妻子不得以子女的 DNA 鉴定结果推翻法律上的推定。这是判决(6)的坚定不移的态度。

这正是对婚生子女身份稳定这一所谓形而上的理念在法律上的解释。但在笔者看来,最高裁判所企图进行更为形而下的指导。这是针对案例(6)中第一审原告的母亲(被告的妻子)的一种警告。

在这个案例例中,子女对父亲提起父子关系不存在的确认之诉。这个子女只有 2 岁,实质上提起诉讼的人是作为该子女法定代理人的母亲 A。以下不再重复事实关系,但妻子 A 否定丈夫 Y 与其所生 2 岁子女之间的父子关系,为了获胜,向法庭提交作为 X 及 B 个人信息之集合体的 DNA 鉴定结果,这本身就存在问题。这不仅是一个法律问题,更是一个伦理问题。尽管在伦理方面存在一些争议,但至少我认为,判决(6)应被理解为拒绝在此类诉讼中提交 DNA 测试结果等个人信息的集合体。

在解释上,可以认为最高裁判所严格地训诫了 A。2 岁幼儿 X 的母亲 A 向法庭出示了作为 X(及其生物学上父亲 B 的)个人信息集合体的 DNA 鉴定结果,即 A 向裁判所提交了他人的个人信息,至少其中之一并未同意这一提交。提交这种证据并不妥当。在笔者看来,判决(6)也是如此判断的。那么,在此类诉讼中,是否可以认为原告可以基于个人意思把自己的 DNA 鉴定结果作为证据向裁判所提出。事实上并非如此,虽说是自己的 DNA 信息,但其中包含了所有与其存在血缘关系的人的信息。不管是自己的信息,还是他人的信息,DNA 信息的使用应当格外注意。

经上述分析,可以发现判决(6)中存在着隐含的判例规范。案例(6)涉及 DNA 信息,这是一个涉及人类生命的神秘问题,甚至可以说超越了个人的范畴。这一新课题的产生,促使日本家族法不断向前发展。

【原文】

変わりゆく日本家族法

江渕武彦

Ⅰ 日本の家族法における現代的課題

近年の日本では、家族法分野における最高裁判所の判断の変遷が著しい。いくつかの課題の中で、ある伝統的な判断は守られているが、裁判所が大きく判断を変更した例も認められる。以下、まず、日本の家族法上の現代的な課題を掲げたい。

〔1〕夫の死後、夫の冷凍精子で妻が懐胎して出生した子は、この夫婦の嫡出子か。

〔2〕アメリカ〔ネバダ州〕の法律で認められている代理母契約により、日本の夫婦

の受精卵でアメリカ人女性から出生した子は、この夫婦の嫡出子か。

〔3〕夫の精子を妻以外の女性の卵子に人工授精させ、この受精卵を妻の子宮に着床させて出生した子は、この夫婦の嫡出子か。

〔4〕嫡出子でない子の相続分を嫡出子の相続分に差を設けるべきか、それとも同一に扱うべきか。

〔5〕女から男への性転換治療を受けた性同一性障害者が「性同一性障害者の性別の特例に関する法律」にもとづいて家庭裁判所で男への性別取扱変更の審判を受けた場合、この者の妻から人工授精により懐胎・出生した子は、この夫婦の嫡出子か。

〔6〕婚姻中に妻が出産した子が夫以外の子であるするDNA鑑定は、民法772条1項の嫡出推定を覆滅させる証拠となるか。

Ⅱ 各事例の内容

ここでは、前述の6つの課題の具体例を掲げたい。このうち、〔3〕

以外は、すべて裁

判例であり、日本の最高裁判所が一定の判断を示している。

この6つの課題の共通点は、いずれも法律婚主義にある。裁判所は、この法原則の伝統を守ろうとしている。ただし、医療技術や、夫婦・家族に関する価値観は変化する。この変化に伴い、裁判所が示す家族法の在り方も変わってゆく。しかし、法律婚主義という法原則そのものは、裁判所が各事例の中で示す判断の基準としては、不変であるといってよいだろう。この法律婚主義のルールから、ある親子法の前提が浮かび上がる。それは、法的な意味での実親子関係は、必ずしも生物学上の親子関係とは一致しないという前提である。これは、〔4〕を除く5つの事例の中で明確に登場する。まず別表で、〔3〕を除く判決・決定年月日と出典を明かにし、その後に、各事例を紹介し、さらに、これらに検討を加えたい。

別　表

	判決年月日	出典
〔1〕	最高裁 2006 年 9 月 4 日判決	民集 60 巻 7 号 2563 頁
〔2〕	最高裁 2007 年 3 月 23 日決定	民集 61 巻 2 号 619 頁
〔3〕	—	—
〔4〕	最高裁 2013 年 9 月 4 日決定	民集 67 巻 6 号 1320 頁
〔5〕	最高裁 2013 年 12 月 10 日決定	民集 67 巻 9 号 1847 頁
〔6〕	最高裁 2014 年 7 月 17 日判決	民集 68 巻 8 号 547 頁

以下、6つの事例を具体的に見ていこう。

〔1〕Aは、放射線治療を受けることとなったが、この治療を原因とする無精子症罹患を想定して、精子を冷凍保存した。その後、A 死亡。Aの妻Xは、この精子を用いた体外受精によって懐胎し、Bを出生した。Xは、BをAの嫡出子とする出生届を提出したところ、A 死亡時とB 出生時の齟齬を理由として行政がこの出生届を受理しなかったので、XはBを非嫡出子として出生届を提出した。Xは、検察官 Yを被告として死後認知の訴えを提起した(非嫡出子を出産した母は、その父に対して認知〔非嫡出子を父の

子として認める手続〕の訴えを提起することができるが、その父が死亡している場合には、検察官を被告として、この認知の訴えを起こすことができる)。

第1審は、このような子をすでに死亡した者の父として認識する社会的常識は成立していないとしてXの訴えを棄却した。これに対して、第2審は、AB間の父子関係認容に

つき懐胎時における父の生存を要件とする理由はない以下の理由でXの訴えを認容した。

YがABの父子関係を認める法的根拠なしとして上告したところ、判決〔1〕はYの上告を認め、第2審判決を破棄し、次のように自判した。

「民法の実親子に関する法制は、〈略〉少なくとも死後懐胎子と死亡した父との間の親子関係を想定していないことは、明らかである。すなわち、死後懐胎子については、その父は懐胎前に死亡しているため、親権に関しては、父が死後懐胎子の親権者になり得る余地はなく、扶養等に関しては、死後懐胎子が父から監護、養育、扶養を受けることはあり得ず、相続に関しては、死後懐胎子は父の相続人になり得ないものである。〈略〉このように、死後懐胎子と死亡した父との関係は、上記法制が定める法律上の親子関係における基本的な法律関係が生ずる余地のないものである。そうすると、その両者の間の法律上の親子関係の形成に関する問題は、本来的には、死亡した者の保存精子を用いる人工生殖に関する生命倫理、生まれてくる子の福祉、親子関係や親族関係を形成されることになる関係者の意識、更にはこれらに関する社会一般の考え方等多角的な観点からの検討を行った上、親子関係を認めるか否か、認めるとした場合の要件や効果を定める立法によって解決されるべき問題であるといわなければならず、そのような立法がない以上、死後懐胎子と死亡した父との間の法律上の親子関係の形成は認められないというべきである」

〔2〕妻X1は、生殖器に障害を持ち妊娠が不可能だったので、夫X2ともに、代理懐胎が法制化されている米国ネバダ州に渡り、米国人女性Aとの間で代理懐胎契約を結んだ。この契約にもとづき、ネバダ州内の医療機関で同夫婦の受精卵をAの子宮に着床させる措置が行なわれ、Aは懐胎して子Bら(双生児)を出産した。X1らはBらを伴って帰国し、品川区長(Y)

あてに、Bらを X1 X2 夫婦の嫡出子とする出生届を提出したが、Yは、この提出を受理しなかった。

X1らは、Yを相手として、同出生届の受理を求める申立てを裁判所に提起した。第1審は同申立てを却下したが、第2審がこれを取り消して、X1らの申立てを認容したのでYは最高裁に抗告した。決定〔2〕は第2審決定を破棄し、次のように自判した。

「民法は、懐胎し出産した女性が出生した子の母であり、母子関係は懐胎・出産という客観的な事実により当然に成立することを前提とした規定を設けている（民法772条1項参照）。また，母とその非嫡出子との間の母子関係についても、同様に、母子関係は出産という客観的な事実により当然に成立すると解されてきた（最高裁昭和35年（オ）第1189号同37年4月27日第二小法廷判決・民集16巻7号1247頁参照①）。民法の母子関係の成立に関する定めや上記判例は、民法の制定時期や判決の言渡しの時期からみると、女性が自らの卵子により懐胎し出産することが当然の前提となっていることが明らかであるが、民法には、出生した子を懐胎、出産していない女性をもってその子の母とすべき趣旨をうかがわせる規定は見当たらず、このような場合における法律関係を定める規定がない。また、〈略〉実親子関係が公益及び子の福祉に深くかかわるものであり、一義的に明確な基準によって一律に決せられるべきであることにかんがみると、現行民法の解釈としては，出生した子を懐胎し出産した女性をその子の母と解さざるを得ず、代理出産の場合に、血縁上の母と本件子らとの間に母子関係の成立を認めることはできない」

〔3〕日本の国会議員Nは、卵子を育成する胎内の機能に障害があったので、アメリカ合衆国において、別女性の卵子の提供を受け、夫の精子による体外受精卵を自己の子宮に着床させる医療技術を用いて妊娠し出産した（この間の事実をNはメディアに公表している）。この場合、Nと出生子との間には生物学的母子関係はない。しかし、前述のよう

---

① 日本では、判決文中、年号は西暦ではなく日本独自の元号が用いられる。昭和35年及び昭和37年は、それぞれ西暦1960年・1962年に相当する。

に、決定〔2〕は、日本の民法が母子関係は懐胎・出産という客観的な事実により当然に成立することを前提にしている、との判断を示しており、この趣旨からは、Nと当該出生子の間に法律上の母子関係が認められることとなろう。

〔4〕Aは、嫡出子Yらと非嫡出子Xらを遺して死亡した。Xらは、Yらを相手として東京家庭裁判所に遺産分割審判を申し立てた。遺産分割審判において、Xらは、非嫡出子の相続分を嫡出子のそれの2分の1とする民法900条4号但書前段（以下本件規定）は、憲法14条1項に反して無効であると主張した。かつて最高裁は、本件規定の合憲性が争われた同種の事件につき、法律婚主義の原則を重視して1995年7月5日に本件規定が憲法14条1項に反しない旨の判断を示していたため、東京家裁はこの判例に沿って、本件規定は、憲法14条1項に反するとはいえず、それに従ってAの遺産を分割すべきとした（2012年3月26日）。Xらによる抗告に対し、第2審は、最高裁1995年7月5日決定後の社会情勢、家族生活や親子関係の実態、日本を取り巻く国際的環境等の変化等を総合考慮しても、本件相続開始時（2001年7月25日）に本件規定が違憲であったと認めることはできないとし、本件規定を適用してAの遺産分割をすべきとの理由で、Xらの抗告を棄却した。Xらは、最高裁に本件規定を違憲として特別抗告した。決定〔4〕は次の理由で原決定を破棄し、審理を原審に差し戻した。

「相続制度を定めるにあたっては、それぞれの国の伝統、社会事情、国民感情などを考慮しなければならず、また、相続制度は、婚姻ないし親子関係に対する規律、国民の意識を離れて制定されるわけにはいかず、これらを考慮した上で、立法府には、相続制度を定める合理的な裁量判断を有している。しかし、本件規定により発生する嫡出子と非嫡出子の法定相続分の区別が、立法府に与えられた裁量権を考慮しても、そのような区別をすることに合理的な根拠を認めることができない場合には、当該区別は、憲法14条1項に反するものであると解するのが相当である。

我が国は、民法739条1項により、いわゆる事実婚主義を排して法律婚主義を採用している。しかし、法律婚主義の下であっても、嫡出子と非嫡出子の法定相続分をどのように定めるかということについては、上述した事柄を総合的に考慮して決められるべきである。これらの事柄は、時代とともに変遷するものであり、我が国においてもその変遷が起こっているといえる。

例えば、非嫡出子の出生数の増加傾向、晩婚化・非婚化・少子化などの進行、離婚・再婚件数の増加などである。これらのことから、婚姻、家族の形態の変化が著しく多様化しており、これに伴い、婚姻、家族の在り方に対する国民の意識の多様化が大きく進んでいることが指摘できる。〈略〉

以上を総合すれば、遅くともAの相続が開始した平成13年①7月当時においては、立法府の裁量権を考慮しても、嫡出子と非嫡出子の法定相続分を区別する合理的な根拠は失われていたというべきである。したがって、本件規定は遅くとも平成13年7月当時において、憲法14条1項に違反していたというべきである。

以上によれば、平成13年7月25日に開始したAの相続に関しては、本件規定は、憲法14条1項に違反し無効であり、これを適用することはできないというべきである。これに反する原審の上記判断は、同項の解釈を誤るものであって是認することができない。本件事案についてさらなる審理を尽くさせるために、本件を原審に差し戻すこととする」

〔5〕X1は、生物学的には女であったが、性同一性障害者であり、性別適合手術を受け、かつ性別取扱変更審判を得て、その後、X2（女）と婚姻した。X2は、夫X1以外の者の精子を用いた人工授精により懐胎し、平成21年にAを出生した。X1は、AをX1 X2夫婦の嫡出子とする出生届を管轄行政機関・新宿区長（Y）に提出した。ところで、夫婦間に性的関係を持つ機会がないことが明らかな場合には妻からの出生子には嫡出推定（民法772条）が働かない旨の判例を考慮して、Yは、この出生届に不備ありとしてX1に追完を求めたところ、X1はこれに従わなかった。Yは、戸籍行政上級庁（東京法務局長）の許可を得て、Aの父の欄を空白とし、X2の長男とする戸籍記載を行なった。X1 X2は、Aは

---

① 平成13年は､西暦2001年に相当する。

民法772条の嫡出推定を受けるからこの戸籍記載は違法として、Aの父の欄へのX1氏名記載を求めて訴えを提起した。原審がX1 X2の訴えを退けたので、X1 X2らは、X1 A間に嫡出推定が及ぶとの理由で最高裁に上告した。決定〔5〕は、次の理由で原決定を破棄し自判した。

「民法772条2項所定の期間内に妻が出産した子について、妻がその子を懐胎すべき時期に、既に夫婦が事実上の離婚をして夫婦の実態が失われ、又は遠隔地に居住して、夫婦間に性的関係を持つ機会がなかったことが明らかであるなどの事情が存在する場合には、その子は実質的には同条の推定を受けないことは、当審の判例とするところであるが（最高裁昭和43年（オ）第1184号同44年5月29日第一小法廷判決・民集23巻6号1064頁、最高裁平成8年（オ）第380号同12年3月14日第三小法廷判決・裁判集民事197号375号参照）、性別の取扱いの変更の審判を受けた者については、妻との性的関係によって子をもうけることはおよそ想定できないものの、一方でそのような者に婚姻をすることを認めながら、他方でその主要な効果である同条による嫡出の推定についての規定の適用を、妻との性的関係の結果もうけた子であり得ないことを理由に認めないとすることは相当でないというべきである」

〔6〕Aは、Yの妻であり、Yと夫婦として生活しつつ、B（男）と交際し、Bの子Xを出産した。Yは、Xが自分の子でないことを知りつつ、XをYA夫婦の子とする出生届を提出し、Xを自らの子として監護養育した。その後、YAは、Xの親権者をAと定めて離婚した。AとXはBと同居しているところ、Aは、X（幼児）の法定代理人として、XY間の親子関係不存在確認を求める訴えを提起した。Aが私的に行なったDNA鑑定では、BがXの父である確率はほぼ100%であり、Aはこれを証拠として裁判所に提出した。第1審でX勝訴。控訴審も、「YとXとの間の生物学上の親子関係の不存在は科学的証拠により客観的かつ明白に証明されており、また、YとAは既に離婚して別居し、Yが親権者であるAの下で監護されているなどの事情が認められるのであるから、本件においては嫡出推定が排除される」として、Yの控訴を棄却した。Yは、XはYの嫡出子と推定されると主張して上告した。判決〔6〕は次の理由で原判決を破棄し、自判した。

「民法772条により嫡出の推定を受ける子につきその嫡出であることを否認するためには、夫からの嫡出否認の訴えによるべきものとし、かつ、同訴えにつき1 年の出訴期間を定めたことは、身分関係の法的安定を保持する上から合理性を有するものということができる（最高裁昭和54年（オ）第1331号同55年3月27日第一小法廷判決・裁判集民事129号353頁、最高裁平成8年（オ）第380号同12年3月14日第三小法廷判決・裁判集民事197号375頁参照）。そして、夫と子との間に生物学上の父子関係が認められないことが科学的証拠により明らかであり、かつ、夫と妻が既に離婚して別居し、子が親権者である妻の下で監護されているという事情があっても、子の身分関係の法的安定を保持する必要が当然になくなるものではないから、上記の事情が存在するからといって、同条による嫡出の推定が及ばなくなるものとはいえず、親子関係不存在確認の訴えをもって当該父子関係の存否を争うことはできないものと解するのが相当である。このように解すると、法律上の父子関係が生物学上の父子関係と一致しない場合が生ずることになるが、同条及774条から778条までの規定はこのような不一致が生ずることをも容認しているものと解される。

もっとも、民法772条2項所定の期間内に妻が出産した子について、妻がその子を懐胎すべき時期に、既に夫婦が事実上の離婚をして夫婦の実態が失われ、又は遠隔地に居住して、夫婦間に性的関係を持つ機会がなかったことが明らかであるなどの事情が存在する場合には、上記子は実質的には同条の推定を受けない嫡出子に当たるということができるから、同法774条以下の規定にかかわらず、親子関係不存在確認の訴えをもって夫と上記子との間の父子関係の存否を争うことができると解するのが相当である（最高歳昭和43年（オ）第1184号同44年5月29日第一小法廷判決・民集23巻6号1064頁、最高裁平成7年（オ）第2178合同10年8月31日第二小法廷判決・裁判集民事189号497頁、全軽最高裁平成12年3月14日第三小法廷判決参照）。しかしながら、本件においては、甲が被上告人を懐胎した時期に上記のような事情があったとは認められず、他に本件訴えの適法性を肯定すべき事情も認められない」

Ⅲ 事例の検討

（1）医療技術進展を原因とする新たな課題の発生

事例〔1〕〔2〕は、日本民法が制定された当時には存在しなかった医療技術によって生じた親子の法的な問題である。妻が懐胎した時点では、これまではつねに夫が生存していた。ところが医療技術の上で精子の冷凍保存が可能になると、妻懐胎時点で夫が死亡している事態が生じうる。事例〔1〕は、このケースである。

事例〔2〕は、代理母の問題であり、アメリカ合衆国・ネバダ州では、この当時、代理母契約を制度化する立法的措置が図られていたが、日本では現在に至るまでこの措置が執られていない。〔2〕では、代理母による子の出生を望む日本の夫婦が渡米して子を得ている。ネバダ州法では、卵子を提供した妻が、代理母が出生した子の法律上の母として認められるが、かかる法律がない日本でこれと同様の効果が認められるかどうかが問題となった。

この2つの事例において、審級別裁判所の判断に共通の特徴がある。それは、いずれも第1審・地方裁判所が保守的な判断、第2審・高等裁判所が革新的な判断、最終審たる最高裁が再び保守的な判断を示した、という特徴である。高裁裁判官は、おそらくは地裁裁判官と比べてより多くの経験を積んだ年齢の高い、いわばベテラン裁判官であることが一般的であろう。比較的若く経験の乏しいと思われる地裁裁判官がかような親子に関する現代的な法律問題に対して保守的な姿勢を示す一方で、ベテラン法律家であろう高裁裁判官がこれほどに革新的な判断を示した。むろん、生物学上の親子関係と法律上の親子関係の概念は、必ずしも一致しない。ベテラン裁判官として、この法律論を矜持として踏まえつつ、高裁裁判官は、出生子との親子関係を法的に認めてほしいという（生物学上の）親の心情に応えようとした。私は、高裁裁判官の心証をそのように推測している。その革新性の背景には、彼らの豊富な裁判官実績があったはずである。

比較的若い地裁裁判官にとって、そのような大胆な判断を判決・決定において示すことは難しいだろう。前述のように、民法が制定された当時存在しなかった問題で、しかも親子の法律問題という市民社会に余りにも影響の強い課題において、いくら親の心情に応えるものであっても、積極的な方向へ踏む出すことは、経験が豊富でない裁判官には障害が大きいと思われる。

事例〔1〕〔2〕において、最高裁が保守的な姿勢を採ったことについては、下級審とは異なった事情を考慮しなければならない。最高裁の法律的な判断（意見）は、「判例」と呼ばれ、下級審の判断とは異なった重要性を持つ。最高裁による判例の呈示は、立法に近い作用をもたらすからである。ただそれは、あくまで「近い」作用なのであって、立法と同等の作用であってはならない。これが日本における権力分立の精神である。

日本では、立法権は国会に帰属し（日本国憲法41条）、裁判官は国会が定めた法律に拘束される（同76条3項）。妻の懐胎時に夫が生存していること、自らの卵子を受精させて胎内で育て、その受精卵から育った胎児を出産した女性が出生子の母であること、これが民法の前提なのであり、その民法は、1896年に現在の日本国国会の前身たる議会で定められた。最高裁が判例をもってこの前提を覆すことは、最高裁自身が民法を改正することにつながる（したがってこの問題解決のためには国会による民法改正が必要である）—これが〔1〕〔2〕の最高裁判断にほかならない。生物学上の親子であっても、法律上の実親子関係を認めることはできないことがある。〔1〕〔2〕の判断は、法律婚主義から導かれる家族法の現時点での限界を示している。

事例〔3〕は、前述のように裁判例ではない。N議員は、あえて、他の女性の卵子と夫の精子を用いた人工授精卵を子宮に着床させて子を産むという人生の選択をした。そればかりでなく、子を産めない苦しみから女性を解放するため、この方式による出産の法制化に努力するとの見解を示した。今後、〔1〕ないし〔3〕の課題を解決する立法化が試みられるものと推測される。ただし、それが正しい方向かどうかは不明である。とはいうものの、この3つ事例で示された問題は、以上のように、立法化以外に解決の方法がなかろう。

ともあれ、事例〔3〕において、前述のように、出生子とN議員の間に、生物学上の母子関係はないにもかかわらず、N議員はこの子の母としての法律上の地位を取得することは疑いない。前述した、法律的な意味における実親子関係は必ずしも生物学上の親子関係を前提としない、という親子法の根本原理が、ここに明かになる。

(2) 判例の変遷

裁判終了後に立法による最終的な解決が図られた事例が、〔4〕である。この最高裁決定の18年前、最高裁は、非嫡出子相続分を嫡出子のそれの2分の1とする(以下これを旧原則)当時の民法900条4号但書の規定は憲法14条1項の平等原則に反しないとの見解を示していた。前述の最高裁1995年7月5日判決がそれである。

ただし、この判決は、旧原則を積極的に承認したのではない。旧原則合憲の理由として、1995年判決は法律婚主義という婚姻法の重要な原則を指摘するが、同判決は、この法律婚主義から旧原則を「やむを得ない」とし、この旧原則を好ましい制度として積極的に評価していたのではないのである。加えて、旧原則を違憲とする1名の裁判官の反対意見も付されており、私など、この判決を読んで、いずれこの問題について判例変更の判断が示されるとの予感を持った。そして、それから18年が経過し、最高裁は、旧原則が違憲である旨の判断に到った。反対意見を述べた前述の裁判官にとって(すでに停年退官しているが)、長い道程だったことだろう。

ただ、〔4〕決定言渡直後、テレビの報道番組に出演したある保守的な国会議員は、この最高裁の判断に強く反対の意見を主張していた。世論の中には、嫡出子とその母の立場にある人びとに決定〔4〕に対する反対があることが推測される。それはともかくも、国会は、この判例変更に直ちに応え、旧原則を削除する改正を実施した(2013年12月11日)。この変革をもって法律婚主義の後退とみるかどうかは、多分に主観の問題であろう。法律婚主義を正統と観る立場からはあくまで相続分の差の是正にすぎないとの意見が、また法律婚主義の緩和が必要と考える立場からは同原則の後退と観る意見が出るように思われる。

(3) 最高裁による法務行政の過誤是正

事例〔5〕を検討するためには、「性同一性障害者の性別の特例に関する法律」（以下、特例法）を知る必要がある。特例法の要点は、家庭裁判所の審判により、民法を始めとする法令の上で、この障害を持つ者の性別変更を認めるところにある。この審判を受けた者は、法令上、生物学的な性から別の性へと転換することになるため、もとは男であった者でも男と、また、もと女であった者でも女と婚姻できることとなる。事例〔5〕は後者のケースで、この事例においては、妻が人工授精で懐胎した場合、出生子はもとは女であった夫との間の嫡出子となるかどうかが争われた。この事例で、当該出生子は夫婦間の嫡出子ではないと判断した法務行政には、大きな過ちがある。それは、この子を非嫡出子と判断したその根拠が判例であって、法律ではなかったからである。

判例とは何か。それは、前述の通り、一定の法律問題について最高裁が示した法律的な「意見」（判断）である。たとえば、有責配偶者による離婚請求は認めない、とは民法の離婚規定のどこにも記されてはいない。しかし、民法全体の精神から、有責配偶者からの離婚請求を認めないとの判断を最高裁は示した（最高裁 1952 年 2 月 19 日判決民集 6 巻 2 号 110 頁）。これが民法には明確に規定されていない法原則を認めた最高裁の「意見」であり、この法原則を判例と呼んでよい。問題は、裁判官はこのような判例に拘束されるか、というところにある。

結論からいえば、裁判官は、判例には拘束されない。そもそも、前述した憲法 76 条 3 項は、裁判官が憲法及び法律に拘束されることを規定しているが、判例に拘束されるとはうたっていない。したがって、裁判官は、憲法 76 条 3 項の反対解釈により、判例には拘束されないと解釈すべきこととなる。むろん、通常は、裁判官は判例に沿った判断を示すことが多いが、それは義務ではないということである。

最高裁は、大法廷で判例を変更することができる。とりわけ下級審において判例の立場に動揺が生じ、例外的判断を示す下級審判決が多くなると、最高裁は判例を変更する傾向にある。有責配偶者による離婚請求も、一定要件が整えば認められるとして、大法廷において判例変更が行なわれたのである（最高裁 1987 年 9 月 2 日判決民集 41 巻 6 号 1423 頁）。このように、下級審だけでなく、判例を創造した最高裁自身が、その判例に拘束されていないことを銘記すべきである。一方で、最高裁は、法律を改正することはできない。それは国会の権限に属する。よって、裁判所の立場からすれば、判例より法律が強力であることはいうまでもない。

事例〔5〕における法務行政は、この点を誤った。すなわち、当該行政は、判例より強力な法律に従わず、より弱い判例に従うという過ちを犯した。これを決定〔5〕は問題視し、この行政と同様の判断をした原審を破棄したのである。特例法に、「法令の規定の適用については〈略〉、その性別につき他の性別に変わったものとみなす」と定められている以上、事例〔5〕におけるX1 X2は法律上の夫婦なのであり、率直に民法772条1項が適用されると解することになる。この場合、X2が出産した子とX1の間に生物学上の父子関係がないことは、嫡出推定の妨げにならない。嫡出推定の例外をうたう前記判例は、性別変更審判を受けて婚姻した夫婦間においては出る幕がないと言わざるをえない。ここでも、法的実親子関係は、必ずしも生物学上の親子関係を前提としないという法原則が働いているのである。

(4) 嫡出推定覆滅のための個人情報提出は許されるか

事例〔6〕では、民法772条1項における嫡出推定を覆滅する証拠の力が課題となっている。ここで、「推定する」と「みなす」は異なっていることに注意を要する。前者には覆滅の余地があるが、後者にはこれがない。

法律で「推定する」と規定されている場合、裁判官が法律に拘束されている以上、この規定は裁判官に対して所定事項において「推定せよ」と命じていることになる。ただし、「みなす」とは異なり、推定を覆滅する証拠が提出されたら、上記命令は解除され、裁判官の心証にもとづく判断に委ねられることとなる。

法律で「推定する」とは規定されていないが、事実上、ある推定が行なわれる場合がある。登記の推定がそれである。登記簿の所有権欄には所有権者の氏名住所が記載されるが、ある不動産の所有権者として登記に氏名住所が記載された者は一応真実の所有権者であると推定されると言われている(判例も概ねそのように判断している)。ただし、日本のいかなる法律にも、「登記記載事項は真実であると推定する」とは規定されていない。そのために、登記の推定は、裁判官を拘束しない。裁判官は、不動産の所有権者に争いがある場合、その判断にあたっては、その不動産登記を証拠として採用する義務を負わないということである。登記の推定力は、なぜそのように弱いのか。それは、登記申請にあたって、申請書を審査する登記官に対してその申請書の真実性が公証されていない（言い換えれば登記官は申請書の真実性を調査する権限を有しない）からである。

このような事情から、「登記記載事項は真実であると推定する」という法律の規定を設けることはできない。このような弱い（法律に規定のない）推定を「事実上の推定」と呼び、裁判官はその推定の是非を心証で決定することが許される。一方で、民法 772 条 1 項のように、法律に「推定する」と規定されていれば、それは裁判官を拘束する強力な推定と解することとなる。これを「法律上の推定」という。

以上を整理すると、次の通りである。すなわち、「事実上の推定」は、裁判官を拘束しないから、反証（推定に矛盾する状況証拠）でも覆滅するし、そもそもが、この推定は裁判官の単なる心証で動揺するものなのである。これに対して、「法律上の推定」は、国会が定めた法律が裁判官に推定を命じているのであるから、本証（推定に矛盾する決定的証拠）が提出されなければ覆滅しない。

法律上の妻から出生した子は、民法 772 条 1 項により、法律上の夫の子と推定される。これが法律上の推定の典型である。問題は、夫と出生子との間に生物学的な父子関係がないことを証明するDNA 検査結果は、この推定を覆滅する本証たりうるか、という点にある。判決〔6〕は、これを否定する。ここには、法律上の実親子関係は、必ずしも生物学的親子関係とは一致しないとの前提が厳然と存在している。

法定血族たる養親子の関係はもとより、実親子関係もまた、法律上の権利・義務の関係なのであり、事例〔3〕で明らかなように、つねに生物学上の親子関係を基礎とするとはいえない。民法 772 条 1 項は、これを前提に、生物学的な父子関係がない者らの間においても法律上の実父子関係を強力に推定しており、父子という身分関係を安定させようとしている。このことは、この安定を覆すための嫡出否認の訴え（民法774条）が、次のように制限的に規定されていることからも、うかがい知ることができる。

嫡出否認の訴えは、夫（父）にしか認められない。この訴えの原告適格者は、夫（父）に限定されるのであって、妻や子が原告として嫡出否認の訴えを提起する途は無い。仮に、妻が婚姻中に懐胎した子が夫の子ではなく、そのことを夫が認識していても、夫がこれを許容してその子を嫡出子として対応するのであれば（事例〔6〕はそのようなケースであった）、その夫の意思は尊重されるべきである。これこそが、法律上の実親子関係は必ずしも生物学上の親子関係を前提としない、という親子法の根本原理にほかならない。嫡出否認の訴えのような明文の規定を有しない親子関係不存在確認の訴え（事例〔6〕ではAはこの方法を選択した）は、この根本原理に劣後する。その目的は、判決〔6〕によれば、「身分関係の安定」にある。妻が婚姻中に懐胎すれば、その瞬間に胎児は夫の子と推定され、必ずしもその法的実父子関係は生物学上の父子関係を前提にしない。それほどに、法律婚の意味は大きい。法律上の妻は、子のDNA検査結果によりこの法律上の推定を覆滅できない。これが判決〔6〕の不退転の決断である。

これこそが、嫡出子としての身分安定という、いわば形而上的な理念の法理的説明であるが、このことは、最高裁による、より形而下の指導意図を示唆しているように、私には思える。それは、事例〔6〕における第1審原告の母（同被告の妻）に対する警告である。

この事例では、子が父に対して父子関係不存在確認の訴えを提起した。その子は、2歳であり、実質的な訴訟提起者は、法定代理人たるこの子の母Aであった。以下では事実関係を繰り返さないが、Aが産んだ子に愛情を示す夫Yと2歳の子Xとの父子関係を否定し、勝訴するため、X及びBの個人情報の集合体であるDNA検査結果を法廷の場に提出したという問題がある。ここには、法律論はもとより、倫理的な問題を感じざるをえない。ただ、その倫理的な面での指摘はともかくも、少なくとも、私には、判決〔6〕は、かような訴訟の場に、個人情報の集合体たるDNA検査結果を提出することを拒否するものと捉える必要があるように思える。

最高裁は、Aを厳しく戒めた—この決定をそのように解すべきである。2歳の幼児Xの母Aは、X（及びその生物学上の父Bの）の個人情報の集合体たるDNA検査結果を法廷に提出した。すなわち、Aは、他者の個人情報を裁判所に提出したが、少なくともそのうちの一人は、この提出に承認を与えていない。このような証拠提出は不適切ではないか。私は、判決〔6〕をそのように判断したものと理解している。それでは、かような訴訟において原告が意思にもとづいて自己のDNA検査結果を証拠として裁判所に提出することは差し支えないといえるか。いや、自己のDNA情報とはいえ、その中には、血のつながった者すべての情報が含まれている。自分のものであろうと、他者のものであろうと、DNA情報の扱いには注意を要する。

このようにしてみると、判決〔6〕の中に隠れた判例規範が存在すると言わざるをえない。事例〔6〕は、DNA情報という、個人の枠を超えた人の生命という神秘的な課題に関わるとさえいうべきであろう。このような新たな課題を生じつつ、家族法は永遠に変わってゆく。

日本法中消费者服务合同任意解除问题

程　坦*

内容提要　鉴于服务所具有的无形性、继续性、事前不可预测性等特征,服务受领者一方在进入合同关系后经常会因各种主客观原因而发生不受领服务的情况。此时,服务受领者能否及以何种路径从合同拘束力中获得解放成为服务合同领域的典型问题。而当服务受领者为消费者时,因为消费者与经营者在情报获取、谈判、风险回避等能力上所具有的结构性差异,如何保护意图解约的消费者并兼顾经营者的利益成为日本私法学界的课题。日本民法典并未明确赋予消费者任意解除服务合同的权利,消费者能否解除及解除需负担的代价一般依赖于合同性质的决定。而在特别法方面,日本《特定商业交易法》针对特定继续性服务合同规定了服务受领者的中途解除权,并对受领者的损害赔偿责任进行限制。

关键词　服务合同;消费者;任意(中途)解除;损害赔偿

引　言

自20世纪80年代后半期开始,随着经济的高速发展,日本社会不断涌现出各种前所未闻的服务项目,如外语培训、美容沙龙、资格考试培训等。与此同时,与服务提供相关的合同履行方式和条件也发生了重大变化:以长时间或持续性提供劳务为债务内容的合同数量大幅增加;相比于从前一般

* 程坦,中南财经政法大学法学院副教授。

约定在每次受领劳务时支付报酬,预付式交易方式逐渐流行;合同约定禁止任意解除或解除以支付高额赔偿金为条件的情况成为常态。这些变化在促进交易的同时,也产生了新的法律问题。事实上,与物型合同相比,服务型合同的债务内容具有很大的不确定性。前者中,债务的具体内容在合同成立时即以确定或可得确定,物的受领者在此时对自己的需求也有一定程度的认知和预估。而在后者中,因为服务的无形性,服务的具体内容在合同成立时很难被特定化,且在此后还经常会因受领者的状态而发生变化。① 服务受领者在合同成立时也很难预判服务对自己是否有用(服务内容的必要性与适合性)、服务提供者与自己是否性格相合(信赖关系的存否)等情况,而这些情况又恰恰是左右服务合同是否存续的重要因素。此外,服务合同中债务的履行通常需要服务受领者的积极行为,或为受领或为必要协助。但受领者在缔约后可能会因外部或自身情况、主观意愿的变化等不能甚至不想继续协助或受领。特别是在服务提供者长期继续性或反复性地负有给付义务的合同中,更容易发生受领者受领迟延的问题。

鉴于上述服务合同具有的不确定性特征,实践中服务受领者在合同存续期间意图解除合同的事例急剧增多。然而,服务合同的任意解除面临诸多法律困境。一方面,受领者任意解除权的法律依据何在,这点并不清晰,法律依据的选择又直接关系到损害赔偿的范围。另一方面,即使合同能被解除,但受领者约定解除权的行使是以向服务提供者支付高额赔偿金,或无法请求返还已支付的预付款为代价的,受领者事实上因为这些苛刻条件并没有真正摆脱合同的拘束力,这与其解除合同的初衷相悖。特别是当服务受领者为消费者时,与作为经营者的服务提供者相比,其无论在信息获取、交涉能力还是风险消化方面都处于弱势地位。在此背景下,如何解救缔约后意图解除合同的消费者,同时又能兼顾服务提供者的利益,成为亟待解决的法律问题。

日本法学界对服务合同,特别是继续性服务合同问题的关注在 1990 年达到了高峰,并产出了大量学说著作。在立法上,除《民法典》外,规范消费者服务合同任意解除及损害赔偿问题的特别法也在 2000 年左右陆续公布施行。可以说,对于消费者服务合同任意解除问题,日本法虽然最终没有统

---

① 中田裕康『継続的取引の研究』(有斐閣, 2000 年)135 頁、171 頁。

一的解决方案,但其已经积累的理论与实践经验仍然具有非常高的学术参考价值。有鉴于此,本文主要以消费者服务合同任意解除问题为中心,通过介绍分析日本法情况及其先行研究,以期从立法论或解释论的角度为我国相关问题的解决提供一些路径思路。

一、消费者服务合同的范围与定义

(一)消费者服务合同的适用范围

服务合同是指以劳务提供为债务内容的合同,在日本法中一般称为“役務提供契約”或“労務給付契約”[①],有广义和狭义之分。广义的劳务之债内容涵盖物及人的劳务,“以物之劳务为目标之债在民法债编就是用益之债,有偿者是租赁,无偿者为使用借贷”,狭义的劳务之债内容则仅限于人的劳务。[②] 日本法中所称的“役務提供契約”主要指狭义的服务合同。依照债务人应给付劳务之范围,日本《民法典》第3编“债权”第2章“合同”规定了雇佣、承揽、委托和保管四种有名服务合同。然若从合同当事人之间的关系着眼,狭义服务合同又可被区分为“消费者型服务合同”与“类似劳动者型服务合同”。此种分类标准与是否对服务提供者给予特殊保护,也即是否要承认服务受领者的任意解除权相关。[③] “类似劳动者型服务合同”中服务提供者的地位类似于雇佣合同中的受雇人或劳动合同中的劳动者,虽然其对服务受领者的人格从属性较弱,但有较强的经济依赖性,有特殊保护的必要,因此应一般性地否定服务受领者享有任意解除权。[④]

而消费者型服务合同,是服务提供者对服务受领者不存在人格从属性或经济依赖性的,在劳动合同、雇佣合同及类似劳动者型服务合同之外的,由在信息获取的数量、质量及交涉能力上存在结构性差异的消费者与经营者缔结的服务合同。其债务内容根据服务提供过程中服务与物之间的关系,还可以细分为纯粹的服务合同(如律师委托代理合同),与物的给付一起

---

① 中田裕康『契約法』(有斐閣, 2017年)487頁。

② 参见黄茂荣:《债法分则之二:劳务之债》,厦门大学出版社2020年版,第1—2页。

③ 参见战东升:《民法典编纂视野下的服务合同立法——日本立法经验及其借鉴》,《法商研究》2017年第2期。

④ 关于“类似劳动者型服务合同”的范围,具体参见战东升:《民法典编纂背景下劳动法与民法的对立关系——以“类似劳动者型劳务提供人”的保护为切入点》,《法学》2018年第10期。

提供的服务合同（如婚宴操办、不动产租赁合同和公寓买卖合同）及将物作为服务提供的手段、设施或材料的服务合同（如酒店住宿服务、电信服务）等。[①] 与类似劳动者型服务合同相反，消费者型服务合同的问题核心是将消费者（服务受领者）从合同拘束力中解放，也即需要积极地一般性承认消费者的任意解除权。

（二）“消费者”与“经营者”的定义

日本《消费者契约法》第2条规定，消费者合同中的“消费者”指“个人（作为经营或为了经营需要而成为合同当事人的情况除外）”，“经营者”指“法人等其他团体”或“作为经营或为了经营需要而成为合同当事人的个人”。根据此定义，消费者合同主要有以下两种组合类型：（1）由个人和法人等其他团体缔结的合同；（2）由个人和个人缔结的合同。

一方面，在当事人为个人时，有无“经营性”是判断个人究竟是消费者还是经营者的决定性因素。根据日本消费者厅公布的逐条解说，与缔约或交易相关的“信息获取和交涉能力的差异”是划定消费者或经营者范围的重要基准，而产生这种差异的原因来自“经营”的有无。[②] 申言之，在合同缔结过程中经营者一方掌握的与商品、权利、劳务的内容或交易条件相关的信息要多于消费者，且经营者还有与该经营相关的交涉操控力。[③] 且相比于消费者，经营者对于自己为了达成经营目的而购买的商品的内容或交易条件、法律或交易习惯等掌握的信息更为详尽，这是经营者进行经营时应该最低限度知道的情况。[④] 即便经营者实际上对于信息和交涉力存在或然性较高的差异，但这种差异落在其必须自己努力填补的自己责任领域。[⑤] 对于“经营”的判断，主要有以下两个标准：（1）反复继续性标准，即是否为了一定目的反复继续地完成同种行为（缔结合同、交易），此目的不以营利为必要，不

---

① 按照服务与物之间的关系划分服务合同的标准，具体参见周江洪：《服务合同立法研究》，法律出版社2021年版，第238页。这种分类标准主要与报酬支付条件和违约责任归责原则问题相关。

② 消費者庁消費者制度課編『逐条解説消費者契約法〔第4版〕』（商事法務，2019年）98頁。

③ 大澤彩『いわゆる「消費者的事業者」』に関する一考察」国民生活研究第60巻第2号（2020年）77頁。

④ 大澤彩『いわゆる「消費者的事業者」』に関する一考察」国民生活研究第60巻第2号（2020年）77頁。

⑤ 谷本圭子「消費者概念の外延」消費者法研究1号（2016年）72頁。

问是否为公益还是非公益。[1] (2)社会通常观念上的经营者相当性标准,即在社会通常观念上是否被要求有经营者的责任。[2]

另一方面,在判断消费者与经营者时,虽然存在"个人"还是"法人等其他团体"的判断标准,但对此不能采形式判断,而要实质性地考察合同当事人之间是否存在"信息获取和交涉能力的差异"。具体可能考虑以下5种因素进行柔性判断。(1)除该合同外有无被认定经营性之情事。(2)有无经营实体。(3)从事的经营与该合同(交易)之间有无关联及其关联程度。(4)该团体是否实质上为消费者的集合。(5)该交易中当事人之间是否存在差异及其差异程度。换言之,即使根据形式上的要素被认定为经营者,若依照"信息获取的数量、质量及交涉能力方面存在差异"的观点进行实质判断,具有经营者外观的当事人也可能受到《消费者契约法》的保护。

二、消费者服务合同任意解除的民法路径

(一)委托合同任意解除权的(类推)适用

民法中,定期合同的债权人行使解除权时原则上要以债务人存在债务不履行为条件,但也存在非违约解除的情况,如《日本民法典》在委托(第651条)和承揽(第641条)合同项下规定了合同当事人(承揽合同中为定作人)的任意解除权。这意味着,当某个服务合同的法律性质被判定为上述两种合同之一时,作为委托人或定作人的服务受领者在合同存续期间可以无理由解除合同。但这两种合同的任意解除在法律效果上存在较大差异。在委托合同中,行使解除权的一方只需赔偿相对方因解除时间不当导致的直接损失,或在受托人对于委托事务存在报酬以外的利益时,委托人需赔偿受托人因解除导致的此等利益损失。换言之,若受托人对于委托事务仅存在报酬利益,则委托人任意解除合同时无须赔偿受托人因解除导致的报酬损失。相反,承揽合同的定作人任意解除合同时需赔偿承揽人履行利益损失,赔偿额通常为合同约定的报酬扣除因免除将来履行而节省的费用等。鉴于两种合同任意解除时损害赔偿范围上的差异,合同法律性质的认定对于意

---

① 消費者庁消費者制度課編『逐条解説消費者契約法〔第4版〕』(商事法務,2019年)99頁。

② 落合誠一『消費者契約法』(有斐閣,2001年)56頁。

图解除合同的服务受领者来说意义重大。

关于委托与承揽的界定,前者以一定事务之处理,后者以一定成果之完成为债务的主要内容。[①] 但也存在两者较难区分的情况,如受托人的给付义务之内容着重于一定结果之完成者(如受托人负有购入一定演唱会门票的给付义务)[②],或承揽人的给付义务之内容着重于劳务之提供者(如设计、信息的提供与处理等)[③]。对于带有承揽色彩的委托或带有委托色彩的承揽来说,若完成工作时是否能产生一定成果尚系于一定外部条件,非劳务债务人之努力所能全然掌握的,适合定性为委托。[④] 另外,山本敬三教授根据工作的不同性质,将承揽区分为"以物为中心的承揽"和"以劳务为中心的承揽"两种类型,并主张承揽合同应纯化为前者,后者则从传统的承揽合同中分离,与委托合同共同构成服务合同。[⑤] 按照山本教授的观点,承揽合同只包括与"对定作人的物所为的工作"及"制作新物的工作"的物型工作合同,其他可归属于承揽的理发、美容、教育等服务型工作合同则构成"独立劳务与金钱交换的劳务提供合同"。[⑥] 在这种典型合同再构成观点下,实践中占据消费者服务合同大半的服务型工作合同将有可能适用或类推适用委托合同任意解除规则。[⑦] 事实上,在日本司法审判实践中,除了律师委托代理、税理事顾问及诊疗外,法院还判定外语培训、补习班授课、大学入学、不动产中介及建筑内装设计委托等合同具有准委托合同的性质,在肯定了委托人任意解除的同时,否定了受托人的合同约定报酬请求或报酬损害赔偿请求。[⑧]

---

① 参见黄茂荣:《债法分则之二:劳务之债》,厦门大学出版社 2020 年版,第 5 页。

② 参见王千维:《继续性债之关系之基本理论》,(台北)新学林出版股份有限公司 2020 年版,第 12 页。

③ 参见周江洪:《服务合同的类型化即服务瑕疵研究》,《中外法学》2008 年第 5 期。

④ 参见黄茂荣:《债法分则之二:劳务之债》,厦门大学出版社 2020 年版,第 6 页。

⑤ 山本教授的观点,具体参见周江洪:《服务合同的类型化即服务瑕疵研究》,《中外法学》2008 年第 5 期。

⑥ 山本教授的观点,具体参见周江洪:《服务合同的类型化即服务瑕疵研究》,《中外法学》2008 年第 5 期。

⑦ 山本教授的分类方法更多的是着眼于服务质量的判断问题,并未进一步探讨承揽与委托合同的任意解除权的适用。参见周江洪:《服务合同立法研究》,法律出版社 2021 年版,第 246 页。

⑧ 丸山絵美子「契約における信頼要素と契約解消の自由(五)」専修法学論集 92 号(2004 年)90-137頁。

值得注意的是,也有学者反对以合同内容决定其法律性质的形式上判断方法,因为法律性质的判断本身存在很多模糊地带,而不同的法律性质决定又会导致存在根本差异的结论,所以毋宁从解除制度的实质性根据角度出发,对其正当化理由进行类型化分析,以此来判断各个具体的服务合同中应适用何种解除制度。①

关于消费者服务合同解除的法律适用问题,在合同法律性质的判断之外,日本学者还引入了"继续性劳务提供合同(交易)"的概念,认为继续性劳务提供合同(以下称"继续性服务合同")具有准委托或以信赖关系为基础的类似准委托合同的法律性质,因为定期继续性合同中的固定期间并非服务提供者的合同利益,所以在服务受领者的任意解除不构成解除时间不当的场合,受领者解除合同时无须负担损害赔偿责任。② 而对于继续性服务合同中当事人约定的排除解除权的条款,可根据《日本民法典》第90条认定其因违反公序良俗而无效。也有观点认为,即使委托合同存在解除禁止特约,委托人在"不得已事由"存在时仍得解除合同,而服务受领者一方生病或工作调动等情事可以构成这种"不得已事由"。③

因为继续性服务合同以信赖关系为基础,所以适用同样以信赖关系为基础的委托合同的解除制度,这种观点也遭到了学者的质疑。④ 首先,继续性服务合同的具体内容具有多样性,其要件和法律效果并没有统一的概念,认定可归属于继续性服务合同的所有合同都具有准委托的性质,这个判断过程缺乏清晰论证。其次,委托合同的解除为原则上不负担损害赔偿责任的无理由解除,作为其正当化基础的信赖关系本来应是"对人的信赖",也即"委托人对受托人的人格、见识、技能或技量的信赖,这种对人的信赖是个人之间具有绝对性的、以精神要素为基础的信赖,与同样以利用他人劳务为债

---

① 丸山絵美子「契約における信頼要素と契約解消の自由(一～七・完)」専修法学論集82巻(2001)73頁以下、86号(2002年)55頁以下、89号(2003年)1頁以下、91号(2004年)67頁以下、92号(2004年)89頁以下、95号(2005年)75頁以下、96号(2006年)51頁以下。

② 日本弁護士連合会消費者問題対策委員会編『継続的サービス取引——消費者トラブル解決策——』別冊NBL32号(1995年)14頁以下。

③ 山本豊「継続的役務取引の法的問題点」国民生活23巻4号(1993年)46頁。

④ 中田裕康『継続的取引の研究』(有斐閣,2000年)135頁、200-204頁。

务内容的雇佣和承揽存在质的区别”①。但继续性服务合同中的信赖关系并非都是“对人的信赖”，甚至对大多数现代型的服务合同来说，受领者与提供者之间反而存在的是解除与否与获得报酬这对对立的经济利害关系。因此，以经济效率为正当化根据来承认消费者的任意解除权应是更合适的路径。② 另有观点认为，委托合同任意解除的正当化依据在于合同的无偿性，而在有偿合同中轻易地扩张这种信赖关系，将会以削弱合同的拘束力为代价，这点也值得慎重考虑。再次，通说并不认为受托人一方发生的生病或工作调动等情事可以构成“不得已事由”。最后，继续性服务合同任意解除中，除了预付款返还和违约金的问题，还存在服务提供者的损害赔偿问题。如服务提供者因在一定期间提供劳务而消耗了劳力、物力，从而丧失了向其他服务受领者（顾客）提供劳务的机会而遭受损失，这种机会损失是否要赔偿及如何赔偿，也是被忽略的问题。

（二）风险负担规则的适用

服务受领者在合同存续期间希望解除合同，换言之，也即服务受领者因外部或自身情况甚至主观意愿的变化不能或不想继续为受领。因此，消费者服务合同任意解除的问题也可以通过适用风险负担规则来解决。但根据传统的领域说，受领者因自身领域内情事的发生，如生病、工作变动、结婚或能力不足等不能受领服务的，构成债权人受领迟延。③ 且因为服务的无可储藏性，在以一定时段界定服务提供者应给付之服务范围者，因可归责于受领者（债权人）的原因不受领服务致使提供人（债务人）履行不能的，受领者并不因此免除支付报酬的义务。此时，意图解除合同的服务受领者非但不能获得救济，还要承担对待给付上的风险。但即使站在批判领域说的立场，若只考虑服务合同当事人之间的风险分配，也无法将受领者因生病或工作变动等不受领所生的风险都转移给提供者。因此，中田裕康教授指出，为了克服领域说的局限性还需要更大的视角，即从公平和社会经济利益角度提出了“不确定性的均衡”理论。④

---

① 幾代通＝広中俊雄『新版注釈民法（16）』（有斐閣，1989年）第220頁（中川高男執筆）。

② 丸山絵美子「消費者契約としての継続的役務提供契約の解消——解約の要件・効果と正当化根拠」私法63号（2001年）171-177頁。

③ 松本恒雄「サービス契約の法理と課題」法教181号（1995年）67頁。

④ 中田裕康『継続的取引の研究』（有斐閣，2000年）205-209頁。

具体来讲,合同当事人在缔约时一般会对将来的不确定性有所预测,并会为了降低这些不确定性而采取一些手段,并将其约定于合同中。所以,给付的不均衡问题原则上应交由当事人自由判断,即不能以当事人间存在不均衡的不确定性为理由使一方当事人逃脱因自己判断失误而导致的不利结果。但若这种不均衡达到显著的程度,且不均衡是由一方当事人有意识促成的,那么就需要来自法律的干预。而继续性服务合同中提供者与受领者之间恰恰存在显著失衡的不确定性。一方面,受领者的债务为给付金钱,具有固定性,提供者可以在其不支付报酬时停止服务。且继续性服务合同多采预付式交易方式并约定了高额的违约金,对于提供者来说,来自受领者不履行的不确定性接近于无。相反,因为提供者的债务具有事前无法判断性,对于受领者来说,来自提供者不履行的不确定性却非常高。另一方面,造成受领者一方不受领的情况变化虽然是其自身的事情,但这些情况往往突然降临,对受领者来说具有很大的不确定性。相反,服务提供者多为以多数不特定对象为合同相对方的经营者,他们多是自己经营领域的专业人士,其在缔约时必然会对整体顾客群解约的风险概率有所考虑,并将由此造成的损失纳入价格以分散风险。因此,来自受领者不受领的不确定性,对于提供者来说反而比受领者低。对于如何均衡服务提供者与受领者之间的不确定性,除了在合同成立阶段保护受领者意思的完整性,还可以在提供者使用格式条款的场合,对格式条款的合理性进行判断,通过适用《日本民法典》第90条或第1条第2项等原则性条款来否定或限制不合理条款的效力,如判定排除中途解除的条款或不返还预付费的条款无效,或即使无法否定约定损害赔偿金的效力,但对于损害赔偿额可以提供者具有广义上的过失通过适用过失相抵来进行减额。

三、《特定商业交易法》与中途解除权

(一)特定继续性服务合同

自20世纪80年代日本进入消费者社会以来,来自消费者的投诉急剧增多,其中很多都出自以长期继续性或反复性提供服务为债务内容的合同,原因在于经营者经常将预付式支付方式与中途解除禁止特约组合一起记入合同,这样即使消费者在缔约后不受领服务,经营者也可以免于返还预付

款。虽然民法典也存在相应的解决路径，但如前文所述，风险负担规则和委托合同的任意解除规则在适用上具有局限性与模糊性，并不能充分保护消费者的利益。且在消费者因自身原因不受领或意图解除合同时，风险负担上传统的领域说和委托合同任意解除规则之间还存在适用结果上的不一致，在两者协调方面，如何解释风险负担中债权人的可归责性与无理由任意解除制度的正当化根据还需要进一步的研究。因此，日本法又另外通过行业规范和一些特别法来专门处理特定的服务类型。事实上，以1988年修改《访问贩卖法》[①]为契机，日本学者开始使用“继续性劳务提供合同”一词，赋予劳务受领者中途解除权的必要性成为讨论课题。[②] 但1988年的修改最终并未赋予消费者中途解除权。直至1999年的修改新增设“特定继续性服务”一章，并在该章下将消费者投诉较多的美容沙龙、外语培训、学习塾和家庭教师等4种服务类型作为指定服务，除了赋予该指定服务的消费者撤回权（冷却期制度），还以强行法规的形式规定了消费者的中途解除权，并设定了违约金的上限。2000年11月，《访问贩卖法》正式更名为《特定商业交易法》（以下简称《特商法》）。此后，日本又通过政令追加了计算机教室、婚介服务和美容医疗3种指定服务。作为“特定继续性服务”规制对象的指定服务主要有以下特征：（1）合同缔结阶段消费者信息获取不足的情况多；（2）前述（1）中经营者和消费者之间存在的信息不对称性很难被克服，消费者对于将来的服务内容及其必要性、适合性等在预见上存在界限，而经营者对顾客一方整体上不履行的比例能够有所预测；（3）关于服务质量的好坏，消费者很难证明。[③]

到目前为止，“特定继续性服务”仍然维持指定服务性，也即除前述7种指定服务外，其他继续性服务合同无法适用《特商法》的中途解除制度。但这7种指定服务的受领者若要行使中途解除权，还需满足是特定继续性服务合同当事人的条件。《特商法》第41条规定了特定继续性服务合同的定义，特定继续性服务合同是以政令指定的、与国民日常生活相关的有偿继续性服务为内容，且约定的合同期间及报酬超过了政令指定的期间和金额的

---

① 《访问贩卖法》的正式名称为《与访问贩卖相关的法律》，制定于1976年，当时为了解决经营者与消费者之间的纠纷而设计了有关“访问销售”“通信销售”和“多层传销”的规则。

② 中田裕康「継続的役務提供契約の問題点（上）」NBL599号8頁（1996年）。

③ 中田裕康『継続的取引の研究』（有斐閣，2000年）205頁以下。

合同。该有偿继续性服务还需同时满足以下两个条件:(1)为实现美化服务受领者身体或提高其知识技能等其他与受领者身心相关的目的而为;(2)在服务的性质上,前述(1)的目的实现与否不能确定。

(二)中途解除权

1.制度趣旨

根据日本消费者厅的解说,在特定继续性服务中,因为合同的长期性,在合同存续期间消费者一方情事变化的可能性高,且服务内容在客观上很难被确定,其效果或目的能否实现也不确定,因此当事人之间极易发生与合同中途解除相关的纠纷,为解决此问题决定在《特商法》中导入中途解除相关制度。①

2.要件及法律效果

《特商法》第49条规定了中途解除权的要件和法律效果。特定继续性服务合同的受领者在冷却期经过后向经营者为解除的意思表示的,该合同面向将来丧失效力(第49条第1项)。在特定继续性服务合同解除后,当事人对损害赔偿或违约金有约定的,经营者对超出政令所定金额的部分不得向受领者请求赔偿(见表1):(1)服务开始前中途解除的,政令所定的缔约及履行通常所要费用的金额(第49条第2项第2号);(2)服务开始后中途解除的,与已经提供的特定继续性服务的价格相当之金额和政令所定的因合同解除通常所生损害两者合算的金额(第49条第2项第1号)。根据《特商法》第49条第7项,合同约定违反第49条第1—6项规定对特定继续性服务合同的受领者不利的,该合同条款无效。

---

① 消費者庁取引対策課 =経済産業省商務流通保安グループ消費経済企画室『平成24年版特定商取引に関する法律の解説』(商事法務)304頁。

表 1 《特商法》别表第四 单位:日元

	期限	金额	服务开始前中途解除的情形	服务开始后中途解除的情形	
美容沙龙	超过 1 个月	合同总额超过 5 万	2 万	已提供服务的价格+	2 万或者合同余额的 10%,取两者中较低的金额
美容医疗					5 万或合同余额的 20%,取两者中较低的金额
语言培训	超过 2 个月		1.5 万		5 万或合同余额的 20%,取两者中较低的金额
家庭教师			2 万		5 万或合同一个月服务的报酬,取两者中较低的金额
学习塾			1.1 万		2 万或合同一个月服务的报酬,取两者中较低的金额
计算机教室			1.5 万		5 万或合同余额的 20%,取两者中较低的金额
婚介服务			3 万		2 万或者合同余额的 20%,取两者中较低的金额

资料来源:《特定商业交易法施行令》,2020 年 2 月 1 日,https://elaws.e-gov.jp/document? lawid=351C00000000295。

3.已提供服务折扣价格的清算问题

《特商法》第 49 条规定了服务受领者行使中途解除权时,服务经营者得向受领者(顾客)请求的约定损害赔偿或违约金的上限。第 49 条第 2 项第 1 号规定服务后中途解除情形的上限金额时,根据该条第 2 项第 1 号,“与已经提供的特定继续性服务的对价相当之金额”也被视为损害赔偿额的一部分。从文意上看,可以理解为在中途解除的场合,对于已经提供的服务,服务经营者可以向顾客请求支付与之相当的价格或者能够保持与之相当的预付款。这点本不成问题。但在实践中,大量服务经营者通过在特定继续性服务合同中预先规定已提供服务价格的计算方法,以图将中途解除时营业利益减少的部分在已提供服务的价格中获得补足。如经营者在合同中设定“消费者实际上未接受的服务因时间的经过视为经营者已经提供”条款,或者将“合同长期性/购买多量性”与“价格折扣”搭配组合(以下简称“长期/数量价格折扣”),并规定合同中途解除时已提供服务折扣价格的清算条款,该条款通常选择高于缔约时的单价作为计算已提供服务价格基础的单价。此时,如何评价已提供服务的价格,是否允许对已提供服务的折扣价格进行清算成为问题。平成 19 年最高裁判决对此问题进行了确认,其结论为不得对折扣价格进行清算。

【J1】最判平成 19 年 4 月 3 日民集 61 卷 3 号第 967 页。

【事实概要】Y 为外语培训教室的经营者,为与不特定多数的顾客缔结培训合同,Y 预先对学费条款设计如下:学费以注册积分的形式预先支付,学费价格以注册积分数的单价为基础计算,注册数越多积分单价越低。对于受讲者在培训开始后中途解除合同的场合,Y 预先设计了已提供服务价格的清算条款:已经使用的积分的价格,以该使用积分数之下与之最近的注册积分数的单价为基础计算,若该金额高于该使用积分数之上与之最近的注册积分数计算的价格时,以后者作为已经使用积分数的价格。另外,合同中途解除手续费为合同余额(Y 已经受领的金额扣除已使用积分数的价格等)的 20%,若该数额超过 5 万円的,则以 5 万円为上限。本案中,X 注册了 600 积分,积分单价为 1200 円。在使用了 386 积分后 X 行使中途解除权解除了合同。中途解除手续费为 5 万日元。后 X 向法院起诉,主张合同清算条款违反《特商法》第 49 条第 2 项第 1 号无效,已经使用积分的价格为缔约时的 1200 円乘以 386 再加消费税后共计 48 万 6360 円。Y 则主张,根据合同清算规则,已经使用的积分数 386 之下与之最近的注册积分数是 300,其单价 1750 円乘以 386 再加消费税后共计 70 万 9275 円,超过已经使用的积分数 386 之上与之最近的 400 积分(积分单价 1550 円)计算的价格 65 万 1000 円,所以合同中已经使用的积分数的价格为后者,即 65 万 1000 円。原审法院认为,服务价格的单价在 Y 接受服务价款时已经确定,服务经营者必须以该单价计算已经提供服务的价格,无合理理由以其他单价计算的,违反《特商法》第 49 条第 2 项的趣旨而无效。本案中并无合理理由,因此 Y 所定的清算规则无效。Y 提出上诉。

【判旨】最高裁判所驳回了 Y 的上诉,理由如下:根据 Y 所定的学费条款,学费价格以注册积分数的单价为基础计算,受讲者未来每次接受的服务的价格,一律根据缔约时已经注册的积分数的单价来计算。因此,X 每次使用积分接受服务时,服务价格都以缔约时的单价 1200 円为基础计算,X 已经使用的积分数的价格,自然也应该以缔约时的积分单价来计算。若采取 Y 的主张,按照合同清算条款计算已使用积分的价格,其总额通常要高于以缔约时的单价为基础计算的金额。本案中,Y 未来提供的服务的价格在缔约时已经被确定。而清算条款所依据的更高额的积分单价只适用在合同解除的场合,该清算条款实质上具有了约定损害赔偿金或违约金的功能。本案合同中的清算条款规定服务提供者可向受领者请求支付的金额超过了《特商法》第 49 条第 2 项第 1 号所定的法定限额,该条款制约了 X 解除权的行使,违反了《特商法》第 49 条第 2 项第 1 号的趣旨,根据第 49 条第 7 项应认定为无效。

在平成 19 年最高裁判决之前,关于长期/数量价格折扣的清算条款的有效性问题,主要有两大不同观点。其一认为,特定继续性服务合同中长期/数量价格折扣的清算条款可用《特商法》第 49 条第 2 项第 1 号的法定限额来规制上限。① 其二认为,在合同中包含长期/数量价格折扣条款的情形,并不存在以缔约时的单价作为中途解除时清算标准这一原则,清算条款与约定损害赔偿或违约金条款分别具有不同性质,前者的有效性判断应当交由《消费者合同法》第 10 条或《日本民法典》第 90 条来处理。② 平成 19 年最高裁的判决最终采取了第一种观点。事实上,不论最高裁采取上述哪种观点,两者在判定清算条款的有效性时结果并无实质不同。平成 19 年的判决中比较有实践意义的是最高裁在评价“已提供服务的价格”时所采用的单价标准。虽然本判决只在特定继续性服务合同范围内具有成为指针的可能性,但其判旨对于特定继续性服务合同以外合同中相关问题的解决也能提供一定的思路。在平成 19 年判决后,《有关与特定商交易相关的法律等的

---

① 山本豊「特定継続的役務提供契約の中途解除と提供済み役務の対価計算条項」判タ 1204 号(2006 年)31 頁;本田純一「ポイント制を採用する外国語会話教室と中途解約の際に返還されるべき精算金の算定方法」判評 565 号(2006 年)179 頁。

② 潮見佳男「特定継続的役務提供契約の中途解約と提供済み役務の対価確定法理」ジュリ 1302 号(2005 年)88 頁;鎌田薫「前払式継続的役務提供契約の中途解約と精算——東京高判平成 18.2.28」NBL831 号(2006 年)12 頁。

实施》中作为《特商法》第 49 条第 2 项第 1 号的通达,“缔约时的单价”正式被确认为计算“已提供服务的价格”时所使用的单价。

4.第 49 条的评价

《特商法》第 49 条规定的中途解除权为强行性规范,合同当事人不得约定排除或限制该权利本身。在内容上,第 49 条一方面承认了消费者面向未来的发生效力的解除自由,另一方面又在一定范围内承认服务经营者的约定损害赔偿或违约金请求,这种制度设计具有正当性。其一,以委托合同为参照。委托合同的任意解除权以“对人的信赖”为正当化基础,一旦这种信赖丧失,合同将不可持续,因此委托人可随时无理由解除合同而不负担履行利益赔偿责任,因为若任意解除负担履行利益赔偿,则将间接性地阻碍委托人退出合同,这将损害委托人的核心利益。但与委托合同任意解除制度不同,特定继续性服务合同的经营者与消费者之间不存在“对人的信赖”关系,反而存在解除与获得报酬这对对立的经济利害关系。因此,特定继续性服务合同的中途解除制度,虽然要保护消费者的利益,使其可以脱离合同的拘束力,但也不能因此否定经营者基于合同原本可以获得利益的正当性,即经营者对于合同继续的期待有保护的正当性。因此,消费者的中途解除权的行使要负担损害赔偿责任。其二,以雇佣合同为参照。雇佣合同中,受雇人对于维持合同效力本身具有身份利益或生存保障利益,受雇人一旦丧失报酬可能无法维持基本生活。但特定继续性服务合同的经营者没有如受雇人一样的要保护的合同利益。因此,特定继续性服务合同的中途解除是无条件的,无须附加“不得已事由”等限制,消费者可以随时行使中途解除权。同时,考虑到经营者与消费者之间地位、情报等的非对称性,还要对经营者的赔偿范围进行一定的限制。

对于服务经营者得向消费者请求的赔偿额的上限,《特商法》第 49 条并未区分解除的不同事由,如未区分消费者有生病或工作变动等情事发生的场合和未发生的场合,也未区分同行业内不同的服务提供方式,如未区分外语培训学校采用弹性授课制还是固定时间授课制,而是采用规定同一金额的立场。[①] 尽管有学者认为第 49 条规定的损害赔偿限额为恢复原状的损害赔偿[②],但第 49 条并未说明通过何种计算方式选定该特定金额。鉴于实践中特定继续性服务合同的服务经营者仍在限额的范围内设计损害赔偿或违约金条款,可以尝试得出结论,即第 49 条对于约定损害赔偿或违约金的上限金额并未做过于严苛的设定,这样在保障消费者中途解除自由的同时,又在限额的范围内为经营者设计商品价格留有余地。[③]

结 语

消费者服务合同中,服务经营者与消费者之间在信息获取、风险消化等方面存在比较显著的"非对称性"。一方面,因为服务的无形性,消费者服务合同的债务内容及其效果等在事前无法确定,消费者在缔约时也无法判断服务的有用性与适合性。因此,消费者要承担非常高的来自经营者债务不履行的风险及因自己一方的原因无法受领服务的风险。另一方面,现实中大量的服务经营者将报酬预付条款与中途解除禁止特约组合记入合同,这使得经营者几乎不承担来自消费者不履行的风险。服务经营者与消费者之间风险负担的失衡要求承认消费者的任意解除权。虽然消费者也可依赖民法上的解决路径,如类推适用委托合同任意解除权或风险负担规则,但两制度因其适用上的模糊性与局限性,并不能充分保护消费者的利益。因此,日本针对消费者投诉较多的行业,在《特商法》中设定第 49 条,赋予特定继续性服务合同的消费者中途解除权,并在法律效果上规定超过政令所定金额的约定损害赔偿或违约金条款无效。但《特商法》第 41 条适用范围的局限性使得特定继续性服务合同之外的消费者仍面临保护缺失的风险。因此,是否对委托合同任意解除制度或风险负担制度进行再解释,还是通过其他立法明确赋予消费者任意解除权或规定解除禁止特约无效,还需进一步研究。

---

① 丸山絵美子『中途解除と契約の内容規制』(有斐閣,2015 年) 280 頁。

② 森田宏樹「消費者契約の解除に伴う『平均的損害』の意義について」潮見佳男、山本敬三、森田宏樹編『特別法と民法法理』(有斐閣,2006 年) 114-115 頁。

③ 丸山絵美子『中途解除と契約の内容規制』(有斐閣,2015 年) 443-444 頁。

国民主权原则下的日本法官追责制度

杨官鹏*

内容提要 在日本的法官追责体系下，法官一旦出现背弃国民信赖的行为，就可能通过罢免追诉、弹劾审判、国民审查等程序或方式被予以追责。而追责程序既要充分发挥对法官的实质监督作用，又不能损害法官独立公正地行使审判权，就必须在国民主权、主权在民的宪法基本原则下进行。追诉弹劾制度作为实务中最常见和有效的形式之一，在保障司法独立的前提下，通过设立以国会议员为主体的、独立的追诉与弹劾审判机构来实现对法官的监督和追责。国民审查、国政调查、追诉弹劾、刑事追责、司法行政和人事评价等多个层次和维度共同构成的日本法官追责体系，基本是以代议民主政治为前提、国民主权的宪法规范和原则为基础设立的。我国进一步构建并完善法官追责制度，也必须在宪法原则和宪法规范下进行，严格把握好人民主权、法官追责和独立审判之间的尺度。

关键词 国民主权；弹劾审判；国民审查；独立审判

引　言

在明治时期，日本就已经设立了对司法法官的监督追责制度。明治宪法规定，法官非经刑法宣告或惩戒处分不得将其免职，惩戒的相关规定由法律作出。[①] 在当时，日本大审院及各控诉法院内都设置有惩戒裁判所，依照

---

* 杨官鹏，华东政法大学法律学院助理研究员、早稻田大学比较法研究所招聘研究员。

① 参见日本《宪法》第58条第2、3款。

《判事惩戒法》专门行使对法官的监督权。依照该法,对法官的惩戒事由包括违反职务上的义务、职务懈怠、失去官职威严或信用等。对法官的惩戒形式分为五种:谴责、减薪、转任、停职和免职。该法还规定对法官行使罢免权的主体为当时的司法部,同时基于“法官独立”原则的考虑设置了专门的法官罢免程序。

二战后日本通过民主化改革,以基本人权、国民主权及和平主义为三大基本原则制定了现行宪法,即1947年日本《宪法》。依照国民主权原则,法官承担着依照宪法和法律进行公正审判以守护国民权利的重大职责。[①] 同时,宪法还确立了立法、行政、司法三权分立的政体,为了保障司法权的独立行使,宪法和法律作出了一系列保障性规定。其中最有代表性的就是法官独立原则。日本《宪法》第76条第3款规定,法官遵从良心独立行使职权,仅受到宪法及法律的约束。因此,国会、内阁、党派都不得对法官施加压力,法官也不受到特定的政治势力、社会势力等的影响。为保证法官能独立公正地行使审判权,日本宪法还规定了禁止行政机关对法官施加处分、在任期间法官薪酬不得减额、保障法官优厚待遇和身份地位等内容。[②]

日本《宪法》第76条还规定了司法权的专属:“所有的司法权属于最高法院及法律设置的下级法院。”为保障司法独立,各级法院的开支通过国会预算决定,完全依靠国家拨款。最高法院设立事务总局,负责法院内部人事和财政问题。财政和人事的相对独立保证了法院系统成为垂直体系,能有效避免外部人员干预司法。

与此同时,日本设置了十分严格的法官选任制度,以保证法官个体的素质。任职法官需要经过法科大学院的法学教育、严苛的司法考试和司法研修,再经过10年以上作为“判事补”(相当于法官助理)的任职经验,才有资格提出担任法官的申请。提交申请后,再由设在最高法院和高等法院内的专门委员会进行审核、调查,具体就判事补对法律的理解力、对社会的洞察力、处理问题的技能、处理案件是否存在瑕疵、当事人和社会公众的满意度、

---

① 日文中将法官表述为“裁判官”或“判事”,将法院表述为“裁判所”,将最高法院表述为“最高裁判所”。基于我国语言习惯,除固定法律名和特定表达等外,本文相关名词一律采用中文叫法,即“法官”“法院”“最高法院”。

② 参见日本《宪法》第78条、第79条、第80条。

判事补的人格和品行等多个方面作出综合评价。①

以最高法院法官为例,日本《裁判所法》第 41 条规定了其任职资格需满足“见识广泛,学识渊博,法律素质高,年龄在 40 岁以上的日本公民”,且任职高等法院院长、判事满 10 年以上,或任职简易法院判事、检察官、律师、大学法学教授或副教授满 20 年以上。在严格的遴选工作机制下,对法官的法律职业化背景要求很高,会侧重具有社会公信力的专家学者,会综合考虑工作业绩、法律素养以及为人品性等,由此,法官素质相对较高,其公信力获得了社会的普遍认可。②

因为被赋予了司法公正和权力分立的重任,日本法官普遍拥有较高的社会地位和威信,呈现出高度专业化和精英化的特点。但法官也属于公职人员。基于国民主权原则,正因为对法官自身素质的要求很高,社会对法官的期待也高,法官一旦出现了背弃国民信赖的行为就必须被罢免职位。近些年来日本国内少数法官被爆出了丑闻事件,这使民众开始关注司法权的行使和法官伦理问题,也引起了全社会对于法官监督与追责制度的重新审视。

一、法官弹劾制度

日本的法官罢免与追责制度是以国民主权这一宪法原则为核心和基础设立的。它包含了国民审查、国政调查、法官弹劾、刑事追责、司法行政和人事评价等多个层次和维度。弹劾制度作为实务中最常见和有效的形式之一,在保障司法独立的前提下,通过设立以议员为主体的、相对独立的追诉与弹劾审判机构来实现对法官的监督和追责。

(一)弹劾制度的基本原则

日本《宪法》第 15 条第 1 款明确了罢免公务员是国民的基本权利。③在此宪法理念下,日本设立了专门的“裁判官(法官)弹劾制度”。按照日本《宪法》第 64 条第 1 款、《国会法》第 125 条以下的规定以及《裁判官弹劾

---

① 参见余森、胡夏冰:《日本法官选任制度及启示》,《人民法院报》2014 年 12 月 12 日。

② 参见李邦友:《日本法官遴选工作机制及其运作》,《法制资讯》2014 年 8 月 31 日。

③ 日本《宪法》第 15 条规定:“(1)选举和罢免公务员是国民固有的权利。(2)一切公务员都是为全体服务,而不是为一部分人服务。(3)关于公务员的选举,由成年人普选保障。在一切选举中,不得侵犯投票的秘密,由成年人普选保障。(4)在一切选举中,不得侵犯投票的秘密,对于选举人所作的选择,不论在公的或私的方面,都不得追究责任。”

法》等规定,国会两议院的议员可组成“裁判官追诉委员会”和“裁判官弹劾裁判所”,对法官进行专门罢免公诉。

日本《宪法》第64条第1款规定:“国会设置弹劾裁判所,由两议会议员组成,用以审判受到罢免追诉的法官。”裁判官弹劾裁判所简称“弹劾裁判所”,中文可译为“弹劾法院”。弹劾制度最初发源于英国。14世纪中后期国王任命的大臣或法官等行不法之事时,议会可通过审判将其罢免,之后作为一项制度确立下来。美国宪法继承并发展了这一制度,罢免对象包括了以总统为首的各级政府高官及联邦法官。而日本的弹劾制度则是以法官为罢免对象。

但同时因考虑到不影响法官的稳定地位和公正审判,日本法官弹劾制度也对弹劾事项和基准作出了严格的限制规定。除因疾病等原因无法履职的情况外,罢免法官必须经过弹劾法院的罢免判决。非经法定罢免审判程序,任何法官不得被罢免。另外日本针对最高法院的法官还设立了专门的国民审查制度,国民可以通过投票决定将其罢免。日本国民、国家机关和弹劾法院三者之间的相互关系可参见图1。

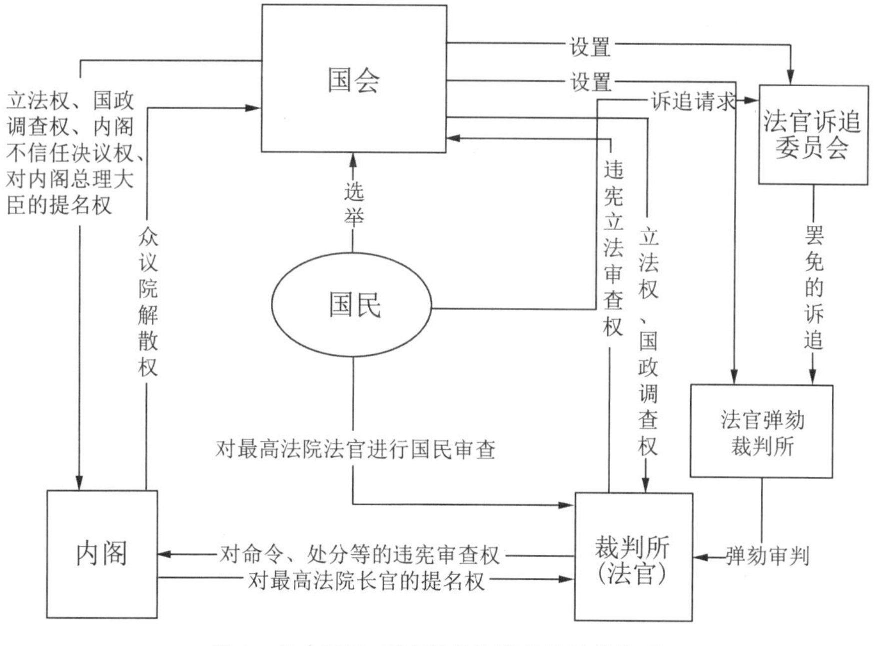

图1 日本国民、国家机关和弹劾法院的关系

日本弹劾制度的设立受到了美国的深刻影响,但区别在于,美国基于权力分立的立场,在制度设计上是由议会上院来负责行使弹劾审判。但由于在现代国家的议会中,议员数量往往众多,同时还需处理法律和财政预算的审议等事项,实践中并不一定都适合行使审判的职责,因此与美国不同,日本则是采取从国会两院议员中选取部分人员,用以组建专门的弹劾法院。弹劾法院的性质不同于普通的司法法院,而是属于特殊类型的专门法院。弹劾审判的职权也由弹劾法院的专门审判员(裁判员)即国会议员兼任行使。弹劾法院的审判员共计 14 名,由众议院议员和参议院议员各 7 名组成。审判员的任期原则上和议员的任期一致,而审判长由参众议院议员交替担任,原则上每届任期为 1 年。由于弹劾法院的数名审判员都是国会议员,这就保证了一方面能代表民意,另一方面还能从政党派别中分离出来,遵从良心履行弹劾审判的职权。

(二)弹劾审判程序

1.追诉程序

弹劾审判从程序上主要分为追诉程序和罢免审判两个阶段,具体可参见图 2。弹劾法院虽然拥有弹劾审判和罢免法官的权限,但不能自行对法官进行调查或径自展开审判,而必须以法官追诉委员会①(简称“追诉委员会”)提起罢免诉讼(或称“罢免追诉”)为前提。追诉委员会由 20 名追诉委员组成,均为国会议员,包含参众两院议员各 10 人。追诉委员会在弹劾审判中充当着类似于普通司法程序中检察机关的角色,只不过在此时法官成了审判对象,弹劾审判的主体则是国会议员。不论是在国民或最高法院提起对法官的罢免追诉请求时,还是在其自身认为有必要的情况下,追诉委员会都可以就法官的罢免事项进行调查。追诉委员会可就追诉请求书的内容进行质询,必要时还有阅览法官审判记录、对相关人员进行调查等权限。

---

① 法官追诉委员会,日语为“裁判官訴追委員会”。

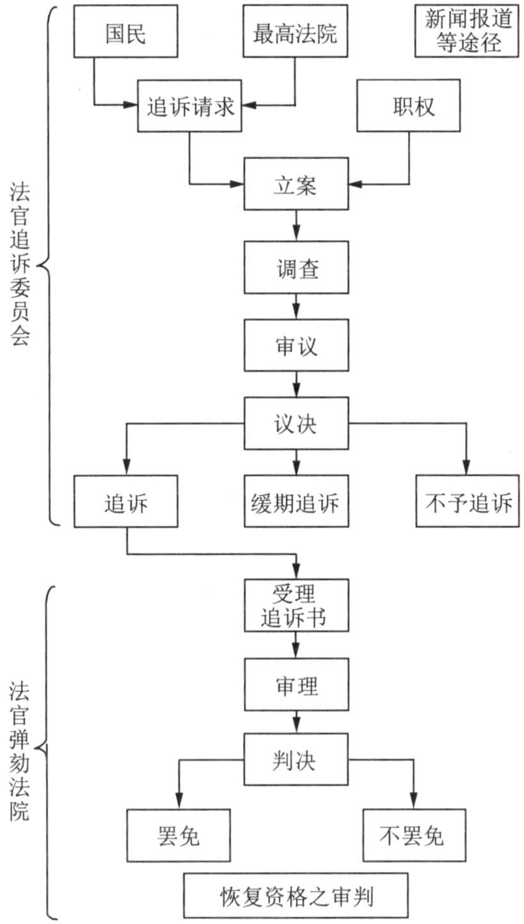

图 2　法官弹劾程序流程

资料来源：日本法官追诉委员会官网。

根据调查结果，追诉委员会对是否提起罢免诉讼进行审议。《裁判官弹劾法》第 2 条规定法官的罢免事由分为两种。第一种是明显违反职务上的义务或严重怠于履行职务，第二种是做出显著有损法官威信的行为，不论该行为是否与行使职务有关。审议结果分为提起罢免追诉、不予追诉和缓期追诉三种。审议认为存在罢免事由并有必要对该法官提起罢免追诉时，追诉委员会向弹劾法院提起罢免追诉；不存在罢免事由时则作出不予追诉的决定；存在罢免事由，但因为具体情形暂无提起罢免追诉的必要时作出缓期追诉决定[①]。从受理追诉请求书到审议结束一般需半年到一年时间,依具体情况或可延长。自罢免事由发生起超过三年后不得再提起罢免追诉,这也被称为“罢免追诉期间”。另外,弹劾审判的对象仅限于现役在职的法官,已退休或不在职的不在其列。追诉委员会追诉案件数量的统计情况可参见表1。

表1 追诉委员会追诉案件数量统计

	受理件数(件)	追诉件数(件)	缓期追诉件数(件)
2017年	594	—	—
2018年	864	—	—
2019年	1210	—	—
1948—2019年合计	21888	48(9)	12(7)

注:括号内数字为弹劾法院实际审理件数,资料来源于日本法官追诉委员会官网。

《裁判官弹劾法》并没有规定对不予追诉决定的复议制度。普通的司法法院对追诉委员会作出的决定没有审查权限,因此也就无法向法院提起撤销不予追诉决定的诉讼请求。此外,根据“一事不再理”原则,追诉委员会对就同一法官和同一追诉事由再次提起的追诉请求不予受理。关于请求追诉的人员人数类别可参见表2,涉及诉讼案件类别的比例可参见表3。

表2 请求追诉人数类别 单位:人

最高法院	律师	国民
8	2670	894804

资料来源:日本法官追诉委员会官网。

表3 1948—2019年审查涉及诉讼案件类别比例 单位:%

民事案件	行政案件	刑事案件	家庭案件	其他
64.7	7.8	18.3	3.8	5.4

资料来源:日本法官追诉委员会官网。

2.罢免审判

自追诉委员会向弹劾法院递交追诉书后,罢免追诉的审判程序正式开始。罢免审判由法官弹劾法院独立进行。弹劾法院由参众两院议员各7名共计14名审判员组成,但每次审判时必须有两院议员各5名以上出席,否

① 日文为“訴追猶予の決定”。

则不得开庭。庭审的出席人员除审判员外，还包括被审判法官（被追诉人）、追诉委员长（或委员长指定的追诉委员）、辩护人。《裁判官弹劾法》规定具体审判程序适用刑事诉讼法。

庭审原则上应公开进行，公众亦可申请旁听。庭审的流程一般包括以下几个步骤：口头询问确认被追诉人、朗读追诉书、基于控辩双方请求的证据调查、双方辩论和意见陈述、终结审理和宣判。弹劾法院在开庭审理结束后，通过召开审判员评议会讨论决定最终是否罢免被追诉法官。满足参与审理的审判员中有 2/3 赞成时，则由审判长宣告罢免判决，法官当即被罢免职务，同时也失去律师等法律执业资格。关于罢免事由的具体事项比例可参见表 4。

表 4　1948—2019 年罢免事由的具体事项比例　　单位：%

事由	具体事项	比例	事由	具体事项	比例
明显违反职务上的义务或严重怠于履行职务（95.1）	错误或不当审判	50.7	显著有损法官威信的行为（4.9）	受贿	0.3
	违反诉讼程序	13.9		利用地位	0.1
	不当诉讼指挥	9.2		不当言行	2.2
	调查记录记载不实	1.7		其他	2.3
	审理延迟	1.9			
	审判书交付延迟	0.1			
	申请证据采纳与否	2.6			
	监督不到位	4.6			
	记录处理不当	0.4			
	不当的调停和解	0.3			
	其他	9.7			

资料来源：日本法官追诉委员会官网。

弹劾审判实行一审终审，对判决结果没有申诉途径。但被罢免的法官可以通过请求专门的恢复资格审判以恢复专业资格。据统计，1948—2020 年日本共有 9 例弹劾审判、7 例资格恢复审判。[①] 不论是法官弹劾法院还是

① 参见日本法官追诉委员会官网（https://www.sotsui.go.jp/data/index.html，最后参阅日期：2020 年 9 月 1 日）；于熠、宋宗君：《日本裁判官追责机制的中国镜鉴》，《时代法学》2017 年第 3 期。

追诉委员会,都是正式的国家机关。二者均由国会议员构成,其权限的行使并不受国会开闭期间的限制。这既保证了追责主体体现国民意志,又能保障追责的常态化和实际效果。

二、其他追责途径

(一)国民审查和国政调查

1.国民审查

国民主权原则是日本宪法的基本原则之一。在此原则下,日本《宪法》第79条规定了对最高法院法官的国民审查制度,《最高裁判所裁判官国民审查法》作了详细规定。所谓国民审查,是指通过国民投票以决定最高法院法官罢免与否的制度。也就是说,最高法院掌握最高司法权,但这种权限仍必须在国民的监督和审查之下行使。如果违背了国民的意志,最高法院的法官就可能被国民通过投票的形式被予以罢免。最高法院法官被任命后起算,在首次众议院议员总选举的投票日起就须接受国民审查,并于此后每十年于众议院选举之时进行一次。严格来讲,设立国民审查制度的意义在于维护国民主权原则,即维护对公务员的罢免权这一国民固有的权利,而并非是对法官的任命行为进行审查。也就是说,国民审查是宪法赋予国民的政治权利,而非一项对法官的任职进行事后审查的制度。

然而,日本对于国民审查制度的实际作用尚存有争议。由于最高法院法官在接受任命时大多都60岁以上,而退休年龄则为70岁,所以历史上真正接受过第二次国民审查的法官仅有6人,而超过两次的则没有;并且由于国民审查和众议院议员总选举同时举行,民众关注的焦点往往更集中在众议院选举上,媒体对国民审查程序、最高法院法官的履历信息等相关的报道也较少。同时,作为国民审查的重要参考信息,《审查公报》所刊登的法官判决信息也较少,导致民众对法官的评判材料和依据都较少。并且对于普通民众对最高法院的法官的关注度,也有人提出质疑。另外,国民审查制度只针对最高法院法官,而对于其他级别的法院法官却并不适用。如此一来,日本国民审查制度在实际中有逐渐被形式化、边缘化的倾向。

与此同时,国民审查在制度层面上形成了对法官弹劾制度的补充。虽然日本《宪法》第78条明确规定实施针对所有法官的弹劾制度,但在实际运用中弹劾对象一般都是最高法院以下级别的法院法官,历史上还未曾发生过最高法院法官被弹劾的实例。在此背景下,国民审查制度通过另外一种方式,实质赋予了民众对于最高法院法官的直接罢免权。尽管未曾有最高院法官因国民审查而被真正罢免,但审查统计的得票率实际对其产生了监督和督促作用。作为国民主权原则的重要体现,自 1949 年至今已举行了 24 次国民审查,被誉为国民主权的"传家宝",应当肯定其对体现国民主权、防止最高法院法官滥用权力的重要象征意义。

2.国政调查权

与国民审查不同,国政调查权以国家议会为主体。日本国会拥有国政调查权,并由参众两院分别独立行使。国政调查权来源于日本《宪法》第 62 条的规定:"两议会可以各自对国政进行调查,同时可以要求证人作证或提供证言记录。"国政调查的对象范围不仅仅包括司法事务,还可包括立法、行政、司法等各个方面。但基于司法独立原则,调查一般不会涉及具体的案件审理和法官个人资质等问题。另外,调查活动的内容一般也限于证人证言和书面记录,而如侵入住宅、搜查、没收、逮捕等具有强制力的行为都不在国政调查的权限之内。司法权作为国家权力的形式之一,也属于国会进行国政调查的对象。虽然国政调查所能发挥的实质监督与追责力度往往不及弹劾制度和国民审查,但从广义上来讲与后二者同属于对法官监督和追责的制度体系。

(二)罢免追诉与刑事追责

日本法官队伍规模远不及我国。据统计,2002 年 7 月,日本全国除最高法院法官和高等法院长官外,共有在职法官 1445 人,法官助理 820 人,简易法院法官 806 人,共计 3071 人。[①] 近年来,尽管人数有所上升,但根据日本《法院数据统计 2019》的统计,截至 2018 年 12 月 1 日,日本法官总数也仅为 3881 人,其法官队伍规模远远无法与我国法官 10 余万人的数量相比。另外,日本法官职业高度专业化和精英化,为应对规模庞大的案件数量,配备了大量的司法辅助人员,如调查官、书记官、秘书官、速记官、技术官等。

---

① 裁判官の人事評価の在り方に関する研究会資料:第 2 裁判官の人事評価の現状と関連する裁判官人事の概況|裁判所 https://www.courts.go.jp/saikosai/iinkai/saiban_kenkyu/hokokusho2/index.html。

日本《刑法》第 193 条专门规定了公务员滥用职权罪:“公务员滥用职权,使他人履行没有义务履行的事项,或者妨害他人行使权利的,处二年以下惩役或者监禁。”①其所对应的犯罪主体为公务员。但问题是在法官审判独立的原则下,这一条款是否同样适用于法官。

按照日本《国家公务员法》的规定,公务员包括四类:国家公务员、地方公务员、特别公务员、类公务员。② 法官虽然属于特别职务公务员序列,但也归属于公务员的范畴。因此,公务员滥用职权罪的适用主体自然也应当涵盖了法官。此外日本《刑法》第 194 条还设立了“特别公务员职权滥用罪”的罪名,主体为法官、检察官和警察,但一般仅限于存在违法逮捕或监禁行为时才能适用该罪。

需要注意的是,虽然宪法和法律最大程度地保障日本法官独立行使审判权(日本《宪法》第 76 条),在事实上还没有对于司法腐败等犯罪行为的专门监督机关。对于法官误判、违反道义、枉法裁判等情况,相较于我国的监察和检察监督、党内纪检监督等多维并举的制度体系,日本一般主要还是通过国政调查、追诉调查和审议,再到罢免审判进行的。严格来讲,法律对于这些程序之间的先后顺序并无明确规定,但一旦法官的行为涉及犯罪时,刑事诉讼程序一般优先于弹劾审判等其他程序。

举例而言,“宫本身份簿事件”就是法官适用日本《刑法》第 193 条和《监狱法》第 4 条 2 项的刑事案件。该案中,小仓简易法院的法官安川将被判刑人员的个人记录提供给外界阅览。由于简易裁判所主要针对一般的民事案件,案件涉及程度比较轻,所以审判周期比较短,基本上是简易法院法官一人即可作出裁定,安川的行为造成了恶劣影响,并最终惊动了日本国会。之后法官追诉委员会开始对此案展开调查。1980 年 12 月,安川受到福冈地方检察厅以滥用公务员职权罪和受贿罪的起诉,经过 5 年审判并最终被以公务员职权滥用罪的名义被判处 1 年有期徒刑。

在日本的司法制度发展历史中,发生了若干个牵涉司法独立的标志性

---

① 有关日本“公务员滥用职权罪”的详细论述,可参见江藤隆之「行動の自由に対する侵害犯としての公務員職権濫用罪」(桃山法学 27 号, 2017 年)。

② 特别公务员日语为“特别职公務員”;类公务员日语为“みなし公務員”,即并非政府公务员但认为是行使公务员职务,比如银行职员、邮政公司职员、自动车检查员、驻车监视员等,也属于广义的公务员序列。

事件,“平贺书简事件”就是其中之一。1969年8月,负责长沼事件的札幌地方法院民事部法官福岛重雄收到该院院长平贺健太的一封书信。平贺作为上司,在信中对福岛主审的案件明确表示了自己站在国家行政机关一边的立场,提出反对取消撤销保安林的指示。平贺的行为影响了司法权的独立,破坏了司法公正,最终受到了严重警告的处分。但富有争议性的结局是,福岛也因为披露书信内容,被认为违背了法官会议的非公开原则。法官追诉委员会以福岛违反了《裁判官弹劾法》第2条第1项的职务义务为由,对其作出了缓期追诉的处理。之后,札幌高等法院也以福岛的行为超出了作为一名法官的行为尺度为由,对其作出了严重警告处分。

三、司法机关内部监督

保证法官行使司法权的公平正当,需要依赖完备有效的法官追责制度,但过于严苛的法官追责制度也很容易对法官独立审判造成伤害。要强调追责,但不能因噎废食,不能因片面强调对法官的监督而过度涉入司法权的正常运行。审判独立与法官追责就像“矛”与“盾”,如二者自相攻击则容易两败俱伤;但若协调好二者关系,则能为国民所用。而处理好审判独立与法官追责的根本前提就是要遵守国民主权这一宪法原则。日本现行的法官追责制度除了弹劾制度、国民审查、国政调查等组成的外部监督追责体系外,还存在着司法系统内部的监督与追责制度。例如对于法官个人作出的影响法院声誉的行为,日本最高法院和高等法院可予以惩戒处分。但如何处理好内部监督与外部追责以及法官追责与审判独立的关系则成了日本司法改革的重要议题。

(一)法院审判与弹劾审判

正如“平贺书简事件”中的争议那样,日本国内对于法官追诉委员会的调查和审议,也存在着一些反对意见。再如“冈口基一法官推特推送事件”,是日本国内首个在职法官因网络投稿而受到惩戒处分的事例。据媒体报道,名叫冈口基一的法官于任职期间因在社交媒体上多次推送问题信息,于2016年受到东京高等法院上级领导的口头警告,之后又因再次发生类似行为在2018年3月受到东京高等法院的严重告诫处分。随后的2018年5月,冈口法官又因推送信息涉嫌干扰审判,当事人向东京高等法院提起抗议。

随后东京高等法院根据《裁判官分限法》向日本最高法院申请对冈口法官作出惩戒处分。2018 年 10 月 17 日,日本最高法院大法庭以 14 名全员赞成的结果决定对冈口下达了惩戒告知。

东京律师协会会长條(篠)塚力在《请求不予限制法官作为市民的自由的意见书》中对于此案表示了两点意见:一是最高法院作出这一决定对正当程序的保障和法官作为市民的自由的保障存在不足;二是冈口基一法官的行为并不构成法定的罢免事由,法官追诉委员会应在慎重审议的基础上尽量减少冗余的调查,并尽快作出不予追诉决定,以避免法官作为市民的自由受到限制。冈口基一法官也多次对媒体表示最高法院封杀言论自由和干涉法官审判独立。然而,冈口基一在 2019 年于仙台高等法院任职期间又因在网络社交媒体发送涉嫌侮辱刑事案件死者家属的言论,翌年再次受到了最高法院的惩戒处分。

"冈口基一法官推特推送事件"由于涉及法官独立审判与法官追责二者关系的问题,一时间成为社会热点议题。2021 年 6 月,国会的法官追诉委员会正式作出了请求罢免冈口基一的追诉决定。这与上一次追诉决定时隔 9 年,也是日本战后第 10 次正式作出追诉决定。对此,冈口基一的辩护方主张,其行为并不构成法定的罢免事由,追诉行为是对法官独立审判、法官个人的人权以及言论自由的巨大威胁,甚至对国民权利也会带来不良影响。但社会上对于冈口基一行为批评的声音也并不鲜见。虽然目前弹劾审判还未作出最后判决①,但值得一提的是,日本平成时期(1889—2019)共有 3 人被作出追诉决定,并最终全被罢免。

上述事件涉及的《裁判官分限法》,作为日本一部专门规定法院审判法官的特殊法律,对于审理法官的免职或惩戒处分等特定事项作了详细规定。"分限"一词的原意指身份,引申出免职、休职、降职等身份变更之意。相关案件由司法法院审理,其与弹劾审判在性质、主体、程序、后果等方面都有所不同:在性质上,法院审判是司法机关系统内部基于领导关系的内部监督,近似于一种司法行政管理制度;而弹劾审判则是基于国民主权的宪法原则,国会议员代表人民意志,以独立的第三方国家机关的名义,对是否罢免司法法官进行审判的监督审查制度。在审判主体上,《裁判官分限法》所规定的

① 截至发文前,弹劾审判已经作出最后判决(2024 年 4 月 3 日),冈口基一被罢免法官资格。

案件由法院审判,一般是最高法院和高等法院;而弹劾审判的主体则是由国会议员组成的弹劾法院。在程序上,法院审判的程序由最高法院制定,高等法院审判后还有上诉程序,如法官牵涉刑事案件审判或弹劾审判,应中止相关审理程序;而弹劾审判程序更为严格,一般适用刑事诉讼程序,且必须实现经过追诉委员会的追诉程序,并被决定提起追诉才可予以审判,如牵涉刑事案件审判,弹劾法院则可以中止审理。在后果上,法院审判带来的一般是法官的免职或惩戒处分,而免职的理由仅限于法官身心健康原因或主动辞职等未有主观过错的情况,惩戒处分也仅仅是以告诫或一万日元罚款为主要形式,一般后果较轻;但弹劾审判往往意味着法官具有较为严重的主观过错,一旦认定具备弹劾要件,其法官职务就会被予以罢免。

(二)人事评价与独立审判

如前所述,法官属于公务员的特别职务公务员序列。日本《国家公务员法》对一般公务员的勤务评定制度作了具体规定,但并没有规定专门针对法官的勤务评定制度。因此,日本《法院法》和《关于法官报酬等的法律》专门规定了法官人事评价的内容和范围,在 2004 年还制定实施了《法官人事评价规则》。

依照法官人事评价的有关规定,各高等法院、地方法院和家庭法院的院长每年都要制作法官人事评价报告书,并呈交最高法院。评价报告的考察要素以法官的业务能力为主,包括法官的案件处理能力、指导能力、法律知识修养,另外还会结合法官的健康程度和个人性格特征等要素进行综合评价。[①] 最高法院的法官会议作为全国法官人事的决定机关作出最终的人事评价决定。[②] 人事评价的结果会直接影响到法官的员额配置、职务晋升、调任和工资收入等。

一般来讲,对法官的人事评价书由各高等法院负责撰写,后交由最高法院,最高法院的法官会议是最终的法官人事决定机关。因为对法官的人事评价可以影响法官的任职、调动和工资水平,以及全国范围内各级法院的人

---

① 裁判官の人事評価の在り方に関する研究会資料:第 2 裁判官の人事評価の現状と関連する裁判官人事の概況|裁判所 https://www.courts.go.jp/saikosai/iinkai/saiban_kenkyu/hokokusho2/index.html。

② 参见翟志文:《日本〈法官人事评价规则〉解读及其启示》,《重庆科技学院学报》(社会科学版)2012 年第 6 期。

事配置,所以日本国内也有批评意见认为对法官的人事评价制度会影响甚至损害法官独立原则。① 如有学者尖锐指出,如何评定法官水平往往没有明确标准,属于明显的幕后操作;同时受到政治因素影响,还曾有法官因作出自卫队违宪等判决受到打压的例子,因此日本的等级制度和官僚主义完全违背法官个人独立审判的司法理想。② 我国也有学者主张司法行政化管理会影响法官独立审判。③ 但考虑到日本全国法官总数有限,固定由某一个组织来具体负责人事评价相对具有可行性。与此同时,日本《裁判官法》《关于裁判官报酬等的法律》的规定也对法官人事评价制度产生了一定规制,约束着法官人事评价的内容及作用范围。④

(三)司法行政权限的行使

法院所应承担的最重要责任,本是通过公平公正的审判来守护宪法所保障的国民的权利和自由。特别是最高法院还承担了对国会立法是否违背宪法进行终局判断的功能和职责,被称作"宪法的守护人"。最高法院作为终审法院,由最高法院长官和其余 14 名最高法院法官组成。最高法院长官由内阁提名并由天皇任命,14 名法官由内阁提名并接受天皇认证。一般由 5 人构成小法庭,审理具体案件。而当案件涉及法律、命令、规则、处分等的合宪性判断时,则由全员组成大法庭共同审理。

基于日本宪法所规定的司法权完全独立原则,最高法院除拥有最高级别的司法审判权外,还拥有就诉讼程序、律师和法官的内部管理及司法行政事项等有关的规则的制定权,另外还拥有如提名下级法院法官、法院内其他职员的任命、参与制定和实施法院预算等各项司法行政权。同时,为行使上

---

① 日本法官设有薪水等级,共分十二级。初任法官从第十二级开始做起,最高裁判所所长为一级。进入法院后,一般都从助理法官做起,也参与合议庭审理,为期十年,且一般在地方法院任职,待期满后成为正式法官。人事权由最高裁判所事务总局掌握,全日本法官的人事调动都由该机构负责。参见铃木贤、徐晰、李龙等:《日本司法改革的现状和成果》,《法治论坛》2007 年第 3 期。

② 参见铃木贤、徐晰、李龙等:《日本司法改革的现状和成果》,《法治论坛》2007 年第 3 期。

③ "法官作为由政府官员所组成的行政官僚团体,在某种意义上,他们只是在司法部任职的官员,与其他在农业部或外交部任职的官员并无不同。""行政与司法这两种权力形态是天然不同的。司法权体现的是公平、正义的价值观。科层行政官僚制所体现的是效率第一的功利主义价值观。"(王申:《司法行政化管理与法官独立审判》,《法学》2010 年第 6 期)

④ 参见翟志文:《日本〈法官人事评价规则〉解读及其启示》,《重庆科技学院学报》(社会科学版)2012 年第 6 期。

述权限，最高法院还下设有事务总局、司法研修所、法院职员综合研修所和最高法院图书馆等附属机构。这使得最高法院对法院事务的日常运营进行自主管理，排除了行政机关和立法机关的影响或干涉。

为保证公正慎重审判，防止审判失误以及基于保障人权的宪法精神，日本司法审判实行三审制。除最高法院外，各级法院包括高等法院、地方法院、家庭法院和简易法院。案件一审原则上由地方法院、家庭法院和简易法院承担，具体一般是由地方法院负责民事审判和刑事审判等，家庭法院承担家事审判、家事调停以及青少年案件审判、人事诉讼等案件，简易法院则承担标的额较少的民事案件、民事调停以及较轻微犯罪的刑事案件等。高等法院则承担前述案件的二审审判。

最高法院作为最高级别的司法行政机关，拥有司法行政事务规则的制定权。最高法院长官及 14 名法官组成最高法院法官会议，并以决议的形式行使相关权限。日本最高法院至今制定的规则已有 100 余件，主要包括民事诉讼规则、刑事诉讼规则、家事审理规则、少年审理规则等。

最高法院长官的提名权以及法官的任命权属于内阁。但法官的补任、转任等都属于最高法院的权限，一般是通过法官会议形成决议来推动实施。同时，依照惯例，即便是在内阁任命最高法院法官时，也需要征求最高法院长官的意见。除人事问题外，法院的财政经费使用也往往能直接影响到司法权的独立。最高法院每年会通过法官会议就次年的财政预算进行审议，然后再交付内阁。但是，内阁并不对法院预算拥有最终决定权。一旦出现内阁要求降低预算的情况，最高法院还可以再次就降低的部分请求复核。此时内阁就必须将该预算同政府预算一起呈交国会审议。

四、司法改革下的制度展望

（一）日本司法改革历程

二战前，日本受德国影响，在明治宪法下以《裁判所构成法》为基础首次建立了近代型司法制度。各级法院从高到低分为大审院、控诉院、地方法院、区法院。法院内专门设有检事局用来培养法官和检察官，并由司法大臣掌管司法行政监督权。案件审理程序也以“职权主义”为原则。

二战后，随着日本现行宪法的颁布，其司法制度发生质的变革。其一大特点是沿袭了美国的制度,表现如以下几点:法院全权掌握司法权,成为独立的司法机关,同时被赋予违宪审查权和司法行政权;撤销了二战前的行政法院等特别法院;除最高法院、高等法院、地方法院外,设立家庭法院和简易法院;案件审理程序也开始以民事、刑事诉讼中的当事人的诉讼活动为基础,逐步从过去的“职权主义”转为大幅采用“当事人主义”。

日本此后的司法改革迂回曲折,但大致经历三个阶段。一是从 1947 年新宪法制定到 1965 年前后成立临时司法制度调查会,二是从 1965 年到 1985 年前后,三是从 1985 年到设置司法制度改革审议会后的时期。

第一阶段即司法制度的草创期,日本开始制定以《法院法》《律师法》《司法考试法》等为代表的基本法律,同时开始设立司法研修学习课程,积极培养法律从业人员。这一时期民事诉讼案件较少,如 1955 年为 143000 余件,相比二战前的 1931 年的约 261000 件,数量仅占其一半。全国刑事诉讼案件的数量在 1948 年达到峰值约 28 万件,尽管此后逐年减少,但即使在 1955 年仍有 171000 余件。这反映了二战后初期日本社会的动荡不安。

第二阶段被称作司法制度改革的停滞期。由于社会上法官职业遇冷,法院人手不足,出现了案件积压问题。特别是在 20 世纪 50—60 年代,案件被迫延迟处理的现象愈发严重。在此背景下,日本于 1962 年成立了“临时司法制度调查会”(简称“临司”),专门负责就法官、检察官的任用和薪资问题以及法律从业者的结构问题等进行研究,并于 1964 年制定了司法制度改革的书面意见。临司意见获得了法院和法务省的支持,但受到了律师界的强烈反对。日本律师协会认为该改革意见只局限于改善诉讼程序,真实目的是维护现有的官僚体制和法曹一元制,违背司法民主的理念,因而对其提出了严厉批评和抗议。在这一态势下,以公职人员为代表的“支持方”和以日本律师协会为代表的“反对方”产生了激烈对峙。而在对民事诉讼修改法案的审议过程中,日本国会作出了一项附带决议,要求必须事先促成法曹各界的意见一致,并于 1975 年设立了专门的协议会。这一阶段的司法改革因迟迟得不到律师界的支持合作而长期处于停滞状态,实际仅仅在提高法官待遇、完善法院调查官制度和设立专业部门等方面制定了部分措施。

第三阶段是司法制度的改革推进期。随着日本国内经济的高速发展,进入 20 世纪 80 年代后民事诉讼案件数量开始激增,一度达到每年 20 万件,1985 年甚至达到 35 万件。在此背景下,法曹各界逐渐走出近 20 余年的尖锐对立,就推进司法改革达成合意。这一阶段除改革简易法院和地方家庭法院制度外,还包括1991年增加了从律师从业者中选拔法官的方针,以及1996年《民事诉讼法》修改和司法考试制度改革等内容。为推进司法改革向纵深发展,日本于1997年成立司法制度改革审议会,并开始积极吸纳法官和律师等各界法律从业者的意见。

日本的法官追责制度是在本国特有的司法制度背景下建立起来的。日本通过战后一系列民主化改革逐步建立起现代司法制度,并经历了作为战败国的百废待兴,再到逐渐恢复并走向高速发展的过程。而法官数量也从严重欠缺到稳步增长,其社会作用、社会地位和薪资待遇等也都在逐步提升。日本战后司法改革的历程反映了律师界与公职人员之间的立场相左的一面,根据法官追诉委员会官网的统计,历史上实际提起对法官追诉请求的群体中律师已经累计超过了2600人次。但普通国民的比重仍占据绝对多数,迄今已超过了89万人次。这也在一定程度上反映了追诉弹劾制度的实际运用效果。

(二)小结与展望

尽管在日本的一般社会观念中法官具有极高的专业化与精英化程度,但也有舆论认为法官群体太过脱离民众,过于注重机械化地适用法律,故贬之以“法匠”之称。甚至有观点认为司法系统中的等级制度和官僚主义完全违背法官个人独立审判的司法理想。长期以来,以法官为主的法律界内部人士是司法改革的主要推动力量,这一群体为维护自身既得利益使得改革成果并不显著。

相比而言,日本律师界对司法改革的呼声向来很高,在改革历程中也实际产生了举足轻重的影响。不同于我国,由于日本律师行业所采用的管理模式是律师自治,即便法务省对其也并无管理权限。律师协会自行管理律师从业人员的惩戒、制裁和剥夺资格等,不会受到司法行政系统的干涉。同时,司法效率低和诉讼周期长、成本高的问题促使财经界也成为推动现阶段司法改革的重要力量。现今的日本司法改革呈现出变与不变的两个特点。“变”是指在扩大法律从业人员的规模、提高司法效率与缩短诉讼周期。而“不变”是指司法改革不是冒进和革命,而必须在一定限度下进行,那就是要遵守基本的宪法规范,维护基本的宪法原则。日本的整套法官追责制度就是建立在司法独立与国民主权原则的基础之上的。

除了司法机关内部的监督处理制度以外,法官追诉和弹劾审判、国民审查、国政调查制度等共同构成对法官的外部监督追责体系。这其中法官弹劾制度可谓占据主体地位,也是实际运用中最具力度、频率最高和最有效的追责方式。基于国民主权原则,任何人认为有法官符合弹劾罢免要件,都可以向追诉委员会提起追诉请求。同时,各级法院如发现其管辖范围内有法官符合弹劾条件,都应该向最高法院报告。最高法院认为有法官符合弹劾条件时,必须向追诉委员会提起追诉请求。因此,法官弹劾制度的设置,既明确了国民拥有弹劾追诉的请求权,又通过国民代表暨国会议员组成的追诉委员会和弹劾委员会来落实具体实施,这正是宪法的国民主权原则在法官监督追责制度中的具体体现。同时,弹劾制度也存在对保护审判独立的考量。如依照《裁判官弹劾法》第 43 条,如果通过诬告等不法手段企图弹劾罢免法官,要承担拘役等刑事处罚。

综前所述,日本的法官罢免与追责制度是以国民主权这一宪法原则为核心和基础设立的。它虽然包含了国民审查、国政调查、法官弹劾、刑事追责、司法行政和人事评价等多个层次和维度,但体现了代议民主制度下国民主权的精神和原则。特别是国政调查、国民审查和弹劾程序,都是以国民主权的宪法规范和原则为基础设立的。弹劾制度作为实务中最常见和有效的形式之一,在保障司法独立的前提下,通过设立以议员为主体的、相对独立的追诉与弹劾审判机构来实现对法官的监督和追责。我国要构建和完善法官追责制度,也必须在宪法原则和宪法规范下进行。特别是依照我国《宪法》第 2 条规定的人民主权原则,切实保障《宪法》第 41 条规定的公民监督权,积极发挥国家权力机关的选举权、罢免权和监督权。同时,也应设置公开、公正和合理的追责程序,严格把握好保障人民主权、对法官的监督追责以及维护审判独立之间的尺度。

监护权中止制度的日本法考察

——以未成年人医疗同意权为切入点

刘　伟*

内容提要　父母或监护人不同意对未成年人实施诊疗行为或者不同意实施某一特定诊疗行为，从而损害未成年人生命及身体健康权时，在法律框架内应如何处理，目前我国并没有明确规定。本文从日本民法、日本儿童福祉法上父母不代为履行或者怠于代为履行医疗同意权的应对路径，考察日本的监护权中止制度。本文主张，当父母不代为履行或者怠于代为履行未成年人医疗同意权时，基于最有利于未成年人利益原则，在针对未成年人的非紧急医疗行为中，应中止监护人的医疗同意权的行使，以达到保护未成年人生命及身体健康权的目的。当医疗行为终止或者监护人代为履行医疗同意权后，恢复监护人的监护资格。

关键词　监护权中止制度；医疗同意权；最有利于未成年人利益原则

引　言

医护人员在进行诊疗活动时，原则上必须经过患者的同意，患者必须具备理解医疗内容的能力，以及能够作出是否同意的意思表示的能力。对于

* 刘伟，临沂大学法学院讲师，日本早稻田大学法学博士。

无民事行为能力人或者限制民事行为能力人的未成年人来说,通常情况下,监护人①代为行使医疗同意的意思表示。② 在我国称为“未成年人医疗同意权”③,我国《民法典》第1220条、《医师法》第27条规定,在紧急情况下,不能取得患者本人或者近亲属同意的,经批准,医疗机构可以对患者实施相应的医疗措施。但在非紧急状态下,监护人不同意对未成年人实施诊疗行为或者不同意实施某一特定诊疗行为,从而损害未成年人身心健康时,基于最有利于未成年人原则,在法律框架内应如何处理,目前并没有明确规定。本文结合相关案例,以日本法上对于监护人拒绝代为行使医疗同意权时的应对路径为切入点,探讨日本的监护权中止制度,在中日两国相关法律制度共通性的基础上,借鉴日本经验,以期为我国处理此类问题提供一些思路。

一、未成年人医疗同意权

(一)未成年人医疗同意权的根据

日本学界对于未成年人医疗同意权的根据存在两种不同的见解。④ 一种观点是,监护人作为法定代理人,享有代替未成年人进行医疗行为同意的权利,被称为法定代理人的代诺权。原则上,要尊重未成年人的意思表达。对于判断能力不足的未成年人,必须征求监护人的同意。对于15周岁以上年龄较大的未成年人,原则上与成年人同等,尊重未成年人本人的意思表示。另一种观点是,监护人对未成年人行使身上监护权和财产管理权,未成年人医疗同意权是从身上监护权中衍生而来⑤,因此未成年人医疗同意权具备监护权的性质⑥。然而,这种观点只是将未成年人医疗同意权简单地归入

---

① 日本民法上规定父母对未成年人子女有监护教育的权利和义务,称为“親権”,父母以外的人对未成年人的监护教育,称为“後見”。我国民法典由于采用“大监护”制度,不区分父母和其他人的监护行为,统称为“监护”。为了便于对日本法进行考察,本文所指的监护人的范围仅包含父母,即日本法上的“親権者”。

② 手嶋豊『医事法入門(第5版)』(有斐閣,2018年)323頁,甲斐克則『医事法(第2版)』(信山社,2018年)239頁。

③ 参见胡雪梅:《我国医疗同意权行使制度之合理构建》,《法学》2012年第3期,胡雪梅:《论我国危急救治制度之合理构建—兼析〈侵权责任法〉第56条》,《社会科学》2013年第1期。

④ 神谷遊「判例評釈」判例タイムズ1249号(2007年)59頁。

⑤ 寺沢知子「未成年者への医療行為と承諾(一)」民商法雑誌106巻5号(1992年)。

⑥ 米村滋人「医療行為に対する「同意」と親権:医療ネグレクトにおける法的対応を契機に」法学83巻4号(2020年)155頁。

身上监护权之中,对于未成年人医疗同意权的主体是否仅限定于监护人并无明确观点。随着离婚后共同监护主张成为有力说①,越来越多的学者主张离婚后没有得到监护权的父(母)亲也应同样享有未成年人医疗同意权②,这被称为"新人身监护说"。

(二)监护人拒绝代为行使未成年人医疗同意权③的构成要素

根据日本厚生劳动省相关规定,对应该接受医疗救治的未成年人,医疗机构对其实施医疗救治行为时,通常情况下必须得到监护人的同意。但是,监护人无正当理由拒绝同意,不采取任何措施,从而损害未成年人生命健康的行为,称为"医療ネグレクト"④,本文称为监护人拒绝代为行使医疗同意权。在此情况下,医生有向儿童相谈所报告的义务。日本法上通常的应对措施是,一定程度上限制监护权,选择合适的代理人代为行使医疗同意权,从而保障未成年人的生命健康安全。

监护人拒绝代为行使医疗同意权的行为有广义和狭义之分。⑤ 广义上认为,监护人拒绝代为行使的行为属于儿童虐待的一种,只要监护人对未成年人的医疗行为不予配合的,都被认为是拒绝代为行使医疗同意权。狭义的拒绝行为是指监护人因宗教信仰、不信任医院治疗手段、育儿焦虑等原因,而拒绝为未成年人进行特定的医疗救治的行为。⑥

学界通说认为,监护人拒绝代为行使医疗同意权的构成要素包含以下五个方面:(1)对未成年人的身体疾患若置之不理的话,会威胁未成年人的生命健康;(2)采取低风险手术及其他治疗手段,可以避免(1)的发生;(3)采取手术等治疗措施的成功率高;(4)采取合理治疗方案的治愈率极

---

① 目前日本法律规定,父母离婚后采取单独监护。即监护人归属父(母)亲其中一人所有,另一人无监护权,但可以享有身上监护权。实务界及学界的大部分专家学者支持离婚后父母应享有共同监护权。

② 田中通裕「親権者の職務執行停止・職務代行者選任(手術不同意)」民商法雑誌138巻1号112頁、[日]永水裕子「医療ネグレクト:同意能力のない未成年者に対する医療行為への同意権の根拠についての一考察」(2013年)346頁。

③ 以下简称"监护人拒绝代为行使医疗同意权"。

④ 日本厚生労働省「医療ネグレクトにより児童の生命・身体に重大な影響がある場合の対応について」(雇児總發0309第2号、2012年3月9日)。

⑤ 永水裕子「医療ネグレクト:同意能力のない未成年者に対する医療行為への同意権の根拠についての一考察」(2013年)331頁。

⑥ 東谷彩香「児童虐待防止のための親権制限の在り方」法律学研究62号(2019年)258頁。

高;(5)监护人对治疗行为予以拒绝时,严重危害未成年人的权益。[①]

二、监护中止制度的考察

(一)相关案例

1.案件一[②]

【事实经过】2006年,未成年人A患有先天性心脏疾病,如长期放任不理,会引发心源性猝死或运动神经重度发育迟缓。医院诊断结论为必须尽早实施多次手术。手术为一般性手术,对新生儿危险极低。医生多次对监护人(本案中父母为共同监护人)就病症和治疗手段予以说明,但监护人出于宗教信仰的原因,明确表示拒绝一切医疗行为。除此之外,儿童福利机构也就此事与监护人进行商谈,监护人仍然不同意为A进行手术。

数月后,A的疾病因不能手术未得到治疗,儿童相谈所长以监护人拒绝代为行使医疗同意权属于监护权滥用为由,向司法机关申请宣告监护权丧失,同时申请保全处分,请求内容为停止监护人职务,执行和选任监护职务代行人。

【判决结果】法院认为,监护人拒绝代为行使医疗同意权无合理理由,严重损害A的利益,属于监护权滥用。停止监护人的监护职务,监护权停止期间根据申请人的推荐选任律师作为本案职务代行人。

本案后续,经监护职务代行人的同意,对未成年人A实施了手术。随后,儿童相谈所长撤销宣告监护权丧失的申请。[③]

2.案件二[④]

【事实经过】未成年人B于2015年出生。B出生后不久便出现频繁呕吐等症状。甲医院建议必须进行手术干预。监护人(父母)虽然了解手术的

---

① 永水裕子「医療ネグレクト:同意能力のない未成年者に対する医療行為への同意権の根拠についての一考察」(2013年)338頁。

② 名古屋家裁平成18.7.25審判、家裁月報59巻4号127頁。类似案件:大阪家裁岸和田支部平成17.2.15審判、家裁月報59巻4号135頁。

③ 吉田彩「医療ネグレクト事案における親権者の職務執行停止・職務代行者選任の保全余分に関する裁判例の分析」家裁月報60巻7号42頁。

④ 東京家裁平成27.4.14審判、判例時報2284号109頁。类似案件:津家裁平成20.1.25審判、家裁月報62巻8号83頁、東京家裁平成28.6.29審判、判例時報2333号107頁。

必要性，但是出于宗教信仰的原因，不同意给 B 采取输血的救治措施。监护人同时也表示，如果在无输血手术中出现不得不输血的情况，在监护权中止的前提下，可以接受输血治疗。

随后，B 转至乙医院，计划进行无输血手术。但是，乙院的诊断结论是，越早手术，B 恢复正常状态的可能性越大，手术中死亡及发生并发症的风险很低。但由于 B 在手术期间患有血液凝固功能障碍，从而预判手术中可能会出现大量出血的情况，因此判定手术中必须进行输血。

鉴于以上情况，为了保障手术尽快实施，儿童相谈所长向司法机关申请宣告监护人的监护权中止，同时申请保全处分，请求停止监护人的职务执行和选任监护人职务代行人。

【判决结果】为保障 B 的生命健康安全，有必要尽快进行手术。在采取无输血手术的情况下，由于 B 患有凝血功能障碍，手术中可能会发生大量输血的情况，事先必须征得监护人对于输血行为的同意。监护人由于宗教信仰的原因不同意输血，对 B 的生命健康造成极大的威胁。监护人明显行使监护权不当，不利于未成年人的最大利益，并且听取监护人陈述的时间不足。法院认为，暂停监护人的职务行使，行为保全处分申请予以支持，选任儿童相谈所长代为履行监护人职务。

（二）监护人拒绝代为行使未成年人医疗同意权的应对路径

1.民法上的应对路径

日本民法、儿童福祉法对父母拒绝代为行使医疗同意权作出了相关规定。在监护权中止制度设立之前，此类案件主要是基于民法上宣告监护权丧失，如案件一。2011 年日本民法修改①，出台宣告监护权中止制度，替代宣告监护权丧失制度，如案件二。在紧急状况或者判决下达之前，申请人申

---

① 2009 年 6 月，日本法务省举办“防止儿童虐待监护权制度研讨会”，围绕监护权限制及未成年人监护展开讨论，鉴于宣告撤销监护权制度不能适应社会生活的实际，提案新增监护权中止制度。法制审议会经过研讨，提出《防止儿童虐待亲权相关制度修改草案》。与此同时，社会保障审议会也就儿童虐待防治法及儿童福祉法的修改展开讨论，明确了儿童福利机构负责人的权限与监护权行使的关系，针对被寄养儿童无监护人时监护权如何行使等问题，提出《拥护儿童权利利益的对策》。2011 年 6 月，两草案一并提交内阁，审议通过。具体可见日本法务省「児童虐待防止のための親権制度研究会報告書」（2010 年 1 月）。

请宣告监护权丧失或者监护权中止时,往往通过保全处分①,停止监护人的监护权行使,选任监护职务代行人代为承诺,从而达到救助未成年人的目的。

2.儿童福祉法上的应对路径

除了上述民法上的应对路径外,基于日本儿童福祉法中规定的临时保护②以及取得司法机关的许可③,也可以实现对监护人权利的限制。

未成年人生命安全受到威胁且情况紧急时,儿童相谈所可以不经过监护人的同意,对未成年人采取临时保护措施。此时,儿童相谈所长可行使监护权部分职能,一般被认为只享有身上监护权。④ 此时,未成年人需要采取必要医疗措施的,儿童相谈所长可在一定程度上代为行使医疗同意权。儿童相谈所长采取紧急措施后,必须向相关行政机关负责人(都道府县知事或市町村长)报告。

当监护人拒绝代为行使医疗同意权时,司法机关根据《儿童福祉法》第28条规定,可不经过监护人的同意,直接对未成年人采取临时保护或安置到儿童福利机构、家庭寄养等措施。此时,如临时保护措施一样,儿童相谈所长可行使部分监护权,代为行使医疗同意权。

如图1所示,在日本法制度框架下,有多重途径解决监护人拒绝代为行使医疗同意权的问题。一是适用民法上监护权中止制度,在紧急情况或者判决之前申请保全处分,停止监护人的监护权行使,选任监护职务代行人代为承诺。二是在紧急情况下,无论是否同意,儿童福利机关可根据《儿童福祉法》第33条关于紧急措施的规定,对未成年人采取临时保护,在临时保

---

① 日本家事审判程序法第74条第1款规定:“宣告撤销监护人资格或者剥夺管理权,有必要保障未成年人利益的,家庭裁判所根据申请人的申请,在作出判决之前,停止被申请人职务执行,或者选任新的职务代行人。”其实质要件是保全的必要性和案件的高度盖然性。

② 日本的临时保护是指,儿童在遭受虐待或者意思虐待的情况下,儿童相谈所采取暂时把儿童带离监护人及其他监护人进行保护的行为。在临时保护期间,监护人的监护权行使在一定程度上受到限制,儿童相谈所长代之行使相应监护权。此时,未成年人需要采取必要医疗措施的,儿童相谈所长可在一定程度上行使医疗同意权。

③ 儿童福祉法第28条规定的司法机关强制承认措施是指,当监护人不同意对未成年人进行临时保护、安置到福利机构或者采取家庭寄养等措施时,经司法机关审判,可以不经过监护人同意,采取相应措施。

④ 床谷文雄「社会的養護と子どもの権利」二宮周平編『現代家族法講座・第3巻親子』(日本評論社,2021年)362-363頁。

护、安置到儿童福利机构以及家庭寄养等措施期间,由儿童相谈所长代为行使部分监护权。三是监护人不同意对未成年人采取临时保护等措施的,司法机关根据《儿童福祉法》第28条规定,可采取临时保护等措施,在临时保护、安置到儿童福利机构以及家庭寄养等措施期间,由儿童相谈所长代为行使部分监护权。

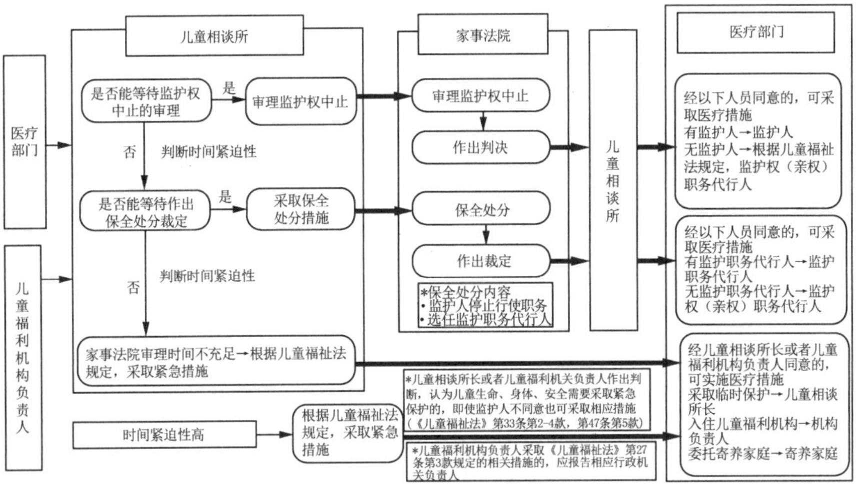

图1 监护人拒绝代为行使医疗同意权时的应对路径①

(三)应对路径的评价

伴随着监护权中止制度的出台,日本厚生劳动省再次发布监护人拒绝代为行使医疗同意权时的应对方针,提出原则上以监护权中止予以应对。②儿童相谈所长向家事法院申请监护权中止,具有保全的必要性和案件的高度盖然性的情况下,可申请暂停监护人职务执行或者选任监护职务代行人的行为保全措施。从家事案件诉讼程序的角度来看,对于医疗忽视、拒绝疫苗注射、以宗教等理由拒绝手术及输血等紧急案件,司法机关一般采取宣告监护权中止的行为保全处分。

由上可知,在紧急情况下,一般采取临时保护和《儿童福祉法》第28条

---

① 日本厚生労働省「医療ネグレクトにより児童の生命・身体に重大な影響がある場合の対応について」(雇儿總發0309第2号，2012年3月9日)。

② 日本厚生労働省「医療ネグレクトにより児童の生命・身体に重大な影響がある場合の対応について」(雇儿總發0309第2号,2012年3月9日)。

规定的强制措施予以应对。虽然2011年儿童福祉法修改,明确了儿童福利机构与监护人的权利行使的范围,即儿童福利机构的监护权行使范围仅限于一般的身上监护权以及与身上监护权相关的财产管理权。但是诸如心脏手术等重大医疗介入行为,儿童福利机构能否不征得监护人的同意而单独作出决定,仍然值得进一步探讨。

监护人拒绝代为行使医疗同意权时,在实务上可以采用多种手段来实现。在非紧急情况下,采用监护权中止的手段实现对未成年人的救治,同时,宣告监护权中止区别于监护权丧失,在时间限制上,监护权中止规定最长2年的期限。在监护人拒绝代为行使医疗同意权的情况下,当医疗救治结束之后,监护权可恢复,避免因监护权的丧失而导致国家对家庭的过度介入,从而避免亲子关系的不稳定。采取保全措施后,约有1/3申请宣告监护权中止的案件随着未成年人得到救治而撤诉。①

(四)监护权中止制度的立法修订

以上两个案件都是因为监护人不履行对未成年人的医疗同意权,导致司法机关宣布限制监护权的行使。两个案件不同之处在于,一个是申请宣告监护权丧失(案件一),一个申请宣告监护权中止(案件二)。案件一为2011年民法修改中出台前的判决结果,案件二为2011年民法修改后新设监护权中止后的判决结果。监护权中止的要件相对柔性,规定"父母不当行使监护权或者行使困难,致使未成年人利益受损"时,相关人员可申请监护权中止。

为进一步探讨监护人拒绝未成年人医疗同意权时,对监护权限制的适用性,本文就监护权中止的立法背景及判断基准展开探讨。

1.立法修订背景——宣告监护权丧失的不足之处

当父母不能服从指导,亲子关系被判定为不可能再修复时,为了建立新的家庭环境而使其父母丧失监护权,但是在实务中承认监护权丧失的案件非常少,监护权丧失制度在实践运行中出现困难。从监护权丧失的效果来看,宣告监护权丧失是监护人对未成年人所有监护权的丧失,被认为是未成年人保护的终局措施。② 如上述案例,监护人由于宗教信仰,只是拒绝代为

---

① 横野恵「親権者の同意と医療ネグレクト」甲斐克則、手嶋豊編『医事法判例百選(第3版)』(有斐閣,2022年)73頁。

② 高橋康朗「児童に対する虐待と親権」帝京法学27巻1号(2011-03)200頁。

行使医疗同意权,对于剥夺监护人全部监护权的措施,结果未免过于严重。与此同时,对于拒绝医疗行为致使全部监护权丧失,剥夺父母对未成年人照料的权利[①],不利于亲子关系的维系。此外,宣告监护权丧失后,监护职务代行人除了享有医疗同意权之外,还享有身上监护权、财产管理权等其他监护权,这显然在目的和结果之间产生了不均衡的效果。[②]

从国家介入的角度来看,《日本民法》第835条规定,监护人对于财产管理不适当(或行使困难),危害未成年人利益时,可以宣告监护人丧失财产管理权。但是民法上却没有单独宣告身上监护权丧失的规定,只能申请宣告全部的监护权丧失。从国家对家庭的介入应该控制在必要最小限度的角度分析,由于监护权丧失没有设定时间限制,会造成国家对家庭的过度介入之虞。另外,监护权丧失的要件是“父母对未成年人虐待或者恶意遗弃,以及其他监护权行使显著困难或不当”,日本通说认为,监护人拒绝代为行使医疗同意权属于儿童虐待的范畴,符合儿童虐待的,可以申请宣告监护权丧失。但是父母以宗教等理由拒绝特定的医疗方案的,是否属于儿童虐待,还有待进一步探讨。

由此可见,在监护人拒绝代为行使医疗同意权时,对于限制监护权的运用,不能只聚焦于对监护权的剥夺,而应始终以实现未成年人最大利益为判断标准[③],不仅要考虑当下解决救治未成年人生命健康的问题,还要考虑亲子关系等涉及未成年人将来权益的问题。

2.判断标准的变化

只从监护人的行为达到一定危害程度来判断监护权可否丧失,具有一定的合理性。例如,监护人的行为达到性侵害等严重损害未成年人身心健康的,宣告丧失监护权可以使未成年人免受监护人的再次侵害,也可以认为是对监护人的一种惩罚措施。但是,未成年人利益受损害程度也应该成为限制监护权的一个决定性因素,尤其是在轻微案件中,监护人行为的危害程度不大,但是其可能对未成年人造成较大损害。日本立法修订的监护权中止制度由原来的单纯注重监护人行为的危害程度,变为儿童利益遭受损害

---

① 宮崎幹朗「親権者の医療ネグレクトと親権濫用」36巻3.4号10頁。

② 宮崎幹朗「親権者の医療ネグレクトと親権濫用」36巻3.4号7頁。

③ 辻朗「親権喪失制度について一子の虐待との関連を中心として」谷口知平先生追悼論文集第1巻287、298頁。

的程度与监护人行为的危害程度相结合的判断基准。此外,因为限制监护权的行使排除了监护人应享有的权利和应履行的义务,因此对监护权的限制要持谨慎的态度。在确定限制监护权时,既要考虑对儿童权利的损害程度,也要考虑监护人的权利是否遭受过度限制。[①] 因此,申请人即使提出了监护权丧失的申请,根据具体案件,如果没有达到监护权丧失的判断标准,也可认为只适用监护权中止。

三、对我国立法的启示

(一)中日两国撤销监护权(监护权丧失)制度的共同点

我国《民法典》第36条规定撤销监护人监护资格,其要件为:"(一)实施严重损害被监护人身心健康的行为;(二)怠于履行监护职责,或者无法履行监护职责且拒绝将监护职责部分或者全部委托给他人,导致被监护人处于危困状态;(三)实施严重侵害被监护人合法权益的其他行为。"这与《日本民法》第834条监护权丧失的行使要件"父母虐待或者恶意遗弃未成年人,或者父母显著不当行使监护权或者行使困难,致使未成年人利益严重受损"有类似之处。但是,由于其要件的严苛性,在监护人拒绝代为行使医疗同意权的案件中,并不能适用。这与日本的监护权丧失制度不适用与此类案件有共同点。随着2011年日本民法的修改,日本解决了监护权丧失带来的负面影响,采用更为柔性的监护权中止制度。那么基于中日两国共同性的基础上,我国能否借鉴日本经验,设立监护权中止制度,是值得探讨的。

(二)我国设立监护权中止制度的可能性

1.学界观点

随着2013年"南京江宁饿死女童案"的发生,沉睡近30年的撤销监护人监护资格法条被唤醒,自2014年以来,撤销监护人监护资格案件数量节节攀升。但是随着撤销监护人监护资格的运用,监护权被过度限制的问题引起关注。最高人民检察院指出:"对于遗弃、虐待等依法可以撤销监护人资格,但综合案发原因、被监护人意愿、监护人认罪悔罪态度和监护能力条件等情况,可以探索对监护人设置一定期限的观察期,通过开展帮扶救助、

① 日本法務省「児童虐待防止のための親権制度研究会報告書」(2010年1月)14頁。

心理辅导、家庭教育指导等工作,促进监护人依法、正确履行监护职责。”[①]对于遗弃、虐待等符合撤销监护人监护资格案件尚且可以采取一定的柔性手段,促进监护职责的履行。那么当行为不构成虐待或遗弃,但损害了儿童利益,或撤销监护人监护资格的原因不再存在,此时已然不适合撤销监护人监护资格,需要使用更灵活多样的手段来处理。

专家学者对监护权中止也持肯定态度。梁慧星、王利明编纂的民法典专家建议稿对设立监护权中止提出相关意见,监护人有下列情形之一的,监护权中止:(1)被宣告为无民事行为能力人或者限制民事行为能力人的;(2)被宣告失踪;(3)被判处有期徒刑以上刑罚;(4)因其他原因,经人民法院宣告中止监护权的。除此之外,王利明教授还提出恢复监护资格的建议。[②]

佟丽华认为,应该设置监护权中止制度,主张监护制度既然是一种法律关系,那么就有监护权中止和监护权撤销的可能性。[③]

2.民法典中监护权中止的立法经过

现行民法典没有关于监护权中止的规定。但是在民法典正式颁布之前的数次民法典编纂过程中,对监护权中止都有所涉及。

在第四次民法典编纂[④]过程中,民法典(草案)对监护权中止作出如下规定:

第22条　父母有下列情形之一的,监护资格中止:

(一)被宣告为无民事行为能力人或者限制民事行为能力人的;

---

① 最高人民检察院:《全国检察机关未成年人检察业务统一集中办理工作推进会解读》,2022年5月26日,https://baijiahao.baidu.com/s? id=1733901787156460291&wfr=spider&for=pc;钱晓峰:《困境未成年人监护权撤销的问题与出路——以上海法院的实践为样本》,《少年司法》2016年第5期。

② 梁慧星版专家建议稿第1829条,监护人有下列情形之一的监护权中止:“(一)被宣告为无民事行为能力人或者限制民事行为能力人的;(二)被宣告失踪;(三)被判处有期徒刑以上刑罚;(四)由于其他原因,经人民法院宣告中止监护权的。”(梁慧星:《中国民法典草案建议稿》,法律出版社2003年版,第367页)王利明版专家建议稿第28条,父、母有下列情形之一的,监护资格中止:“(一)被宣告为无民事行为能力人或者限制民事行为能力人的;(二)被宣告失踪的;(三)被判处有期徒刑以上的刑罚的;(四)因其他法定事由,被人民法院宣告中止监护的。上述事由消除后,可以恢复监护资格。”(王利明:《中国民法典草案建议稿及说明》,中国法制出版社2004年版,第8页)

③ 参见佟丽华:《对未成年人监护制度的立法思考与建议》,《法学杂志》2005年第3期。

④ 1949年中华人民共和国成立以来,共经历五次民法典编纂工作,分别是1954年、1962年、1979年、2001年及2015年。

(二)被宣告失踪;

(三)被判处有期徒刑以上刑罚;

(四)由于其他原因,经人民法院宣告中止监护权的。

第25条 父母一方中止或者丧失监护权的,以另一方为监护人;双方中止或者丧失监护权的,应当为未成年人另行确定监护人。父或者母中止或者丧失监护权的,不免除其抚养子女的义务。

2015年开始第五次民法典编撰工作,《民法总则(草案)(2015年8月28日民法室室内稿)》第28条规定了监护权中止。但是2016年2月公布的《民法总则(草案)(征求意见稿)》删除了相关规定。2016年7月,全国人大常委会第21次会议公布的《民法总则(草案)》,监护中止制度并没有再次出现。在面向全社会的征求意见中,梁慧星提出建议恢复监护权中止的规定和设置临时监护人。其理由是"撤销监护之诉,必耗费相当时间,有必要规定法院中止监护的权限以及临时监护的设置,以防止诉讼期间原监护人继续损害被监护人权益"①。在征求意见稿的基础上,2016年10月,全国人大常委会第24次会议公布的《民法总则(草案)(第二次审议稿)》第34条规定临时监护。此后,以民法总则为基础,《民法典》第36条规定临时监护。

综上所述,监护权中止的立法目的是事实上或者法律规定不适当履行监护权的情况下,对被监护人权益的保护。但是,民法典编纂过程中,监护权中止被删除,新增人民法院在作出撤销监护人监护资格前,安排必要的临时监护措施。临时监护的设置,在撤销监护人资格判决下达之前,监护权处于中止状态,实质上就是停止了监护人的监护权,可见临时监护的设置间接地承认监护权中止。但是,监护权的立法目的却变成了诉讼期间防止原监护人继续损害被监护人的权益。监护权中止丧失了本身的独立意义,变成了撤销监护人监护资格的预备阶段②,这与监护权中止的原本的立法目的是不一致的。

---

① 梁慧星:《〈中华人民共和国民法总则(草案)〉:解读、评论和修改建议》,《华东政法大学学报》2016年第5期。

② 参见王慧、孙玉波:《"临时监护措施"实施主体及实现条件探析》,《青少年犯罪问题》2017年第6期;刘征峰:《以比例原则为核心的未成年人国家监护制度构建》,《法律科学》(西北政法大学学报)2019年第2期。

笔者主张应该导入监护权中止制度。适用范围是无法履行监护权或者监护权履行不当等较为缓和的条件。判断是否中止监护权,不应仅考虑监护人的行为的危害程度,而应将儿童利益的损害程度与监护人行为的危害程度相结合,作为其判断基准。设定监护权中止期限,在此期间,行政机关对儿童采取支持救助、心理疏导、家庭教育指导等措施,对未成年人的监护人进行监护指导。监护权中止期限届满后,自动恢复监护权。期限届满后,如果监护人继续侵害儿童的利益,可裁定撤销监护人监护资格。

(三)我国监护权中止制度适用范围的立法建议

根据日本法院统计数据表明,自 2012 年监护权中止制度实施以来,宣告监护权中止的案件数超过监护权丧失,成为监护权限制的新手段。监护权中止制度可以实现在非紧急状态下,医疗机构基于最有利于未成年人利益原则,对未成年人进行医疗救治。除此之外,监护权中止制度与监护权丧失相比,其对监护人的限制程度较轻,适用范围是以一定时期内能够改善亲子关系的案件。在未成年人入学、探视未成年人等方面,父母不当行使监护权以及父母对未成年人忽视等相对较轻微案件上,可以适用监护权中止制度。

四、结论与课题

当监护人拒绝代为行使医疗同意权时,在紧急情况下,可以不经过本人和近亲属的同意,经医疗机构负责人批准,对被监护人实施医疗救治。在非紧急情况下,长期得不到有效治疗,会损害被监护人的身心健康,笔者建议借鉴日本的监护权中止制度对监护人的权利予以一定期限的限制,在此期间指定他人代为行使监护权,从而达到医疗同意的目的,保障未成年人的权利。监护人的行为达到的危害程度与未成年人的权益受到损害的程度,作为同等重要的两个判断基准,考量是否适用监护权中止。监护权中止的适用范围,不仅仅包括监护人拒绝代为行使医疗同意权的案件,在其他轻微案件中,也可以适用较为弹性的监护权中止制度,在维护未成年人利益的同时,指导、帮助监护人改正监护行为,长远来看有利于亲子关系的维系和修复。

对于监护人拒绝代为行使医疗同意权案件而言,监护权中止的适用要件比撤销监护人监护相对柔性,能够更好地平衡保护未成年人的利益与监护人义务的实施。但是,监护权中止制度的运用也不甚完美,父母出于宗教信仰拒绝同意未成年人输血的案件,除了拒绝输血之外,并不能认定父母对未成年人的养育监护不足,如果中止全部监护权,也有国家过度介入之虞。[①]因此,监护人拒绝代为行使医疗同意权,尤其是在监护人拒绝为未成年人实施特定医疗行为的情况下,是否可以在适当限度内对监护权进行限制,而不是停止全部监护权,是值得进一步探讨的课题。此外,在时效性上,申请监护权中止,司法机关需经过一定的审理时间,即便是非紧急状态下的案件,这对于未成年人医疗救助也会产生一定的影响,因此在实际操作上,兼顾合法性和有效性的统一,也是今后需要探讨的课题。

① 保条成宏=永水裕子「日本法の現状と課題」小山剛=玉井真理子編「子どもの医療と法〔第2版〕」(尚学社,2012年)67頁,許末恵「児童虐待防止のための親権法改正の意義と問題点」法時83巻7号(2011年)71頁,米村滋人「医療行為に対する「同意」と親権:医療ネグレクトにおける法的対応を契機に」法学83巻4号(2020年)152頁。

论日本涉外收养冲突规范中的 Safeguard 条款

杜雪雯*

内容提要 日本现行国际私法法典《通则法》第 31 条第 1 款的第二句是被收养人保护要件，也常常被称为"Safeguard 条款"。关于涉外收养之成立，在以适用收养人本国法为原则的前提下，出于对被收养人尤其未成年被收养人利益的保护，以及对收养当事人及其利害关系人之间的地位关系的调整，Safeguard 条款规定可以就特定问题重叠适用被收养人的本国法。本文在简单介绍日本特色的收养制度之后，将详细讨论关于 Safeguard 条款的适用问题，尤其是对 Safeguard 条款所要求的"被收养人或第三人的承诺或同意"中的"第三人"范围进行详细论述。

关键词 涉外收养；冲突规范；Safeguard 条款；第三人的范围

一、日本收养制度概要

（一）普通收养和特别收养的特色与区别

单从定义上来说，日本的收养制度与世界上大多数国家的收养制度相同，是指创设人为的、拟制的父母子女关系的制度。① 但是在收养实践中，日本收养因其目的的多样性，常常被认为是在国际范围内较为特殊的收养制度。例如，在包括中国在内的多数国家里，收养制度的沿革往往经历过从"为

---

* 杜雪雯，日本早稻田大学博士研究生。

① 参见［日］远藤浩等：《民法（8）：亲属（第 4 版增补补订版）》，有斐阁 2004 年版，第 192 页。

家之收养”到“为亲之收养”再到现在主流的“为子之收养”的过程。而在日本,这并不是发展趋势中的三个阶段,而是现如今仍然并存的三种状态。①

日本现行的收养制度分为普通收养和特别收养。在特别收养制度于1987年成立之前,普通收养可以说是日本唯一的收养制度,且它的门槛较低。例如,没有亲生子女的人收养侄子女,祖父母出于节税目的收养孙子女(孙养子),父母出于节税目的收养子女的配偶(节税养子、税金养子),只有女儿的父母收养女婿(婿养子),以及收养再婚配偶和原配偶所生子女(继②养子)等。以上这些是在亲属之间发生的收养,而非亲属之间的收养包括在歌舞伎等传统艺能界中师傅收养徒弟(艺养子),因无法重婚而收养情人(妾养子),因无法结婚而收养同性伴侣(同性恋养子)等。不难看出,普通收养制度的目的多种多样,并不局限于保护被收养人的权益。③

进入20世纪后,欧洲先进国家开始构建“为子之收养”的制度。为防止例如亲生父母索要已经送养的孩子,或者被收养人长大成人后单方面遗弃养父母等事态的发生,各国创设了一种尽可能接近于亲生父母子女关系的收养制度,即被收养人和亲生父母断绝父母子女关系,收养人将是其法律上唯一的父母。该收养制度一般被称作完全收养或者断绝型收养等。日本在二战后也曾将构建这种制度提上日程,但并未实现。直至20世纪70年代,“菊田医师事件”④引发了巨大的社会问题,以此为契机,断绝型收养制度的呼声再次高涨。在1987年的民法修改中,特别收养制度立法最终得以实现。日本一直以来的非断绝型的、契约型的收养制度,更名为“普通收养”。特别收养相较于普通收养,可以说是根本不同的制度。首先,普通收养是被收养人和送养人之间不断绝亲属关系的非断绝型收养,而特别收养是断绝

---

① 参见[日]近江幸治:《民法讲义 VII:亲属法、继承法(第2版)》,成文堂2015年版,第125页。

② 日语原文为“連れ子”,直译为带来的孩子,一般是指配偶和前夫或前妻所生,后又带入再婚家庭的子女,可以理解为继子女。因为在日本法上,继子女与继父母之间不因婚姻的缔结而当然产生权利义务关系(如监护权或继承权等),故需要通过收养来创设二者之间的父母子女关系。

③ 参见[日]前田阳一等:《民法 IV:亲族、继承(第6版)》,有斐阁2022年版,第153页。

④ 又称“婴儿斡旋事件”。妇产科医生菊田昇在行医过程中,劝说前来终止妊娠的妇女生下孩子,并将孩子无偿介绍给想要孩子但是却无法生育的夫妇,之后出具虚假的出生证明,声称孩子是养父母的亲生孩子。菊田昇成功将100余名婴儿以亲生子女的身份交到了养父母手中。1973年,菊田昇因伪造出生证明受到刑事起诉,并受到罚款、暂停行医资格等处罚。该案件在日本掀起轩然大波。以此为契机,日本可人工终止妊娠的时限大大缩短,并催生了特别收养制度的成立。

上述关系的断绝型收养。其次,特别收养要求收养人满 25 周岁,被收养人不满 15 周岁,即要求二者之间有接近亲生父母子女之间的年龄差(而普通收养仅仅禁止收养长辈或收养年长者。不仅收养成年人是完全可行的,甚至极端地说,哪怕被收养人只比收养人晚一天出生,收养也有可能成立)。再次,普通收养依双方合意及登记而成立(例外:收养未成年人的须经家庭裁判所的许可),属于契约型收养,特别收养为了实现对被收养人权益的保护,必须依家庭裁判所的审判而成立,属于国家(司法)宣言型收养。最后,普通收养可依当事人合意而自由解除,而特别收养的解除非常严格,只在极其特定的情况下才可以实现,并且也需要经过家庭裁判所的审判。①

一言以蔽之,特别收养的本质在于"不区分亲生子女和养子女",也就是说,普通收养和特别收养的本质区别在于,收养人有没有把被收养人当作自己的孩子来养育。从某种意义上说,特殊收养制度是对以往收养制度的审视,从而为收养制度的未来发展指明了方向。② 然而,这一制度没有得到广泛运用。③ 因此,在日本,大多数情况下仍采用普通收养。

(二)日本涉外收养制度概观

和中国这样的涉外收养大国④比起来,日本的涉外收养件数可以说是非常少了。单就送出型收养而言,2011—2019 年的 9 年的时间里,仅共有约 336 人被其他国家的收养人收养。被收养人中约有 7 成是不满 1 岁的婴儿,而这些收养人主要来自美国和加拿大。除了人数悬殊之外,日本涉外收养实践和中国最不同的一点在于,日本允许民间斡旋机构(即非行政机关的中介团体)介入涉外收养。甚至可以说,日本的涉外收养工作(如挑选外国收养申请人与国内待收养儿童配对等)更多地依靠民间斡旋机构来完成。这样的情形一直延续到 2018 年,《关于民间斡旋机构在收养斡旋中保护儿童的法律》正式施行后,民间斡旋机构由备案制变为了许可制。准入门槛的提高导致很多民间斡旋机构不得不关门。而 2018 年日本的涉外收养实绩,也

① 参见[日]前田阳一等:《民法 IV:亲族、继承(第 6 版)》,有斐阁 2022 年版,第 163—164 页。

② 参见[日]近江幸治:《民法讲义 VII:亲属法、继承法(第 2 版)》,成文堂 2015 年版,第 126 页。

③ 根据日本最高裁判所司法统计数据,近年来每年的普通收养件数在 10 万件左右,而特别收养件数只有区区 600 件左右。

④ 根据中国民政统计数据显示,中国涉外收养件数最高峰在 2005 年,高达 14036 件。其后虽然逐年减少,但是在 2020 年之前,仍保持在每年数以千计的水平。

从往年的年均50件,下跌至33件,而2019年更是跌至只有9件。[①] 人数的降低是条件严格化的必然结果,如何平衡二者之间的关系,是日本涉外收养接下来要面临的重要课题。本文不再赘述。

二、Safeguard条款(被收养人保护要件)

(一)有关收养的冲突规范

日本现行有效的国际私法法典是2006年公布并施行的《关于法律适用的通则法》(以下简称"通则法")。它的前身是于1898年施行并且经过6次修改的《法例》。[②] 在1989年修改中,《法例》首次引入了被收养人保护要件。而在此之前,日本涉外收养的冲突规范规定,关于收养的要件适用各当事人的本国法,关于收养的效力以及收养的解除适用收养人的本国法。1989年版《法例》经修改后,不再区分收养的要件和效力,皆以适用收养人的本国法为原则,就特定问题,以重叠地适用被收养人本国法为补充。即《法例》(1989年修改)第20条规定:"收养,依收养时收养人之本国法。如果被收养人本国法要求,就收养之成立,需要被收养人或第三人的承诺或同意,或者需要公共机关的许可或其他处分,则须满足该要件。被收养人和其血亲及亲属之间关系的终结,以及收养的解除,依前款首句规定之法律。"这一规定施行17年之后,《法例》进行了全面修改。而在新的《通则法》里,这一规定仅仅受到了文字上的修饰,主要内容几乎原封不动地沿用至今。即《通则法》第31条规定:"收养,依收养时收养人之本国法。在此情况下,如果根据被收养人的本国法,被收养人或第三人的承诺或同意或者公共机关的许可或其他处分是收养成立的要件,则须满足该要件。被收养人和其血亲及亲属之间关系的终结,以及收养的解除,依前款首句所规定应该适用之法律。"

(二)Safeguard条款的定义

前文所述两个法条的第一款的第二句,就是本文所要讨论的主题——被收养人保护要件,在学术界也被广泛称为"Safeguard条款"。从它的名称可以大概看出,该条款是以保护被收养人利益为目的而设计的。那么具体

---

① 参见[日]读卖新闻online:《【独家】9年中336名日本儿童被海外领养,政府未掌握数据》,2021年3月24日,https://www.yomiuri.co.jp/national/20210323-OYT1T50310/。

② 即《法例》经过全面修改之后,更名为《通则法》。随着《通则法》的正式施行,《法例》失效。

来说,究竟何为 Safeguard 条款? 类似的 Safeguard 条款是否也存在于别的条文中? 道垣内正人教授在《要点国际私法各论》一书中给出了答案,“在通则法中被称为 Safeguard 条款的是指作出以下规定的条款:关于非婚生父母子女关系因认领之成立及收养关系之成立,以适用父母的本国法为前提,就特定的问题,重叠适用子女的本国法。虽然父母的本国法可能出于对被收养人利益的保护,已经规定了被收养人的同意等要件,但是以防没有相关规定,或者有规定但不充分的情况发生(也正因如此该条款才被叫作‘Safeguard’),子女的本国法中所规定的特定要件才被要求必须具备。这正是 Safeguard 条款的主旨”①。

(三)有关 Safeguard 条款的几个核心课题

“如果根据被收养人的本国法,被收养人或第三人的承诺或同意或者公共机关的许可或其他处分是收养成立的要件,则须满足该要件。”——Safeguard 条款只有短短几十个字,却引申出许多讨论。例如,如果被收养人是成年人,那还有无必要启动 Safeguard 条款,重叠适用成年被收养人本国法上那些相关规定? 又如,如果被收养人的本国法上本来就未设收养制度(如某些伊斯兰教国家),收养本身就是禁止的,那么是否只要满足收养人本国法上的要件,收养就可以成立? 再如,条款中所述“第三人的承诺或同意”中的第三人,包括何人? 下文将就这些问题展开具体分析。

1.适用成年被收养人本国法的合理性

诚然,Safeguard 条款的首要目标是保护儿童,即保护社会经验和判断能力都有限的未成年人的利益。该条款确实也主要是从这个角度来确定被收养人的本国法中的哪些要求构成保护要件。所以会有少数观点认为,当被收养人是成年人时,履行其本国法上的保护要件是没有必要的。但大多数观点仍然认为,Safeguard 条款同时也有调整有关人员之间的权利义务的功能,所以成年被收养人本国法中的保护要求也应该得到履行。② 具体可以从两个方面来分析。其一,该保护要件之所以保护未成年人,主要是因为未成年人缺乏社会经验和判断能力。那么,成年人就一定都具有社会经验和判断能力吗? 答案当然是否定的,成年人中也有因行为能力受到限制的人需

---

① [日]道垣内正人:《要点国际私法各论(第 2 版)》,有斐阁 2014 年版,第 92 页。

② 参见[日]中西康等:《国际私法(第 3 版)》,有斐阁 2022 年版,第 348 页。

要这样的保护。其二,除了保护目的之外,该条款也有其他重要作用,如调整当事人和其利害关系人之间的关系,尤其是被收养人和其原亲属等之间的关系。[①] 例如,日本《民法》第796条规定:“收养有配偶者时,须取得该配偶的同意。但是同时收养配偶,或配偶无法作出该意思表示的,不在此限。”(此处我们先不考虑被收养人配偶之同意是否属于“第三人的承诺或同意”,只讨论其合理性。关于其是否算是“第三人的承诺或同意”将在下文详述。)那么,当日本籍的成年人被其他国家的人收养的时候,可以单纯以被收养人是成年人,有能力自己权衡并决定是否被收养,不需要特殊保护为由,而否定其配偶的同意权吗?答案是否定的。虽然收养人和被收养人的配偶也不因收养之成立而产生任何权利义务关系,但是收养关系的成立有可能影响被收养人配偶对于被收养人财产的继承顺位和继承份额。那么,要求征求被收养人配偶的同意,是完全合理的。

2.被收养人本国法禁止收养的情形

有的国家本身就不承认收养制度的合法性(如某些伊斯兰教国家),也没有收养相关的立法。那么如果被收养人拥有这些国家的国籍的话,对其本国法的重叠适用,将会陷入一种无法可依的窘境。因此,横山润教授认为,如果仅仅将通过收养人的本国法来判断收养成立与否,而无视禁止收养的被收养人的本国法,这是与应当避免造成“跛足收养”的这一目标相抵触的。[②]

但是,道垣内正人教授等人持相反意见。从《法例》第20条和《通则法》第31条的构造上来看的话,第一句“收养,依收养时收养人之本国法”,其实已经将收养之成立交由收养人的本国法来判断,而第二句不过是针对特定问题对被收养人本国法进行局部的、重叠的、补充性的适用而已。也就是说,关于涉外收养之成立,收养人的国籍才是最主要的连接点,只有涉及特定问题时,被收养人的国籍才会就该特定问题同时成为一个连接点。而这里所说的“特定问题”指的是“根据被收养人的本国法,被收养人或第三人的承诺或同意或者公共机关的许可或其他处分是收养成立的要件”。显然,收养制度是否存在并不属于这种特定问题,既然不存在特定问题,就无

---

① 参见[日]涉外户籍事务研究会:《涉外户籍事务的处理Ⅴ:收养编》,日本加除出版社2020年版,第60—61页。

② 参见[日]横山润:《国际家族法的研究》,有斐阁1997年版,第222页。

法启用被收养人国籍这个连接点,那么收养成立与否应该完全由收养人本国法判断。从另一个角度来看,假设冲突规范要求完全重叠适用收养人和被收养的本国法的话①,那么因被收养人本国法禁止收养导致收养不成立,这无可厚非。而日本采用的是部分重叠适用,否定不在该“部分”里的法规的适用,正是部分重叠适用的意义之所在。一言以蔽之,即使被收养人的本国法禁止收养,因为“禁止收养”本身不在重叠适用的射程里,所以只要收养人的本国法承认收养之成立,该收养就能成立。此外,从日本批准的公约来看的话,例如《儿童权利公约》也完全没有提及需要尊重禁止收养的缔约国。②

3.“第三人”的范围

“第三人”的范围是被最为广泛讨论的论题。首先,“被收养人或第三人的承诺或同意”这样的表述,其实比较容易让人将“第三人”和“被收养人”这两个概念紧密联系在一起。确实,原本就与被收养人之间存在权利义务关系的,因为收养导致基本身份关系等受到变化的人,尤其是被收养人的亲生父母,被认为是第三人,这是最常见的思路。例如,前文已论述成年被收养人配偶的同意的合理性,其实根据由日本各地原法务局长等组成的涉外户籍实务研究会的观点来看,除了配偶,成年被收养人的法定代理人(后见人等),保佐人、亲属会、亲生父母的同意,都是包括在保护要件之中的。③那就更不必说未成年被收养人了。这样的观点本来无可厚非,但是在此基础上,又有稍显极端的观点,认为第三人的范围仅限于此。例如植松真生教授认为,第三人的范围应该以被收养人为圆心,向外辐射。在收养时,与被收养人之间没有身份上的关系的人,如收养人的配偶或者婚生子女,都不应在第三者的范围内。其理由是,该等人员对于被收养人本国法之适用缺乏可预见性。即被收养人本国法对他们来说根本就是毫无关联的法律,他们不知道,也不应被期待知道这样的法律的存在及其内容。④

而如果我们也考虑调整与收养当事人有利益关系的人员之间的关系及

---

① 实际上除了巴拿马共和国(2014 年《国际私法法典》第 48 条)和捷克共和国(2012 年《关于国际私法的法律》第 61 条)等国家,很少有国家对于收养人和被收养人的本国法采取完全重叠适用。

② 参见[日]道垣内正人:《要点国际私法各论(第 2 版)》,有斐阁 2014 年版,第 96—97 页。

③ 参见[日]涉外户籍事务研究会:《涉外户籍事务的处理 V:收养编》,日本加除出版社 2020 年版,第 61 页。

④ 参见[日]植松真生:《关于法例中的“Safeguard”条款——国际收养的成立要件》,《一桥论丛》1996 年第 116 卷第 1 号。

利益这一目的的话,其实没有必要特地区分这个“第三人”来自被收养人一方,还是来自收养人一方。也就是说,如果被收养人本国法规定需要收养人一方的特定利害关系人的同意,那么这样的利害关系人原则上应该也是可以纳入第三人范围的。在判例实务中,日本人收养菲律宾人时,比较容易引发关于第三人范围的纠纷。这主要是因为菲律宾法比较关注被收养人与收养家庭的融合状况,以及收养家庭对被收养人的接纳状况。所以,根据菲律宾法,收养的成立需要收养人婚生子女的同意。下面将简单介绍两个典型的相关案例。

【案例一】

日本籍男性想要和菲律宾籍妻子共同收养妻子的菲律宾籍未成年非婚生子。在已经经过日本家庭裁判所的审判,并获得收养许可之后,千叶县市原市政府在正要受理收养登记备案时,对于是否应该受理该登记产生了疑问。该疑问主要是关于:根据《菲律宾家庭法》第 188 条第 3 号的规定,收养未成年人时,需要收养人 10 周岁以上的婚生子女及养子女(如有)的同意。而本案中,作为收养人之一的日本籍男性,有 10 周岁以上的婚生子女,但是其提交的资料中未附其婚生子女的同意书。就是否应该拒绝受理该收养登记的请求,市原市市长向千叶地方法务局发起询问,随后又通过东京法务局向法务省民事局第二课长提请指示。东京法务局长在请求法务部民事局指示时,表示:“本人认为应该按照市原市政府的意见,不应该受理,但仍有一些疑问,想请求贵局指示。”而后法务部民事局第二课长在 1995 年 7 月 7 日(民二・3292 号)的回答中回复道“同意贵局的意见”。也就是说,在本案中,只要没有收养人 10 周岁以上婚生子女的同意,就不能认为是具备了《通则法》第 31 条第 1 款后半句所述的要件,市政府也就不得受理收养登记的申请。由本案可见,收养人的婚生子女等是在“第三人”的范围里的。[①]

【案例二】

案件事实概要如下:日本籍丈夫 X1(收养许可申请人),于 1988 年 7 月 7 日同菲律宾籍妻子 X2(收养许可申请人)结婚,并于 1989 年生下二人之间的长子 B。A 作为 X2 的非婚生子(生父不详)在菲律宾出生,原本由 X2

---

① 参见[日]泽田省三(编):《涉外户籍实务基本先例百选》,株式会社 teihan2019 年版,第 239 页;[日]道垣内正人:《要点国际私法各论(第 2 版)》,有斐阁 2014 年版,第 103—104 页。

在菲律宾的双亲养育,后于1998年赴日并开始与X2共同生活。X1和X2希望今后将A当作两人共同的孩子一起养育,有非常强烈的收养欲望。并且X1收入可观,X1和X2夫妇关系圆满,B和A兄弟关系融洽。此外,X1在1987年离婚前曾与前妻C之间又育有两子一女D、E、F,离婚后D、E、F三人由C全权照料抚养,与X1再无交涉,且三人在案件审理当时均为满10周岁的未成年人。虽然本案涉及多个论点,在此我们只探讨收养人婚生子女的同意是否属于Safeguard条款所要求的要件,即收养人的婚生子女是否属于“第三人”。本案中,C因为不想再与前夫X1有任何瓜葛,所以一直拒绝让D、E、F签署任何同意文件,所以收养人的婚生子女的同意事实上属于一种无法取得的状态。从理论上说,如果法官认为该同意不符合Safeguard条款上的要件,那么该同意就无须取得,收养可以成立;如果法官认为该同意符合Safeguard条款上的要件,那么因为该同意缺失,则收养不成立。然而,法官并没有直接回答这个问题,而是在判决中表示:一般来说,根据《菲律宾家庭法》第188条第3号中要求获得收养人婚生子女的同意,主要是出于对赡养义务的分配以及法定继承份额等变量的考量。诚然,对于一个家庭中原有的孩子来说,无论是新出生的孩子,还是收养来的孩子都会对其产生影响,这是不可避免的。但是,日本民法并未规定婚生子女的同意要件,可见该种利益调整并不具有相当的紧要性。此外,取得收养人婚生子女的同意还有一个很重要的目的,就是确保新的收养家庭对于被收养人来说是一种和谐、欢迎的状态,这也能间接保护被收养人的利益。而本案中,X1在与C离婚后,和D、E、F三人常年无任何联系,并且估计今后也不会有密切联系。所以不管D、E、F同不同意,对被收养人A来说都是无关紧要的。另外,如果没有该同意就不能成立本件收养的话,对于来日时间尚浅,还处在义务教育阶段的,迫切需要X1作为收养人对其进行抚养的A来说,是明显损害其利益的。最终,裁判所判决:以没有收养人10周岁以上婚生子女的同意为由,不认可收养关系之成立的,违背了《通则法》第33条所规定的“公共秩序和善良风俗”。故排除《菲律宾家庭法》第188条第3号的适用。即使没有书面的同意,也不妨碍收养的成立。[①]

① 参见[日]齐藤彰:《水户家裁土浦支部平成11年2月15日收养许可申请案件解析》,[日]道垣内正人、中西康编:《别册Jurist(国际私法判例百选 第3版)》第256号,有斐阁2021年版,第60页;[日]小山昇:《菲律宾未成年非婚生子女的收养》,《摄南法学》2000年第23号。

由于裁判所从公序良俗的角度否定《菲律宾家庭法》的适用,绕开了收养人婚生子女的同意是否符合 Safeguard 条款这一问题。所以收养人婚生子女是否在"第三人"的范围里这一问题至今没有定论。对此持肯定意见的学者占少数,就笔者目前查询资料来看,仅有横山润教授。更多的是和上文所述的植村真生教授一样持反对意见的学者,如驹田泰土教授和齐藤彰教授等。其中齐藤彰教授表示,这取决于人们如何解释 Safeguard 条款的目的,如果我们认为 Safeguard 条款是为了防止违背被收养人的意愿或以不符合其最大利益的方式与将其与母国或亲属分离的话,则很难将收养人婚生子女的同意纳入 Safeguard 条款的范围。①

笔者认为,如果以保护未成年被收养人的利益为目的的话,是否将收养人一方的利害关系人纳入"第三人"的范围其实并不重要。一味地信奉教条主义,生硬地解释法律条文,反而会带来过于草率或过于严苛的结果。不如给家庭裁判所的法官多一些自由裁量的余地,让他们能够逐案分析,就事论事地决定采取何种解释对于未成年被收养人的保护是最有利的。

4.其他问题

关于 Safeguard 条款,还有一些其他的问题需要讨论。例如"公共机关的许可或其他处分"的范围。如果被收养人的本国法上的收养制度是国家(司法)宣言型的,收养依法院的判决或决定等而成立,那么这种法院判决或决定等是否可以作为条文中所述"公共机关的许可或其他处分"成为被收养人的保护要件?从收养实务上来说,答案是肯定的。"公共机关的许可或其他处分"中的"公共机关"所指的就是法院等国家机关(如日本的家庭裁判所、韩国的家庭法院等),以及国家赋予其公权力,使其可以依职权处理收养的许可、认可的机关(如中国县级以上人民政府的民政部门、菲律宾的社会福利与发展部、越南的人民委员会等)。②

---

① 参见[日]齐藤彰:《水户家裁土浦支部平成 11 年 2 月 15 日收养许可申请案件解析》,[日]道垣内正人、中西康编:《别册 Jurist(国际私法判例百选 第 3 版)》第 256 号,有斐阁 2021 年版,第 61 页;[日]植松真生:《收养中的 Safeguard 条款的适用——收养许可申请案件》,《Jurist 临时增刊(平成 11 年度重要判例解说)》第 1179 号,有斐阁 2000 年版,第 308—310 页;[日]横山润:《国际家族法的研究》,有斐阁 1997 年版,第 221—222 页;[日]驹田泰土:《日本丈夫与菲律宾妻子收养妻子的亲生孩子》,《Juris》第 1175 号,有斐阁 2000 年版。

② 参见[日]涉外户籍事务研究会:《涉外户籍事务的处理 V:收养编》,日本加除出版社 2020 年版,第 64 页。

三、总结

Safeguard 条款作为补充性规定,弥补了就收养成立单纯适用收养人本国法可能会导致被收养人的利益遭到忽视的情况。但是,Safeguard 条款的目的却不仅仅局限于保护被收养人尤其是未成年被收养人利益,它也担负着调整收养当事人与其利害关系人之间地位关系的重任。学术界有很多关于 Safeguard 条款的讨论,有一些已经有了定论。例如 Safeguard 条款也可以适用于收养成年人,条款所称"公共机关"系指法院或者依职权处理收养许可、认可的行政机关。但是,就某些问题仍然尚未达成定论。例如,如果被收养人本国法禁止收养,收养还能否成立这个问题,有的学者认为为了避免"跛足收养",绝不能忽视被收养人本国法,而有的学者认为,这个问题根本不在 Safeguard 条款的射程内,所以收养成立与否只需看收养人的本国法。又如,就"被收养人或第三人的承诺或同意"中"第三人"的范围,多数学者认为仅仅是指被收养人一方的利害关系人,但也有少数学者认为除此之外也包括收养人一方的利害关系人。

笔者尝试思考 Safeguard 条款对中国立法的启示。但是碍于日本的收养制度,无论是国内的收养制度还是涉外收养制度,都与我国有很大差异。例如,国内收养方面,日本以普通收养为主,目的多种多样,不局限于保护被收养人利益,甚至承认收养成年人;而中国则是完全收养,并且可以说是已经进入了儿童福祉型收养阶段。涉外收养方面,中国是涉外收养大国,以送出型收养为主,且件数多,而日本的涉外收养件数还不到中国的零头。所以从实务层面上来看 Safeguard 条款是否对我国立法有启示意义,笔者并不确定。但是我国《涉外民事关系法律适用法》(简称"法律适用法")第 28 条所规定的,就收养的条件和手续,适用收养人和被收养人经常居所地法律,确实也并非完美。此外,2021 年元旦起正式实施的《中华人民共和国民法典》第 1044 条首次强调了"最有利于被收养人的原则"。那么,在十年前即 2011 年就开始实施的法律适用法是否能根据这一最新原则作出一系列修改,以更加切实地保护被收养儿童的利益,是非常值得期待的。

紧急救助者致损时不承担责任条款的规范构造*

——以日本法为借鉴

祁天姿　梁　超**

内容提要　我国《民法典》第184条虽规定了紧急救助者致损时不承担责任条款，但围绕该条款的体系定位与司法适用存在诸多争议。根据文义解释、历史解释和体系解释，应认为该条款属于紧急无因管理中第三种责任完全豁免模式。在司法适用中的构成要件应满足“自愿实施”“紧急救助行为”“造成受助者损害”。中日作为大陆法系国家且同样面对高龄少子化、互帮互助文化渐淡的现状，故本文通过比较法视角来概观日本紧急无因管理制度的内部法律规范和外部社会保障，以期为我国紧急救助者致损时不承担责任条款的体系定位、司法适用、多元救济提供经验借鉴。

关键词　紧急救助；民事责任；紧急无因管理；见义勇为；日本法

---

* 本文系日本政府（文部科学省）博士生奖学金项目资助（留金欧[2021]439号）的阶段性成果。

** 祁天姿，青海民族大学法学院法律硕士，燕京理工学院教师；梁超，日本北海道大学法学研究科博士研究生。

一、问题所在

在大陆法系国家,普遍的做法是以无因管理制度来规范"见义勇为"[①]的行为[②],而我国将见义勇为从无因管理制度的调整对象中剥离出来予以单独规范。[③] 具体由民法典总则编"民事责任"中的救助者受损时的责任承担与补偿办法条款(《民法典》第183条)和紧急救助者致损时不承担责任条款(《民法典》第184条)构成。[④] 通过对救助者"受损"和"致损"进行类型化设置,以期平衡救助者和被救者(或者第三人)之间的私人利益关系,并维护弘扬社会主义核心价值观的公共利益。

囿于篇幅,本文仅围绕紧急救助者致损时不承担责任条款展开分析。我国《民法总则》出台前,在成文法国家中,针对紧急救助者致损时是否承担责任以及承担何种责任多在紧急无因管理制度下讨论,但对于责任承担范围存在两种立法体例:一种是以德国、日本为代表的责任有限豁免模式,而另一种是以法国为代表的责任减轻模式。我国的立法模式是属于紧急无因管理中第三种责任完全豁免模式还是与无因管理并列的责任完全豁免模式?不无疑问。众所周知,日本民法在立法设置、司法解释和学说发展层面受法国民法和德国民法影响较大。在近百年的法律移植和本土化道路上,针对紧急无因管理制度的研究已经积累诸多可以借鉴的成果。本文首先从应然层面探究紧急救助者致损时不承担责任条款的构成要件和法律效果的诸多问题,其次从实然层面审视自条款开始设置至今该条款在司法实务中的应用现状,再次从日本紧急无因管理制度的内部法律规范和外部社会保障来展开概观;最后通过比较法视角来阐释借鉴日本法的正当性、必要性和

---

① 尽管"见义勇为"不是传统法律术语,而且"见义"和"勇为"的道德性意味也较重,但为方便在中国法语境下讨论这一规则,称之为"见义勇为"也未尝不可,关键还是对其规则本身的正当性和法律适用进行解读。参见王竹:《见义勇为受损受益人补偿责任论》,《法学论坛》2018年第1期。

② 参见王利明:《人身损害赔偿疑难问题》,中国社会科学出版社2004年版,第469页。

③ 参见肖新喜:《我国〈民法典〉中见义勇为条款与无因管理条款适用关系的教义学分析》,《政治与法律》2020年第6期。

④ 《中华人民共和国民法典》第183条规定:因保护他人民事权益使自己受到损害的,由侵权人承担民事责任,受益人可以给予适当补偿。没有侵权人、侵权人逃逸或者无力承担民事责任,受害人请求补偿的,受益人应当给予适当补偿。第184条规定:因自愿实施紧急救助行为造成受助人损害的,救助人不承担民事责任。

操作性问题,以期促进该条款体系定位和司法适用的清晰化。

二、紧急救助者致损时不承担责任条款的基本构造

(一)立法沿革

紧急救助行为的法律规制旨在调和“禁止任意干预他人事务”与“奖励人类互助之美德”两项原则,介乎道德与法律之间。① 而因自愿实施紧急救助行为造成受助人损害的,是否应当赔偿也成为考验道德和法律的一道难题。通过查阅诸多民法典草案学者建议稿可知,我国诸多专家学者主张紧急救助者致损时不承担责任(但恶意或重大过失除外),且认为其系属紧急无因管理②,应归属于债权编内。仅在保障本人权益内容(是否包含名誉等)和具体债权编体例(是列在债权总则还是债权分则中)中存在些许差别。但后续的《民法总则(草案)》和《民法总则(草案)(二次审议稿)》并没有采纳民法典草案学者建议稿中的规定。为了弘扬见义勇为、乐于助人的良好风尚,部分代表提议在《民法典(草案)三次审议稿》第 187 条增设紧急救助者致损时除重大过失外不承担责任条款:紧急情况—损害不承担责任—重大过失除外。但部分代表却认为“重大过失”在实际生活中不好界定,保留此项易使救助人有承担责任的后顾之忧,不利于弘扬正能量。③ 所以《民法典(草案)四次审议稿》第 187 条将草案三审稿中“重大过失除外”的但书规定进行严格限制,并进一步明确为“救助人因重大过失造成受助人

---

① 参见王泽鉴:《民法思维——请求权基础理论体系》,北京大学出版社 2009 年版,第 95 页。

② 关于紧急无因管理的法律构造及体系定位,例如,梁慧星主持的建议稿债权总则中第 674 条规定为紧急无因管理:紧急情况—本人身体、名誉或者财产—损害不承担责任—恶意或重大过失除外。参见梁慧星主编:《中国民法典草案建议稿附理由》(债权总则编),法律出版社 2006 年版,第 36 页。王利明主持的建议稿债法总则中第 1161 条规定为紧急无因管理免责:紧急情况—本人生命、健康或者财产—损害不承担责任—恶意或重大过失除外。参见王利明主编:《中国民法典草案建议稿及说明》,中国法制出版社 2004 年版,第 160 页。徐国栋主持的建议稿债法分编中第 1659 条规定为紧急无因管理:紧急情况—本人身体、名誉或者财产—损害不承担责任—恶意或重大过失除外。参见徐国栋主编:《绿色民法典草案》,社会科学文献出版社 2004 年版,第 729 页。于海涌主持的建议稿债权编中第 1587 条规定为免除急迫危险而进行管理:紧急情况—本人生命、身体或者财产—损害不承担责任—恶意或重大过失除外。参见于海涌主编:《中国民法典草案立法建议》(提交稿),法律出版社 2016 年版,第 294 页。

③ 参见杜涛主编:《民法总则的诞生:民法总则重要草稿及立法过程背景介绍》,北京大学出版社 2017 年版,第 348 页。

不应有的重大损害的,承担适当的责任”,即紧急情况—损害不承担责任—重大过失造成受助人不应有的重大损害除外。针对草案四审稿,一些代表认为虽然作了进一步严格限定,但针对实践中可能出现的特殊情况,仍难以免除见义勇为者的后顾之忧,不利于倡导、培育见义勇为、乐于助人的良好社会风尚,建议删除但书规定。最后《民法总则(草案)(建议表决稿)》第184条采纳了删除“重大过失除外”的建议,将该条款进一步修改为:紧急情况—损害不承担责任,并最终作为《民法总则》的一分子被表决通过。而后诸多专家学者针对该条款的体系定位和司法适用等问题展开激烈的争论,但是《民法典》仍然将《民法总则》中的规定完全承继下来。至此紧急救助者致损时不承担责任条款经历“从无到有,从有到修”的涅槃新生到修炼功成的过程,并最终瓜熟蒂落。

(二)规范解构

随着社会主义市场经济商品化程度加深,社会转型剧烈,传统价值观和道德体系受到风险社会和人际冷漠的双重挑战,建立以社会主义核心价值观为核心的新道德体系势在必行。因此,对于该条所体现的鼓励救助初衷,多数学者予以认同。[①] 但也有学者对该条款的妥当性质疑,认为紧急救助者致损一律免责的法律效果,有违法理、学界通说和国际惯例,且不利于被救助者权益保护,应当继续修改为“仅在重大过失的情况下承担民事责任”[②],或者即使不修改,也应肯定“该条存在法律漏洞,应允许法官在法律适用中承认例外,即救助人因故意或重大过失给受助人造成损害且较为严重的,应当承担赔偿责任”[③],再或“该条不存在法律漏洞,实务中应充分运用限缩解释、客观目的论解释等方法限缩其适用空间”[④]。

然而,2021年1月1日《民法典》的实施,意味着未来我国民法研究的重心将从“立法论”转向“解释论”。笔者将从文义解释和历史解释对该条进行解构,并通过体系解释对其性质进行具体定位。

在成文法国家,立法者将规范术语通过有机整合来制定法条,司法者通

---

① 参见王利明:《民法总则的本土性与时代性》,《交大法学》2017年第3期;陈华彬:《〈民法总则〉关于“民事责任”规定的释评》,《法律适用》2017年第9期。

② 胡雪梅:《关于民法总则的修改意见》,《法治研究》2017年第4期。

③ 崔建远:《我国〈民法总则〉的制度创新与历史意义》,《比较法研究》2017年第3期。

④ 景光强:《〈民法总则〉中“好人免责条款”的评析与适用》,《法律适用》2018年第11期。

过法条来明确裁判的方向和自由裁量的限度,而人民则通过法条来明确权利保障的方式和自由限制的界限,“由文字组成的法条”也就成了沟通立法、司法和普法的有效媒介。那么立足于条文本身的文义解释也就当然成为法律解释的原点。《民法典》第184条(紧急救助者致损时不承担责任条款)属于完全性规范,前半句为构成要件,后半句为法律效果。关于构成要件可以分解为“自愿实施”“紧急救助行为”和“造成受助者损害”三部分。有学者认为“自愿实施”应指救助者不具有专业知识或不负有救助职责而自发地采取救助措施。[①] 这一观点强调“不负有救助职责的自发性”值得肯定,因为我国立法目前不承认民事主体承担普遍性的救助义务,“自愿实施”意味着紧急救助者并无法定、约定或先前行为等产生作为义务。[②] 但将主体范围也限于“不具有专业知识”有待商榷:其一,专业知识的掌握程度难以量化分析,是应以学习专业知识的行为或阶段作为“具有”的判断标准,还是以取得一定专业资质的证明作为“具有”的判断标准;其二,即使具有所谓的专业知识,也存在执业状态或非执业状态之分,在执业状态中因存在作为的义务当然排除该条适用,而对于非执业状态也排除适用的话,无疑会加重专业人员在紧急状态下的救助负担。

“紧急救助行为”需要从“紧急”和“救助行为”两方面进行全面评估。所谓“紧急”是指被救助者的人身或财产即将或正在遭受现实危险的状态,而这种紧急状态的认定标准应采取客观标准,需依据社会一般观念予以认定。若救助者因个人认知局限性对危险的紧急状态产生误解或臆想并造成损害的状况,则不适用于该条款。但对于紧急状态产生的原因是基于被救助者本人抑或第三人的状况,在适用条文上不应受到影响。“救助行为”则需要救助者主观具有救助的意思且客观实施了防止损害发生或扩大的行为。[③] 若无救助的主观意思,且客观实施了加害人期待的侵害行为,则以故意侵权来排除对该条文的适用;若有救助的主观意思,但客观实施了不适当的行为,即加害人存在过错的情况下是否担责,将在下文法律效果部分进行集中探讨。救助行为不仅包括行为人自己采取救济措施,也包括行为人求

---

① 参见郭明瑞:《民法总则通义》,商务印书馆2018年版,第325页。

② 参见王利明主编:《中国民法典释评:总则编》,中国人民大学出版社2020年版,第704页。

③ 参见中国裁判理论研究会民事审判理论专业委员会编著:《民法典总则编条文理解与司法适用》,法律出版社2020年版,第335页。

助第三方(比如医疗机构或者周围人)进行救助的行为。因此,紧急救助行为是指救助者为防止被救助者的人身或财产免于或减轻遭受现实危险的状态,而自己或求助第三人来实施救助的行为。

"造成受助人损害"包含两层含义,一是被救助者受到损害,二是被救助者的损害与救助者的行为具有因果关系。实践中,虽然救助者是出于救助目的实施救助行为,但由于救助行为多发生在受助人突发疾病等紧急状态,救助者一般在未受到过专业的救助训练的状态下,可能发生因救助行为造成被救助者损害的情况。同时被救助者发生损害的原因力也可能是多元的,比如来自自身的身体状况、第三人侵害或者不当救助行为等。因此必须强调被救助者受到损害与救助者的救助行为存在因果关系。

依据《民法典》第 184 条后半句的规定,该条的适用效果为"救助者不承担民事责任"。然而,"不承担民事责任"这一表述在我国现行法语境中仍是一种模糊性的表达,因为其既可指涉因民事责任不成立而救助者不应承担民事责任,也可指涉民事责任成立但因存在其他应考量因素而令救助者免于承担责任。[①] 那么,"救助者不承担民事责任"究竟是在何种意义上被使用,取决于不同类型责任在责任成立及责任承担层面的在先评价。例如,若认为在紧急救助情形救助者因过错而造成受助人损害可成立侵权责任,则"救助人不承担民事责任"指的就是救助人免于承担责任;而若认为紧急救助者致损时不承担责任条款以救助者的故意或重大过失为条件,则救助者因一般过失造成被救助者损害时的"不承担民事责任"就是指责任本身并不成立,而在救助者因重大过失造成受助人损害时的"不承担民事责任"就是指救助者免于承担责任。因此,该条所言的"救助者不承担民事责任"既可指责任不成立,也可指救助者免于承担责任。

(三)体系定位

我国民法对紧急救助者致损时不承担责任条款的体系定位存在紧急无因管理说、紧急避险说和独立立法说。

紧急无因管理说认为,该制度在设计和解释适用上应符合无因管理的

---

① 参见房绍坤、张玉东:《论紧急救助情形下救助人不承担责任的条件——以〈民法总则〉第 184 条为分析对象》,《比较法研究》2018 年第 6 期。

基础理论和相关规则,否则违反了民法的体系强制原则,且属于紧急无因管理。[①] 申言之,《民法典》第 184 条表面上涉及的是侵权责任,但真正的规范意旨则在无因管理,即实质上对应的是无因管理债务不履行的责任。[②]

但也有学者认为该条款不属于紧急无因管理,且在为他人利益实施紧急救助行为时会与紧急避险交叉,应认定为紧急避险的特殊情形。[③] 因为该条就不承担责任的条件而言,与紧急无因管理存在差异。而就行为目的而言,该条为他人利益实施行为与紧急避险的目的之一重合。

独立立法说认为,我国《民法总则》第 183 条和第 184 条的特殊立法目的是其独立于无因管理制度而单独立法的正当性依据,也就是说,适用无因管理的规定无法达成立法者调整见义勇为所欲实现之特殊目的。[④]

笔者认为该条属于紧急无因管理,但在责任承担方面为完全豁免。理由有二:其一,对他人事务的直接干涉行为可能构成侵权,但法律为了实现鼓励互助的目的而设置了无因管理制度,其法律效果之一便是阻却行为的违法性,从该条制度设置价值来看,其与紧急无因管理具有一致性。其二,紧急无因管理成立需要具备三项要件,即管理他人事务、为避免他人利益受损、没有法定或约定的义务且存在紧迫情形,其构成要件也与该条具有一致性。而至于排除紧急救助者重大过失承担责任的情况,仅是在特殊阶段的法政策选择的结果。

(四)司法适用

紧急救助者致损时不承担责任条款出台后,不论是媒体还是民众,都给予诸多好评。而是否切实地激发了民众实施紧急救助行为的意向,当前尚且无法量化分析,但有必要对其司法适用情况进行概观。因此,笔者以“《中华人民共和国民法总则》第 184 条”和“《中华人民共和国民法典》第 184 条”为关键词,在中国裁判文书网上进行全文检索。截至 2022 年 3 月 22

---

① 参见王毅纯:《民法总则中自愿紧急救助制度的理论逻辑与适用规则》,《河南财经政法大学学报》2017 年第 5 期。

② 参见王泽鉴:《债法原理》,北京大学出版社 2009 年版,第 269 页。

③ 参见房绍坤、张玉东:《论紧急救助情形下救助人不承担责任的条件——以〈民法总则〉第 184 条为分析对象》,《比较法研究》2018 年第 6 期。

④ 参见肖新喜:《我国〈民法典〉中见义勇为条款与无因管理条款适用关系的教义学分析》,《政治与法律》2020 年第 6 期。

日，共检索到23份裁判文书，剔除无关文书13份，具有研究价值的文书共计10份，按照救助对象可划分为“财产救助型”“人命救助型”和“其他救助型”。“财产救助型”是指紧急状态下为防止他人财物致损而实施救助行为的类型，若救助行为有不当之处仍应完全免责。[①] “人命救助型”是指紧急状态下为防止他人失去生命而实施救助行为的类型，但该类型又可进一步分为“救助行为无过失，且完全免责”[②]“救助行为有过失，但完全免责”[③]和“救助行为有过失，但有限担责”[④]。而“其他救助型”是指在紧急状态下非基于财产或人命进行救助的类型，如帮助年迈老人过马路导致老人摔伤案件[⑤]，该案中的紧急救助者免责，但自愿提供补偿。关于“年迈老人过马路”是否符合“紧急状态”，笔者认为有待商榷。司法实践在反哺立法的同时，也为学术研究提供田野。不难发现，不同法官对于紧急状态的理解、若紧急救助者存在过错情形下是否绝对免责等适用方面，还存在差异。

三、日本法的状况

日本旧民法和现行民法受法国、德国等民法影响较大，都未设置中国民法典中的“紧急救助者致损时不承担责任条款”。那么是否意味着日本无紧急救助行为，或虽有紧急救助行为，但不会致损产生纠纷呢？显然不是，紧

---

① 该两份文书系针对同一案件的一审和二审判决书。即湖南省衡阳县人民法院（2018）湘0421民初1300号“岳×圆、王×等与××二公局第四工程有限公司等提供劳务者受害责任纠纷案”一审民事判决书；湖南省衡阳市中级人民法院（2019）湘04民终1337号“交二公局第四工程有限公司泰安市泰山区伟业工程设备租赁处与岳×圆、王×等提供劳务者受害责任纠纷案”二审民事判决书。

② 例如，广东省珠海市香洲区人民法院（2018）粤0402民初8029号“李×、刘×琴等与韦×望等生命权、健康权、身体权纠纷案”一审民事判决书；新疆维吾尔自治区麦盖提县人民法院（2020）新3127民初398号“沈×艳、王×龙等与于×义、周×等生命权、健康权、身体权纠纷案”一审民事判决书等。但在云南省勐腊县人民法院（2017）云2823民初952号“赵×妹、刘×等与×××村民委员会等生命权、健康权、身体权纠纷案”一审民事判决书中，法官认为紧急救助者毛×和周×尽到合理的注意义务，无故意、重大过失行为而免责。

③ 参见四川盐亭县人民法院（2020）川0723民初114号“张×辉与陈×、××财产保险股份有限公司银川市中山支公司侵权责任纠纷案”一审民事判决书。

④ 参见辽宁省营口市中级人民法院（2020）辽08民终1700号“齐×英、王×洪机动车交通事故责任纠纷案”二审民事判决书。其中二审判决书写明：“紧急救助者李某的救助行为符合《中华人民共和国民法总则》第184条的立法精神。但是，李×在实施救助的过程中存在失误的行为，应承担相应的民事责任，本院酌定为30%。”

⑤ 参见湖南省株洲市荷塘区人民法院（2019）湘0202民初3082号“常×如与尹×生命权、健康权、身体权纠纷案”一审民事判决书。

急救助行为在日本民法中被评价为紧急无因管理[①],其作为"无因管理的例外,在特殊情况下为了鼓励无因管理而大幅度减轻管理者的责任"[②],可以看出这是属于责任减轻的特别规定。[③]

无因管理是指虽然没有义务,却为他人管理事务的行为。民法基于在生活中相互扶助的理想,将其认定为合法行为:一方面,赋予了管理者在管理上所支出费用的偿还请求权;另一方面,要求管理者承担适当管理的义务,妥当地维系本人和管理者之间的关系。[④] 旧民法典时代,无因管理仅仅调整财产关系,而现行民法典中其不仅调整财产关系,也调整人身关系。[⑤]也就是说,人命救助属于无因管理的一种。

(一)紧急无因管理的成立要件与法律效果

无因管理的成立要件由四部分构成,即(1)管理(处理)他人事务的开始,(2)管理(事务)意思,(3)对本人并无义务,(4)适合本人意思和利益。对(1)和(2)而言,主张无因管理成立者应当负举证责任,关于(3)对本人义务的消极事实(义务不存在)的证明是困难的,(4)对于管理明显违反本人的意愿和利益,以同要件《日本民法典》第700条"但书"[⑥]为依据,由对方承担证明责任。[⑦] 而无因管理的法律效果分为三部分,即(1)管理者的义务=本人的权利[a.善良管理义务(第697条)和紧急时的例外(第698条)、b.通

---

① 我国民法上的"无因管理"对应日本法上的"事务管理"(日文为"事務管理"),而"紧急无因管理"对应"紧急事务管理"(日文为"緊急事務管理"),因此为了表述统一,笔者在正文中选择中国民法上的称谓,而在注释中选择"紧急事务管理"的表述。《日本民法典》第698条规定:管理人为避免本人的身体、名誉或者财产遭受急迫危害而管理事务时,非有恶意或者重大过失,对由此发生的损害不负赔偿责任。参见刘士国、牟宪魁、杨瑞贺译:《日本民法典》,中国法制出版社2018年版,第170页。

② 参见[日]梅谦次郎:《民法要义卷之三(债权篇)》,有斐阁1898年版,第841页。

③ 塩原真理子教授以德国判例和学说为参考对象,对紧急无因管理责任减轻规定进行详细探讨。参见[日]盐原真理子:《紧急事务管理者的责任减轻》,《东海法学》2013年第47号。

④ 参见[日]我妻荣、有泉亨、清水诚、田山辉明:《我妻·有泉评论民法——总则·物权·债权(第7版)》,日本评论社2021年版,第1412页。

⑤ 参见章程:《见义勇为的民事责任——日本法的状况及其对我国法的启示》,《华东政法大学学报》2014年第4期。

⑥ 《日本民法典》第700条"但书"是指:"但是,明知无因管理的继续违反本人意思或者对本人不利时,不在此限。"

⑦ 参见[日]桥本佳幸、大久保邦彦、小池泰:《民法Ⅴ事务管理·不当得利·不法行为》,有斐阁2011年版,第3—7页。

知义务(第699条)、c.继续管理义务(第700条)、d.委托规定的准用(第701条)],(2)管理者的权利=本人的义务[a.有益费用的返还请求权(第702条第1项)、b.有益债务的代偿请求权和提供担保请求权(第702条第2项)、c.管理者的损害赔偿请求权存在与否、d.管理者报酬请求权存在与否],(3)事务管理的对外效果。[①] 因为紧急无因管理属于特殊的无因管理,所以对上述无因管理的成立要件和法律效果同样适用。但是,在紧急情况下管理他人事务,要求管理者负重大的责任是不妥当的,因此民法典选择将该责任减轻的立法模式。

紧急无因管理的成立要件同样由四部分组成,即(1)对他人的身体、名誉或者财产进行管理(意思和行为),(2)对本人并无义务,(3)适合本人的意思和利益,(4)急迫的危险。因为,紧急无因管理作为无因管理的特殊情况,除"急迫的危险"这一特殊性外,在成立要件上与一般无因管理并无区别。因此判断是否构成紧急无因管理的核心在于"急迫危险的界定"。

所谓急迫的危险,是指本人的身体、名誉或财产等法益面临急迫的危险或损害的情况,或者主观上认为存在急迫的危险,且无恶意或重大过失作出判断的情况也包含在内。根据新潟地裁昭和33年的判决要旨,关于成立紧急无因管理,是否必须客观存在急迫的危险的问题,从《日本民法典》第698条的立法宗旨来看,只要管理者非基于恶意或重大过失,且主观上相信危险存在就足够了。[②] 当然,因为救助对象的差异,对急迫危险的判断基准也会受到影响。例如,在人命救助方面,更容易认定急迫的危险。人命救助行为作为紧急无因管理成立情形,只要满足"存在'急迫的危险',且救助者无恶意或重大过失的相信"和"为了消除这种情况,采取无恶意或重大过失的救助行为"这两个要件即可。[③]

紧急无因管理的法律效果需要从一般过失的阻却、损害赔偿请求权、报酬请求权等方面进行评价。对于紧急无因管理,除恶意或者重大过失以外,不承担管理义务。因此,在"通常"的无因管理中,会产生管理义务。但是,

---

① 参见[日]根本尚德、林诚司、若林三奈:《NBS事务管理·不当得利·不法行为》,日本评论社2021年版,第221—227页。

② 新潟地判,昭和33年3月17日,下民集9卷,第415页。

③ 参见[日]芦野训和:《救助他人生命、维持他人健康的行为与事务管理—之三·完》,《法学研究论集》1995年第33卷。

像在事故现场的救助那样,紧急无因管理是“为了避免本人的身体、名誉或者财产免受急迫的危险”的行为,那么即使管理者对本人造成损害,只要缺乏恶意或者重大过失便可阻却违法。在无因管理法中,紧急无因管理者的赔偿义务一部分被免责,在立法上,与美国《好撒玛利亚人法》是相通的。[①]另外,只要不满足紧急无因管理,且管理者违反善良管理的注意义务(《日本民法典》第 697 条),就需要对本人承担损害赔偿责任(《日本民法典》第 415 条第 1 项)。[②] 但是,也有学者主张医师应当作为紧急无因管理例外情况加以考虑。[③]

(二)公共补偿与多元救济

紧急无因管理不仅有利于被救助者的保护,而且对社会整体发展有重要作用。对公共救助体系的完善,国家也必须肩负更多责任,因此有学者建议对从事紧急无因管理者给予奖励。[④] 同时,被救助者本人客观上已经处于不利益状态,同时还需要容忍紧急救助者带来的一般过失风险,使被救助者可能处于双重风险场域。因此有学者认为,为了不让被救助者本人承担过大的责任,紧急无因管理中产生的人身损害不能被认定为费用的情况下,应该由公共补偿来解决。[⑤] 公共补偿制度不仅对被救助者的损害进行弥补,而且对救助者积极行善有激励作用。但仅靠公共补偿制度来救助也并不充分。例如,加藤雅信教授认为:“管理者以一定概率承担某种危险为前提来实施事务管理,若本人不承担该损害就难以实现衡平。因此法院根据案件的事实情况,应该在必要的限度内承认有益费用的偿还。”[⑥]

受美国《好撒玛利亚人法》的影响,围绕是否有必要改正或制定“日本版的好撒玛利亚人法”,日本总务厅和消防厅产生分歧。总务厅认为应当让公众知道紧急无因管理下的免责规定,暂时没有必要制定新法;而消防厅认

---

① 参见[日]平田健治:《英美法上救助义务的定位——与事务管理法中的紧急事务管理相比较》,《阪大法学》2013 年第 63 卷第 3—4 号。

② 参见[日]根本尚德、林诚司、若林三奈:《NBS 事务管理 · 不当得利 · 不法行为》,日本评论社 2021 年版,第 222 页。

③ 参见[日]田山辉明:《事务管理 · 不当得利 · 不法行为》,成文堂 2016 年版,第 14 页。

④ 参见[日]梅谦次郎:《民法要义卷之三债权篇》,有斐阁 1984 年版,第 853 页。

⑤ 参见[日]广中俊雄:《人命救助与救助者的损害》,[日]广中俊雄:《民法论集》,有斐阁 1971 年版,第 181 页。

⑥ 参见[日]加藤雅信:《事务管理 · 不当得利 · 不法行为》,有斐閣 2002 年版,第 21 页。

为现行的法律关系与实践已经产生较大偏差，为了进一步明确和发挥宣明作用，有必要制定新法。[①] 尽管当前仍然处于讨论中，但地方自治体已经开始尝试制定救助条例。[②] 就完善保险制度而言，2015 年 9 月 9 日东京消防厅开始运用“バイスタンダー保险制度”（Bystander Insurance），对实施应急措施造成损害，且基于法令无法适用灾害补偿的情况，以支付慰问金的方式来提高紧急救助的实施率。与此同时，日本救护车到达现场平均需要 8 分钟，但心脏停止后大约 5 分钟后就可能因不可逆的脑损害导致死亡，所以在医生、急救队员到达以前由第三人运用“自动体外除颤器”（AED）来实施救治行为，就会极大提高救命率。因此有学者倡导在让公众知晓根据现行法实施紧急救助行为免责之外，组织住民广泛使用救助手段、设备等启发性活动也很重要。[③] 而在美国阿拉巴马州，对于医生、消防队员、警察等专业的救助者而言，在实施的善意且无偿的救命行为造成受助人损害时，是全面免责的。[④] 近年来，也有学者认为这种公共的紧急救助行为也应有类推适用紧急无因管理中轻过失免责的规定。[⑤] 甚至还有学者认为在地震救援等紧急状况下，即使在有基于契约关系发生报酬债权的情况下，也有类推适用紧急无因管理中轻过失免责规定的余地。[⑥]

四、对中国法的启示

在比较法研究中，对不同的法律秩序与法律制度进行比较的前提是它们之间是否存在“可比性”。[⑦] 换而言之，比较只能作为研究的手段而非研究的目的。因为即使各国是面对同一问题，因为前提和背景的差异性，解决

---

① 参见［日］小西敦：《紧急事务管理规定和好撒玛利亚人法的必要性》，《国际文化研修》2017 年第 95 号。

② 例如，《横滨市救急条例》。横滨消防局为了建构“新的救助系统”，以“提高救助率”和“确保救助业务的公正性、公平性”为目的，制定了《横滨市救急条例》（2008 年 10 月 1 日施行）。

③ 参见［日］椋田那津希：《市民在交通事故等现场对伤病者实施应急治疗，结果导致伤病者症状恶化，市民会被追究法律责任吗?》，《自治实务研讨会》2005 年第 44 号。

④ 参见［日］樋口範雄：《好撒玛利亚人法（日本版）的检讨》，《法学家》1999 年第 1158 号。

⑤ 参见［日］松久三四彦：《公共性紧急救助行为与紧急事务管理规定（轻过失免责）能否类推适用——以积丹岳遇难救助诉讼为线索》，大冢龙儿老师古稀纪念论文集出版委员会编辑：《民商法的课题与展望：大冢龙儿老师古稀纪念》，信山社 2018 年版，第 545 页。

⑥ 参见［日］米村滋人：《大灾害与损害赔偿法》，《论究法学家》2013 年第 6 号。

⑦ 参见夏新华：《论比较法学研究中的“可比性”》，《湖南师范大学社会科学学报》2019 年第 2 期。

方式也会有所不同。因此,若想通过比较获得启示的前提是为“可比性”找到正当性和必要性的依据,同时再寻找可操作性的方法。

(一)紧急救助者致损时不承担责任条款体系定位的再明确

通过对日本紧急无因管理的阐释,我国的见义勇为制度也应属于无因管理。而救助者实施紧急救助行为属于紧急无因管理,根据“特别法优于一般法的原则”,在特定情况下优先适用于紧急救助行为。关于紧急救助者致损不承担责任条款是否区别于日本法上的紧急无因管理的问题,笔者持肯定态度。从制度产生价值来看,无法律义务,随意干涉他人权利领域的行为,系属违法行为,但管理者出于为了他人的意思,可阻却违法。为利他主义行为保驾护航以期建构良好的社会风尚,正是无因管理的设置初衷。从社会发展现状来看,日本和我国都面临人口老龄化严峻和医疗急救压力大等问题,鼓励实施紧急救助行为不仅可以保护处于紧急危险下的个人利益,也在一定程度上对国家公共福祉的实现起到促进作用。从构成要件和法律效果来看,两者具有一定差异性,例如,构成要件中相对于日本紧急无因管理适用对象限制为本人身体、名誉或者财产,我国紧急救助者致损时不承担责任条款延展到所有范围,对被救助者的保护范围更为开放和周延;而法律效果中相对于日本紧急无因管理免责情况仅限于一般过失,我国紧急救助者致损时不承担责任条款则扩展到重大过失,对救助者的注意义务的要求更具包容和缓和。但除此之外,两者适用行为类型和构成要件极为相似。

当然,从体系解释来看,日本紧急无因管理条款设置在第三编“债权”中的第三章“无因管理”之内,而我国紧急救助者致损时不承担责任条款规定在第一编“总则”中的第八章“民事责任”之内,并未规定在第三编“合同”第三分编“准合同”中的第二十八章“无因管理”之中。若强行将总则中的抽象条款作为分则中的特别条款来理解的话,就面对两大待解的逻辑难题:其一,既然紧急救助者致损时不承担责任条款定位于紧急无因管理,那么为何不设置在分则的无因管理一般规定之后,而选择在总则中的民事责任之下?其二,总则中的紧急救助者致损时不承担责任条款与分则中的无因管理制度的法律关系是什么?应该如何协调适用?对于第一个难题,笔者认为该条文虽然在立法前后理论和实务界都进行多次探讨,但与其他条文相比,因为特殊背景导致该条提出和通过均较为仓促,而且因为争议的重点均围绕责任免除的适用条件来展开,同时又涉及本人财产权及人身权的保护,所以抽象规定在民事责任之中也可实现逻辑自洽。对于第二个难题,笔者认为该条文属于我国《民法典》第 979 条(无因管理一般规定)的特别规定,同样适用于无因管理制度的其他规定。在司法适用过程中,若满足条件则优先适用该条款,但如果属于其他类型则可适用于无因管理制度下的其他规定来予以解决。这样既可以实现无因管理制度的完满,也可实现特色民法体系的协调。

(二)紧急救助者致损不承担责任条款司法适用的再斟酌

在 TKC 日本法律信息数据库(LEX/DBインターネット)中,以"紧急事务管理"为关键词进行检索,截至 2022 年 3 月 22 日,共检索到 5 起相关案件。除了"新潟地判昭"以外,其他 4 件案件中,法院都不承认紧急事务管理的成立。日本涉及紧急无因管理诉讼案件不丰富的原因,既可能与日本人交往中偏好与他人保持距离,尽量避免肢体接触或者直接救助等习惯有关,也可能受日本相对健全的公共和社会保障的影响,导致个体寻求法律救济的欲望下降。当然,实际上,近邻社会的自发相互扶助关系的崩溃,为法律介入提供可能,使得援助行为有望成为一项公法义务。特别是市民自发援助行为和救助行为难以达到期待的状况。① 另外,虽然中华民族有相互扶助的良好传统,自发互助关系崩溃现状尚轻,但诸多"英雄流血又流泪"等事件似乎又在加剧现状的崩溃,因此紧急救助者致损不承担责任条款有着重要的法政策价值。尽管日本在紧急无因管理的具体判决中缺乏较多例证,但近百年的立法和学说发展围绕紧急无因管理的构成要件和法律效果等问题也已呈现诸多可资借鉴的成果。

救助人员实施救助行为时,除满足客观上的紧急状况以外,主观上还必须具有使他人人身或者财产脱离急迫危险境地的善意。若客观上并未达到紧急状况,而仅是救助人员的"假想紧急",或者主观上并无使他人脱离急迫危险的善意的情况下不得适用我国《民法典》第 184 条之规定,只能根据一般侵权行为的构成要件和法律效果予以适用。针对紧急状况的认定,相对于日本主要采取救助者主观判断标准,我国则更为严格地采取客观判断标准,一定程度上限制完全免责条款给被救助者带来不利益的风险。

---

① 参见[日]平田健治:《思考事务管理的构造和机能》,大阪大学出版社 2017 年版,第 332 页。

(三)公共补偿与多元救济的再检讨

奖励救助者是指政府替代被救助者为救助行为支付报酬的做法,也是利用公共权力和大众传播渠道来强化救助行为的信号机制的策略。① 因此不论是国家抑或地方,为了鼓励见义勇为行为都在尝试积极立法。② 但受制于财产预算的限制,以及救助行为认定的困难,政府必须对于奖励的对象、范围、方式等进行严格把控,具体涉及见义勇为的认定机构、启动方式、申报时限、落实表彰奖励和抚恤救助等。③

无因管理具有"为他人""为社会""基于无效合同的无因管理"等多样化特征。④ 其背后反映出无因管理涉及多元利益,因此需要根据具体情况探索建构多元救济体系。例如通过政府拨款、企事业单位和个人等募捐等形式,创设和完善紧急救助者专项基金,专门用于紧急救助者奖励、慰问、生活补助以及事迹宣传等。虽然我国的保险公司曾推出"见义勇为救助责任保险"这一商业保险项目,但因为见义勇为致损或者受损等发生概率较低,自然人投保意向较低,该保险很难起到有效的保障作用。笔者认为,可以借鉴东京消防厅的投保模式,由政府牵头为紧急救助者投保无记名人身意外保险并畅通理赔渠道、扩大理赔范围、提高保险额度。由保险公司来分担社会风险的方式,也有利于提高政府财政的利用效率。同时,尝试在老年人聚居、人员流动频繁等区域设置自动体外除颤器等急救设备,并配发清晰的指引和简明的操作指南,确保设备能够被有效利用。在信息化时代,新闻媒体等也应肩负起对救济意识和救助方法等的宣传责任,提高人们的救助能力。

结　语

民法典总是需要依靠政治因素的推动才得以形成,民法法典化的体系形式与实质价值之实现又受制于本土的社会、政治和文化条件。⑤ 而救助者致损时不承担责任条款作为受政治性和民族性影响的产物,一定程度上消解了民法典的内在体系。作为与"以德日为代表的责任有限豁免模式"和

---

① 参见桑本谦:《利他主义救助的法律干预》,《中国社会科学》2012 年第 10 期。
② 例如《北京市见义勇为人员奖励和保护条例》《重庆市见义勇为人员奖励和保护条例》等。
③ 参见周蔚:《对见义勇为者奖励和权益保护的实践与思考》,《上海法学研究》集刊 2020 年第 4 卷。
④ 参见[日]田山辉明:《事务管理 · 不当得利 · 不法行为》,成文堂 2016 年,第 3—4 页。
⑤ 参见许中缘:《政治性、民族性、体系性与中国民法典》,《法学家》2018 年第 6 期。

“以法国为代表的责任减轻模式”相区别的第三种紧急无因管理中“责任完全豁免模式”,未来将走向何处?其一,就世界性而言,要警惕“拿来主义”,在学习借鉴大陆法系(紧急无因管理等)或英美法系(《好撒玛利亚人法》等)的优秀成果的基础上,甄别借鉴、推陈出新。其二,就时代性而言,要警惕“封闭主义”,高龄少子化、人际关系冷漠等时代特性,要求法律必须发挥对道德的重塑和引领机能。其三,就民族性而言,要警惕“本本主义”,法律的生命不仅在于文本体系,更在于司法运用,要切实让人民群众在司法实践中感受到公平正义。

海商法修改背景下的日本船舶优先权制度探析

张　超*

内容提要　现行日本《商法典》制定于1899年，在制定近120年后的2018年，日本对《商法》的运输和海商部分进行了修改，对海商法的重要制度进行了全面更新。可以说通过此次修改，日本完成了本国海商法制度的现代化。在进行修改时，日本参照了相关的国际公约以及各国立法。从总体来看，日本海商法修改尊重了海商法的本土性与国际性，对于已经将海商法的修改工作提上日程的我国来说，具有一定的参考价值。本文对日本修改前后的船舶优先权制度进行介绍和分析，希望通过总结日本的立法经验从而为我国《海商法》中的船舶优先权制度的完善提供一些参考。

关键词　船舶优先权；日本《商法典》；《海商法》修改

引　言

船舶优先权是一项海商法所特有的法律制度，它是法律赋予某些应当给予特殊保护的海事债权人的一种特权，有悠久的历史，世界上大多数国家均有此规定。然而此项制度也存在着许多尚未解决的争议，比如直到目前为止，船舶优先权并没有一个被各国广泛接受的准确定义，船舶优先权的性

* 张超，山东大学法学院硕士研究生。

质无论是在国际上还是国内都存在观点上的分歧等。为了协调各国关于此项法律制度的不同规定,国际上先后制定了三大国际公约,分别为1926年《统一船舶抵押权和船舶优先权某些规定的公约》、1967年《统一关于船舶优先权和抵押权某些规定的国际公约》、1993年《船舶优先权和抵押权国际公约》。[①] 然而由于种种原因,这些国际公约通过后鲜有航运大国加入,未能取得预期的效果。可见,由于各国不同的利益考量,想要制定一个取得广泛认可的国际公约绝非易事,因此目前来看,船舶优先权争议问题的解决还是应该依赖各国国内立法的完善。

日本早在1899年的《商法典》海商编中便对船舶优先权制度进行了规定,此后日本《商法典》虽多次修订但始终没有对海商编部分进行大的修改。为顺应世界立法潮流,实现相关法律领域的现代化,日本对《商法典》海商编的法律条文进行了全面修订,修改法案已于2018年5月获得通过。[②] 日本本次修法过程中参考了相关的国际公约,同时也根据日本国内的情况作了一定的取舍。通过此次修法,日本基本实现了本国在海商法领域法律规范的现代化。在船舶优先权制度方面,本次修法调整了船舶优先权的项目及顺位,缩小了船舶优先权的标的范围,总体来说顺应了世界立法潮流。我国《海商法》在第二章第三节中对船舶优先权的定义、担保的海事请求权项目及受偿顺序等进行了规定,但是存在一定的不足之处,需要通过修改《海商法》对这些不足或缺陷进行弥补以实现船舶优先权制度的完善。我国《海商法》自1993年颁布至今已30余年,根据全国人大的立法规划来看,其修改时机愈发成熟。本文通过对日本修法前后的船舶优先权制度进行梳理,希望为我国相关的立法修改提供一些参考和建议。

一、日本船舶优先权制度概述

(一)体系定位

在日本,船舶优先权被称为“先取特权”,可直译为优先权。优先权制度有着悠久的历史,其最早起源于罗马法。罗马最初设立的优先权有“妻之嫁

---

① 以下分别简称1926年公约、1967年公约、1993年公约。

② 为方便表述,以下将日本2018年修改以前的《商法典》称为旧《商法典》,将2018年修改以后的《商法典》称为新《商法典》。

资优先偿还权”和“受监护人优先偿还权”,这被认为是如今优先权的雏形。法国民法典将罗马法中较为零散的法定抵押权制度整合并进行了统一规定,进一步发展了优先权制度。[①] 日本《民法》在其第二编物权编的第八章专章规定了“先取特权”,并将其分为一般先取特权、动产先取特权和不动产先取特权。而日本海商法中的船舶先取特权则是民法中的先取特权制度在海商法中的特别体现。也就是说在日本,船舶优先权制度和民法优先权制度的总则性规定是特殊与一般的关系。海商法中的船舶优先权制度反映了民法优先权制度的立法逻辑、体系结构,同时船舶优先权又体现海事的特点,对民法优先权制度作了一定变通。

从立法体系上看,日本并未制定独立的海商法,相关法律条文主要是在《商法典》中的海商编进行规定。日本海商法可以分为形式意义上的海商法与实质意义上的海商法。形式意义上的海商法仅指《商法典》海商编,而实质意义上的海商法包括《商法典》海商编、《国际海上货物运输法》与《船东责任限制法》等。同时日本还有独立的《船舶油污损害赔偿保障法》,笔者认为也可以被纳入实质意义的海商法的范围之中。日本关于船舶优先权的规定在2018年修法前是与船舶抵押权一起规定于海商编第七章“船舶债权人”之中。“船舶债权人”来源于德国商法中的“Schiffsgläubiger”一词,日本在立法时采用了这一名称规定船舶优先权制度。[②] 在日本,通说认为“船舶债权人”即为对船舶及其属具和未收取的运费享有优先权的债权人,但也有观点认为“船舶债权人”也包括船舶抵押权人。[③] 同时也有日本学者认为讨论“船舶债权人”的含义并无实际意义,只是名称上的讨论而已,应该舍去这一名词,效仿国际公约直接将船舶优先权和船舶抵押权直白规定出来。[④] 于是,在2018年修法时,日本舍去了“船舶债权人”这一用语,直接使用了“船舶优先权和船舶抵押权”作为《商法典》海商编第八章的章名。目前,日本2018年修法后船舶优先权制度规定于《商法典》第842—846条,此外第848条规定了船舶抵押权与船舶优先权及其他优先权之间竞合时的顺位,第850条规定了制造中的船舶准用船舶优先权和船舶抵押权一章的规定。

---

① 参见李东、李天生:《船舶优先权源流考》,《中国海商法研究》2013年第1期。

② 参见[日]志津田一彦:《船舶先取特权研究》,成文堂2010年版,第14页。

③ 认为“船舶债权者”应当包括船舶抵押权人的日本学者有小町谷操三、户田修三等。

④ 持此观点的如中村真澄教授、村田治美教授等。

(二)旧《商法典》的规定

自1899年日本《商法典》制定直到2018年修法这近120年间,日本从未对船舶优先权制度的相关条文进行修改,且2018年修定后的新《商法典》也仅仅是对船舶优先权的项目、顺位和标的进行了修改,因此日本旧《商法典》的具体规定可以反映出日本对于船舶优先权制度的立法思路。

1.船舶优先权的项目

日本旧《商法典》第842条规定了8种船舶优先权:第一,船舶及其属具拍卖费用以及拍卖程序开始后的保存费;第二,船舶及其属具在最后停泊港口的保存费;第三,对船舶征收的各种航海相关的税款;第四,引航费和拖船费;第五,救助费以及船舶应承担的共同海损;第六,继续航行而产生的必要债权;第七,基于雇佣契约产生的船长及其他船员的债权;第八,船舶在买卖或制造后尚未进行航海时,因买卖、制造及装配装备而产生的债权以及因最后一次航行所需装备、食物及燃料而产生的相关债权。[①]

此外,根据日本《船东责任限制法》第95条第1款的规定,"限制性债权"债权人就其"限制性债权"享有船舶优先权。所谓"限制性债权"指的是船舶所有人、救助人、受雇佣人基于《船东责任限制法》的规定可以得到责任限制的债权。根据日本《船舶油污损害赔偿保障法》第55条第1款的规定,邮轮油污损害相关的"限制性债权人",就其"限制性债权"对事故相关的船舶及其属具享有船舶优先权。2018年,与《商法典》一同被修改的日本《国际海上货物运输法》在修改前的第19条第1款曾规定,在船舶转租的情况下,对在船长职务范围内产生的货损享有赔偿请求权的债权人,就相关债权对船舶及其属具享有船舶优先权。不过由于《船东责任限制法》第95条第1款的规定,有学者认为此条规定已经丧失了实际存在的意义,于是在修法过程中该条文被删除。

日本学者一般将这些船舶优先权的项目分为三类:第一类是具有担保性质的债权(旧《商法典》第842条第1、2、4、5、6、8项),第二类是公益的或社会政策意义上的债权(旧《商法典》第842条第3、7项);第三类是可以对

---

① 参见[日]山口修司、吉雪萍、夏元军:《〈日本商法典〉的修订》,《中国海商法研究》2016年第1期。

抗责任限制的债权(如上一段所列)。[①]

2.船舶优先权的标的

关于船舶优先权的标的范围,各国立法存在一定差异,总体上来看,船舶优先权标的范围呈不断缩小之势。根据日本旧《商法典》第 842 条,日本船舶优先权的标的包括船舶及其属具和尚未收取的运费,同时旧《商法典》第 843 条还规定关于运费的先取特权仅及于同航次的运费。

3.船舶优先权的顺位

一是船舶优先权担保的债权与一般债权及其他担保物权的顺位。在日本,优先权是一种担保物权,根据物权的优先性,船舶优先权担保的债权显然优先于其他的一般的无担保债权受偿。另外,相较于日本民法中的其他的担保物权而言,船舶优先权的顺位也更加靠前。根据日本旧《商法典》第 845 条、849 条以及日本《民法典》第 334 条,船舶优先权较之日本《民法典》规定的其他优先权、船舶抵押权和动产质权优先受偿。与我国不同,日本并未单独规定船舶留置权,但一般认为船舶优先权比留置权更加优先。[②]

二是船舶优先权相互之间的顺位。在日本旧《商法典》中,船舶优先权之间的顺位规定于第 844 条。首先,如船舶优先权产生于若干航次,后一航次产生的请求权应优先于前一航次产生的请求权受偿。其次,船舶债权人的船舶优先权相互冲突时,其优先顺序应按照第 842 条;但在该条第 4 项(引航费和拖船费)至第 6 项(为继续航行而产生的必要债权)规定的债权的情况下,后产生的债权应优先于先产生的债权。最后,如果存在数个处在同一顺位的船舶优先权人,则应按其各自债权额的比例受偿;但如果第 842 条第 4 项(引航费和拖船费)至第 6 项(为继续航行而产生的必要债权)规定的债权同时产生时,则后产生的债权应优先于先产生的债权。[③] 前面提到的"限制性债权"债权人的船舶优先权的顺位在第 842 条规定的船舶优先权之后,且相互之间处于同一顺位。同顺位之间清偿当然也适用于第 844 条的规定按债权额比例清偿。

---

① 参见[日]中村真澄、箱井崇史:《海商法》,成文堂 2010 年版,第 367—370 页。

② 参见[日]石井照久:《海商法》,有斐阁 1964 年版,第 136 页。

③ 参见[日]志津田一彦:《船舶先取特权研究》,成文堂 2010 年版,第 7 页。

4.船舶优先权的效力

日本旧《商法典》第846条规定了船舶优先权的追及权:“如果船东转让船舶,受让人必须向享有船舶优先权的债权人发出公告,通知其在转让登记后的一定期限内提出索赔。但该期限不得少于一个月。债权人未在上款规定的期限内提出请求的,船舶优先权消灭。”此条与我国《海商法》第22条的规定类似,只不过我国规定给债权人的索赔期限为固定的六十日。

5.船舶优先权的消灭

除了船舶优先权作为民法中的优先权的一般消灭原因以外,日本旧《商法典》还规定了以下船舶优先权的特别消灭原因:(1)经过一年除斥期间不行使;(2)第842条第8项规定的船舶在买卖或制造后尚未进行航海时,因买卖、制造及装配装备而产生的债权以及因最后一次航行所需装备、食物及燃料而产生的相关债权因船舶出航而消灭;(3)第846条规定的追及权消灭。①

二、日本新《商法典》的相关修改

(一)修法经过

在2014年2月7日举行的法制审议会第171次会议上,日本法务大臣向法制审议会提出了第99号咨询意见,内容涉及《商法典》(运输和海商部分)的修改。该意见指出:“当今世界同《商法典》制定时相比发生了巨大的变化,海商编的相关规定已经不能适应社会经济的发展,应对其进行修改以协调各方当事人之间的利益,从而顺应世界海商法发展潮流和趋势。”②会议同时决定成立一个新的《商法典》(运输和海商部分)部会(以下简称“部会”),负责调查审议相关事项。部会长由时任东京大学院教授山下友信担任。③ 部会于2015年3月11日出台了中间草案并于2015年4月1日至5月22日公开征集了公众意见。随后,部会在第十八次会议(2016年1月27日举行)通过了《商法典》(运输和海商部分)修正纲要案并在之后由法制审

① 参见[日]志津田一彦:《船舶先取特权研究》,成文堂2010年版,第8页。

② 参见张秀娟、李晓楠、梁赟等:《日本最新商法(有关运输/海商部分)和国际海上货物运输法》,《中国海商法研究》2020年第1期。

③ 参见[日]志津田一彦:《船舶先取特权诸问题研究》,《京女法学》2017年第11号。

议会表决通过。2018 年 5 月 18 日,日本第 196 次国会通过了同法案,2019 年 4 月 1 日,新法正式施行。①

(二)修改内容

1.船舶优先权的项目精简

日本旧《商法典》规定了 8 种船舶优先权担保的海事请求权项目,从范围上来看是比较宽泛的,在本次修法过程中,日本国内认为应减少一些船舶优先权的项目。首先,从国际立法动向上来看,船舶优先权的项目在各国立法中呈现出越来越精简的趋势。其次,从日本的本土司法实践来看,由于船舶留置权顺位优先于船舶抵押权且无须任何方法公示(旧《商法典》第 849 条),如果范围过于宽泛的话势必会损害船舶抵押权人的利益,相应地会使船舶所有人难以获得融资。最后,分析比较国际上关于船舶优先权的三大公约也可以看出船舶优先权项目有不断减少的趋势。1967 年公约相较于 1926 年公约,简化了船舶优先权项目,将因船长签订合同引起的请求权和有关实现船舶优先权的费用从船舶优先权项目中去除。1993 年公约相较 1967 年公约和 1926 年公约,优先权项目则更加精简。基于以上原因,日本此次修法调整缩减了船舶优先权的项目,具体调整如下。

首先,删除了旧《商法典》第 842 条第 1 项和第 2 项(船舶的拍卖费用、最后港口的保存费用等)。删除原因在于,根据日本《民事执行法》,船舶优先权执行过程中的费用已经可以得到最优先清偿,在船舶优先权条文中规定并无实际意义;且国际条约和外国立法基本均没有将这些列入船舶优先权项目之中,因此予以删除。② 日本此次将司法费用优先权移出船舶优先权项目同国际公约的立法趋势相一致,同时我国《海商法》也未将司法费用等列入船舶优先权项目,而是在第 24 条规定"因行使船舶优先权产生的诉讼费用,保存、拍卖船舶和分配船舶价款产生的费用,以及为海事请求人的共同利益而支付的其他费用,应当从船舶拍卖所得价款中先行拨付"。日本此次修法后同我国的规定相近,也顺应了国际立法潮流。

---

① 参见陈昊泽、何丽新:《日本海商法修改中的本土性、国际化及其协调》,《大连海事大学学报》2021 年第 6 期。

② 《商法(運送・海商関係)等の改正に関する論点の検討(5)》, https://www.moj.go.jp/content/001127917.pdf。

其次，删除了旧《商法典》第 842 条第 8 项。在对船舶优先权修改的讨论过程中，部会曾考虑将《商法典》第 842 条第 6 项和第 8 项共同删除。原因在于，随着现代通信和汇款技术的进步以及船舶代理业务的发达，即使船长不与外国商人直接订立燃料、食品等的供给合同，也可以由船长联系船舶所有人后，由船舶所有人借助现代通信设备与外国商人订立合同。此时的合同与平常在陆地上订立的一般的合同并无区别，因此此项规定存在的必要性已经降低。① 但最终日本只删去了第 8 项规定而保留了第 6 项，可能是考虑到该项条文目前实践中还存在一定的作用，不过可以预见随着时代的发展，日本可能会再次修法删除此项条文。

最后，增加了人身损害赔偿优先权。根据《船东责任限制法》规定，对于船舶在营运过程中产生的人身损害赔偿的债权，可以作为“限制性债权”享有船舶优先权，但是船上的旅客和受雇者的人身损害债权并不是“限制性债权”，无法享有船舶优先权。于是，新《商法典》基于尊重人命的理念，增加了人身损害赔偿优先权。② 另外日本也曾讨论增加财产损害赔偿优先权，但没有得到采纳，部会出台的中间草案和纲要案均没有提及此项。

此外，此次修法还有意见呼吁将旧《商法典》第 842 条第 7 项的被担保债权范围明确化。日本司法实践中对基于雇佣合同产生的船长和其他船员的债权究竟包括哪些在认识上存在严重分歧，比如船员的范围是否包括预备船员，被担保债权是否指船员在劳务期间取得的全部债权等，日本各地法院意见并不统一。③ 最终在修法时还是维持了原条文的规定，这可能也是日本在修法时的一个遗憾之处。

2.船舶优先权的顺位调整

对于船舶优先权的顺位次序，世界上主要有两种立法模式：一种是按照

---

① 《商法（運送・海商関係）等の改正に関する論点の検討(5)》，https://www.moj.go.jp/content/001127917.pdf。

② 《商法（運送・海商関係）等の改正に関する論点の検討(5)》，https://www.moj.go.jp/content/001127917.pdf。

③ 关于本条被担保债权的范围在日本各级法院存在的争议由来已久。如福冈高等法院在 1977 年 7 月 7 日的判决中认为，该条被担保的债权范围仅包括在籍船员乘船期间（包括船员法规定的休假日在内）所发生的损害。而大阪高等法院 1977 年 10 月 28 日的判决中认为，被担保债权范围包括船员因其地位取得的薪金、带薪休假工资、离职补偿金、船旅费等全部债权。神户地方法院 2003 年 2 月 24 日的判决中同样认为，被担保债权的范围不应仅包括船员在乘船期间发生的债权。

船舶优先权的项目确定受清偿的顺序，还有一种是按航次确定受偿顺序。[1]日本在旧《商法典》中采取的是后一种立法模式，在本次修法之后，日本顺应世界立法潮流改为前一种按照船舶优先权项目确定受偿顺序的立法模式，调整后的船舶优先权顺位如下：第一顺位是船舶营运过程中产生的人身伤亡损害赔偿请求权，第二顺位是救助费相关债权及基于共同海损应负担的债权，第三顺位是航运相关的各种船舶税费及引航费和拖航费债权，第四顺位是为继续航行支出的必要费用产生的债权（船舶保全优先权），第五顺位是基于雇佣合同产生的船长和其他船员的债权，第六顺位则是《船东责任限制法》等规定的“限制性债权”（即享有赔偿责任限制的债权）。

由上述内容可以看到，日本此次对船舶优先权的顺位调整主要有两点：一是将新增的人身伤亡损害优先权置于首位，体现出尊重人命的价值理念。人身伤亡涉及人的身体权、生命权，与财产上的损失有着质的区别，应为法律所重点保护，理应具有更高的优先性。二是将救助费和共同海损产生的债权提至第二顺位。关于救助，由于海上航行的危险性，船上的船员经常会面对各种不利状况，即使在现代通信、造船、导航技术越来越发达的情况下，也免不了事故的发生，因此国家一般基于鼓励救助以减少人身伤亡、财产损失的公共政策考量将救助优先权放在比较靠前的位置。共同海损也是类似的，只不过共同海损是“自救”所付出的代价，而海难救助则是“他救”付出的代价，两者产生的效果是相同的。因此日本将两项规定在一起并于此次修法时将其顺位提前。从这两点调整中可以看出，日本此次关于船舶优先权顺位的调整主要借鉴了 1993 年公约，符合立法潮流，我国《海商法》在此处也与 1993 年公约一致。

3.船舶优先权的标的调整

日本此次修法中将“未收运费”从船舶优先权的标的中去除，修改后船舶优先权的标的仅包括船舶及其属具。这主要是考虑到 1967 年公约和 1993 年公约均没有将未收取的运费规定在船舶优先权的标的，并且一般而言船舶优先权对债权不具有追及效力，如此规定缺乏实际效果，实践中也没

① 参见张辉：《船舶优先权法律制度研究》，武汉大学出版社 2005 年版，第 118—125 页。

有针对未收取运费的船舶优先权强制执行的案例出现。[①] 旧《商法典》是按照航次确定船舶优先权的受偿顺序,后发生航次之债权优先于先发生之债权受偿,而新法顺应国际立法趋势改为按船舶优先权的项目确定受偿顺序,于是将未收取运费从船舶优先权的项目中去除。

(三)修法评析

日本本次修法的目标是"以最低限度的修改尽可能实现相关法律的现代化",因此同样没有对《商法典》规定的船舶优先权制度进行彻底修改,仅对船舶优先权的项目、受偿顺位、标的进行了部分调整。部会的资料显示,日本在修法过程中进行了多次讨论,广泛听取了各实务部门如全国商业组合联合会、全国银行协会、日本中小型造船工业协会等的意见,并主要参考了 1993 年公约对船舶优先权的相关条款进行了修改。可以说此次修法中,日本基本做到了船舶优先权制度国际化与本土化的平衡。但与此同时,由于日本此次修法总体上是趋于保守的,因此同样存在一些遗留问题。比如,在船舶优先权的项目中仅增加了人身损害赔偿优先权而没有增加财产损害赔偿优先权,对于实践中争议较大的基于雇佣合同产生的船长和其他船员的债权的范围究竟包括哪些也没有作出回应等,这些问题有待通过进一步立法修改加以解决。

三、日本立法对我国《海商法》修改的启示

(一)船舶优先权制度与海事赔偿责任限制制度之协调

海事赔偿责任限制制度是指发生重大海难事故时,将船舶所有人、救助人及其他相关人的赔偿责任限制在一定额度内的法律制度。这一制度是保护船舶所有人等的制度,是海商法中特有的赔偿制度。虽然各国立法规定不一,但一般来说,责任主体仅能就某一特定事故产生的某些索赔限制自己的赔偿责任,这种索赔一般称之为"限制性债权",另一些不能享受责任限制的索赔一般则称之为"非限制性债权"。[②] 从船舶优先权与海事赔偿责任限制这两项制度的立法目的上来看,前者是保护债权人的,而后者则是保护债

---

① 《商法(運送・海商関係)等の改正に関する論点の検討(5)》, https://www.moj.go.jp/content/001127917.pdf。

② 参见李海:《船舶物权之研究》,法律出版社 2001 年版,第 195 页。

务人的,二者所保护的对象不同,存在冲突似乎是不可避免的。针对于这两种制度,我国《海商法》规定,第二章关于船舶优先权的规定不影响第十一章关于海事赔偿责任限制规定的实施。① 这样的规定似乎过于笼统,并不能解决两者之间可能产生的冲突。这两种制度产生冲突的根本原因在于两者规定的项目存在重叠,重叠的这一部分债权在受偿时就会面临适用哪种制度的问题。此外由于责任限制基金的存在,而我国《海商法》对船舶价款和责任基金分配方法又不相同,因此二者可能发生冲突。

船舶优先权与赔偿责任限制之间的冲突与协调是一个历史悠久的问题,从 1926 年公约起草开始,就引发了热烈的讨论。1926 年公约第 7 条规定:"对于作为船舶优先权客体的财产的拍卖价款的分配,享有船舶优先权的各债权人有权提出足额赔偿,而无须根据责任限制的规定作任何减少;但分配给他们的金额不能超过责任限制规定确定的金额。"此条规定了可分配给债权人的总额以责任限制的规定为准,但没有明确以何种方式分配价款。1967 年公约则未对此问题作任何规定,正因如此,1985 年国际海事委员会注意到了此问题并在《里斯本草案》中增加"本公约不影响有关责任限制的国际公约或国内立法的适用"这一条款,该条款最终被 1993 年公约所采用并为我国《海商法》所借鉴。② 所以从国际立法趋势上来看,当船舶优先权与责任限制之间发生冲突时,应以责任限制的法律为准。目前我国学者对此问题的看法大致可以分为两派:一派认为两者之间存在冲突,海事赔偿责任限制应当优先于船舶优先权适用;另一派则认为这两种制度是并行不悖的。前者认为船舶所有人设立责任限制基金后,属于限制性债权的优先债权人不得再行使船舶优先权。在基金分配时,债权人不得以船舶优先权的清偿顺序要求对基金进行清偿,船舶优先权人因为不能再申请扣押船舶而事实上丧失其原本所享有的优先权。③ 甚至于有学者将海事赔偿责任限制优先适用上升至原则高度,认为包括船舶优先权在内的各种制度均不能影

---

① 《中华人民共和国海商法》第 30 条规定:"本节规定不影响本法第十一章关于海事赔偿责任限制规定的实施。"

② 参见李海:《船舶物权之研究》,法律出版社 2001 年版,第 202 页。

③ 参见司玉琢、李志文:《中国海商法基本理论研究》,北京大学出版社 2009 年版,第 115—120 页。

响其优先适用。[①] 后者则认为海事赔偿责任限制不应当优先适用，基金的设立并不会使船舶优先权消失，两种制度互不影响。对于一些既受船舶优先权担保又属于“限制性债权”的海事请求，法律应承认海事请求人在责任基金限制中继续享有船舶优先权的优先受偿顺位，但由于责任限制基金总额的限制，即使其请求未得到完全满足，也不可再对责任人的船舶或其他财产主张权利。[②] 还有学者认为基金的设立不仅没有消灭船舶优先权，同时还构成了限制性海事请求所享有的船舶优先权的客体。[③] 而司法实践中对此问题也没有统一的处理方式，同样存在观点上的分歧。[④]

日本在 1975 年颁布的《船东责任限制法》规定了海事赔偿责任限制，目前该法分为五章共 101 条。日本关于船舶优先权与责任限制制度规定的特别之处在于其直接在法条中明确《船东责任限制法》所规定的“限制性债权”享有船舶优先权（限于财产损害相关的债权）并将其顺位置于《商法典》海商编规定的项目之后，适用该编船舶优先权一章的有关规定。至于赋予“限制性债权”以船舶优先权所导致的两项制度项目上可能产生的重合，日本则是规定仅限财产损害相关的债权享有船舶优先权，并将船舶优先权项目中的海难救助和共同海损相关的债权规定为“非限制性债权”，使得两项制度在项目上不存在重叠。根据《船东责任限制法》的规定来看，若存在责任限制基金，则权利人只能根据基金分配规则按比例受偿而不考虑船舶优先权。[⑤] 也就是说，在处理存在责任限制基金时两项制度产生的冲突时，日

① 参见司玉琢：《海事赔偿责任限制优先适用原则研究——兼论海事赔偿责任限制权利之属性》，《中国海商法年刊》2011 年第 2 期。

② 参见傅廷中：《船舶优先权与海事赔偿责任限制的价值冲突与协调》，《法学研究》2013 年第 6 期。

③ 参见赵劲松、宋淑华：《船舶优先权与责任限制的冲突与协调》，《中国海洋大学学报》2021 年第 1 期。

④ 在广西钦州市××船务有限责任公司诉厦门××轮船有限公司船舶碰撞损害赔偿纠纷案中，宁波海事法院认为：“对于原告主张的船舶优先权，由于被告已经设立了海事赔偿责任限制基金，故船舶优先权的清偿顺序不应再适用。”类似案例还有林×川诉湛江市××船务有限公司、广州市××航务实业有限公司船舶碰撞货损赔偿纠纷案等。而在广州海事法院审理的中国船舶燃料供应××有限公司诉台州××海运有限公司船舶碰撞损害赔偿确权诉讼案中则是采取了另一种观点，即海事赔偿责任限制不应优先适用。以上案例参见胡正良等：《〈海商法〉修改基本理论与主要制度研究》，北京大学出版社 2021 年版，第 111—112 页。

⑤ 参见［日］中村真澄、箱井崇史：《海商法》，成文堂 2010 年版，第 106—107 页。

本同样选择了舍弃船舶优先权的规定而以责任限制法律为准的解决方案。

对于是否应当对我国《海商法》第30条的规定进行修改,目前来看还存在一定的争议。一种观点认为应当维持该规定,对于该条款在司法实践中存在的不同理解可以通过司法实践本身加以明确。《海商法》第30条的规定符合1993年公约第15条的规定[①],并且能够实现两种制度不同价值和功能的平衡,同时也不会损害海事请求人的利益。[②] 另一种观点则认为,第30条的规定过于笼统,应当通过修法加以完善。笔者认为,应当维持《海商法》第30条关于船舶优先权制度与海事责任限制制度。正如胡正良教授所言,《海商法》修改应坚持问题导向,以解决实践中存在的问题为目标,而不应过分追求体系或形式上的完美。第30条的规定虽然引起了理论界或司法实践的不同理解,但可以通过发布司法解释、典型案例等方式在司法实践中对相关争议点加以明确,应当将修法重点放在实务界亟待解决的问题上以节约立法资源。而且日本在本次修法过程中同样没有对船舶优先权与海事赔偿责任限制的规定进行修改,这也从侧面说明基于日本《商法典》和《船东责任限制法》的原有规定,日本本土实践中船舶优先权与海事赔偿责任限制这两项制度之间并没有产生特别大的冲突。从以上两点来看,我国并无修改《海商法》第30条之必要,应当维持原有规定。

(二)运费作为船舶优先权的标的可行性之分析

关于船舶优先权的标的,各国立法及国际条约规定不一。一般来说,大陆法系的国家在规定上比较接近1926年条约,即标的范围包括船舶、运费及其附属权利,而英美法系国家船舶优先权标的范围则要更宽泛一些,还包括货物。[③] 我国《海商法》则与1967年公约和1993年公约一样,只规定了船舶作为船舶优先权的标的,范围十分狭窄。我国这种规定显然是受了前面两个国际公约的影响,认为优先权的标的局限于船舶是国际上的趋势和主流,但国内对于这一规定批评的声音也很多,主要的理由有以下三点。第一,船舶优先权标的范围过窄不利于其立法目的的实现。船舶优先权的设

---

① 1993年《船舶优先权和抵押权国际公约》第15条:“本公约的任何规定不得影响规定责任限制的任何国际公约或者使其生效的国内法律的适用。”

② 参见胡正良等:《〈海商法〉修改基本理论与主要制度研究》,北京大学出版社2021年版,第112—114页。

③ 参见张湘兰主编:《海商法问题专论》,武汉大学出版社2007年版,第105页。

立是出于公益及公共政策的考虑,也能更好地保证船舶所有人的利益,同时有利于船舶运营,可以促进国家航运经济的发展。船舶优先权标的范围的大小会在很大程度上影响上述立法目的的实现,因此适当扩大船舶优先权的标的范围,有利于实现其目的。第二,船舶优先权标的范围过窄不符合法律公平正义之理念。实践中,将船舶优先权的标的仅限于船舶往往不能使船舶优先权人的利益得到充分保障,与法律公平正义之理念不符。第三,船舶优先权标的范围过窄无法实现对各方利益的衡平。船舶优先权制度关系涉及的三方当事人当中,船舶优先权人往往是相对弱势或者对船舶航行安全作出贡献的人,这两类人的利益显然应该优先得到保护。船舶优先权标的范围如果仅限于船舶的话显然无法使应当优先受保护的船舶优先权人的利益得到充分实现。[①] 基于上述理由,有学者认为应当对我国《海商法》作适当的修改,将船舶优先权标的范围扩大为船舶、运费以及船舶和运费的附属权利。笔者认为,扩大船舶优先权标的范围是有必要的,但是扩大的内容是否包括运费有待考量。

日本在此次修法过程中删除了船舶优先权标的中的"未收取运费"一项,理由是船舶优先权对债权没有追及效力且日本本土实践中也没有针对未收取运费的船舶优先权强制执行的案例出现。如果将运费规定为船舶优先权的客体,则还存在许多需要解决的问题,如航次的确定、运费的定义以及范围如何界定等。[②] 由此可见,将运费规定为船舶优先权的标的既不符合国际立法趋势,又存在许多问题需要解决,加之之前一直将运费规定为船舶优先权标的日本也在最新立法中放弃了这一做法,因此如果我国要考虑将运费作为船舶优先权之标的,还应进行更多的探讨和研究。

结　语

船舶优先权制度作为海商法中特有的一项制度,历来存在较多争议,各国在立法方面存在着较大的差异。国际社会虽然一直致力于统一各国立法,但效果并不尽如人意,目前来看船舶优先权制度的完善还是应该依靠各

---

① 参见陈小谦:《船舶优先权项目、标的及效力之比较研究——兼述我国海商法疏漏与相关建议》,华东政法学院硕士学位论文,2006 年;张湘兰主编:《海商法问题专论》,武汉大学出版社 2007 年版,第 106—108 页。

② 参见张辉:《船舶优先权法律制度研究》,武汉大学出版社 2005 年版,第 6 页。

国自身的立法。2023 年是我国《海商法》实施 30 周年,《十四届全国人大常委会立法规划》已经明确将《海商法》(修改)列为第一类项目,即“条件比较成熟、任期内拟提请审议的法律草案”,《海商法》的修改已然提上日程,而对船舶优先权的修改也是必然在讨论之列的。由于海商法本身的国际性和涉外性,我国《海商法》在修改时应当广泛参考相关国际公约和各国立法,而目前国内对国外海商法的研究重心主要在欧美各国,对于日本相关立法的研究并不多见,这也是一个遗憾之处。本文以日本《商法典》海商编的修改为切入点,梳理了日本船舶优先权的相关立法规定,并由此探讨了船舶优先权与海事赔偿责任限制的立法协调问题以及运费作为船舶优先权标的之可行性,希望对我国《海商法》的修改提供一些参考。限于笔者个人水平,本文对日本船舶优先权相关内容的探讨相对浅薄,期待将来有更多关于日本海商法相关制度研究的文章出现。

韩国法专辑

韩国隐私制度的新近趋势

——基于假名化和自动评估的视角

[韩]李大熙 著　黄庆余 译*

一、引言

在2011年,韩国通过了《个人信息保护法》(简称"IPA"),这是韩国首次通过立法全面规制个人信息。在PIPA之前,韩国仅在特定的领域规制了针对个人信息的处理。这些领域包括:通信网络中个人信息的处理(《促进利用信息通信网及信息保护法》,简称《通信网络法》),政府机构对个人信息的处理(《公共机构维护的个人信息保护法》),个人信用信息处理(《信用信息使用和保护法》,简称《信用信息法》),以及个人定位信息处理(《使用和保护定位信息法》,简称《定位信息法》)。虽然韩国政府在PIPA制定后废止了《公共机构维护的个人信息保护法》,但其仍保有其余与个人信息相关的法律。

虽然PIPA是一项针对个人信息的全面法规,但根据处理的个人信息的类别,有几部法规也适用于个人信息处理。如果一个银行通过手机软件提供银行服务,由于这涉及处理个人信用信息且服务是通过基于用户定位的通信网络提供的,该服务受到PIPA及《信用信息法》《通信网络法》《定位信息法》等法律的规制。个人信息规制的应用牵涉的领域很广泛,导致个人数据被过度规制。

此外,PIPA以位列世界规制个人信息处理最严苛的法律之一而闻名。该法案适用于所有个人信息处理者,包括个人、组织、私人机构和公共机构。

* 李大熙(Lee Dae-Hee),韩国高丽大学法学院教授;黄庆余,山东大学法学院助理研究员。

据估算,该法案适用于约350万个人信息处理者。虽然信息所有者可以就侵害个人信息的行为诉诸损害赔偿、法定损害赔偿和甚至三倍损害赔偿这样的民事救济措施,但是违反PIPA义务的信息处理者可能会受到罚款、监禁这样的刑事处罚和行政罚款。由于PIPA规制十分严格,个人信息的流动和使用在PIPA下非常有限。随着近年来大数据分析、文本和数据挖掘(TDM)或人工智能(AI)算法模型训练等对处理个人信息的需求越来越大,个人信息的利用或自由流动至关重要。

对个人信息的过度规制和有限的个人信息使用空间使得对韩国隐私制度的修订不可避免。特别是,2018年生效的欧盟《通用数据保护条例》①对韩国隐私制度产生了影响。

2020年,韩国修订了隐私制度。第一,韩国将个人信息规制的相关法规整合进了PIPA,并废止了《通信网络法》中关于个人信息的章节。然而,韩国无法把隐私制度整合到一部PIPA中,它仍保留了《信用信息法》和《定位信息法》。第二,韩国将假名信息概念引入了它的隐私制度中。假名信息制度有望让个人信息较以往得到更好的利用。第三,韩国扩大了个人信息处理的范围,至所有不与该法冲突的内容。

虽然韩国在2020年对其隐私制度的修订有助于比以往更广泛地处理个人信息,但是本文认为韩国的隐私制度仍然无法满足以建立人工智能算法模型训练、文本和数据挖掘等为目的的个人信息处理的需求。本文旨在论证韩国仍需扩大个人信息可以利用的范围。下面,本文将详细地分析韩国对其隐私制度的修订。

二、假名信息

(一)关于假名信息的介绍

与其他隐私制度一样,韩国PIPA基于个人可识别信息为基础将"个人信息"定义为"可以直接对应到特定个人的任何信息,或是可以通过简单结合其他信息识别出特定个人(PIPA第2条)的任何信息"。PIPA适用于符合个人信息广义定义的任何信息,这极大地扩张了PIPA的适用范围。虽然

---

① 该条例通过规制个人信息加工和流动保护自然人信息。该条例通过废除了欧盟2016年3月通过的95/46/EC指令。

修正案从时间成本和技术成本考量(PIPA 第 58 条第 2 款),引进了“匿名信息”的概念,不再要求指向特定的人,但是匿名信息是否属于个人信息具有不确定性。[①] 个人可识别信息的广泛性与模糊性使得个人信息处理者在处理个人信息时承担更大的风险。这反过来会阻碍对个人信息的利用。

该修正案引进了一个新术语:“假名信息”[②]。假名信息是指个人信息通过假名化,使得该信息即便结合其他信息,仍不具有可识别性(PIPA 第 2 条)。假名化指的是通过删除部分信息,或替换全部或部分信息,使得信息在没有附加信息的前提下不具有可识别性。由于假名信息仍可以通过使用附加信息来识别特定的人,假名信息仍需要受到 PIPA 的规制。然而,由于假名化在不包含附加信息的情况下将直接标识符与能够链接到特定人员身份的个人信息分离,所以假名化可以显著降低加工处理个人信息相关的风险。因此,个人信息处理者有动机对他们收集的信息进行假名化,同时他们会使用仍然保持其实用性的信息。

(二)信息处理者进行假名化的激励机制

假名化信息在保持信息效用的同时,降低了数据主体的风险,保护了数据主体的权利。因此,PIPA 鼓励对个人信息进行假名化,使个人信息处理者和数据主体都受益。

1.目的限制原则的例外

PIPA 声明了目的限制原则,即所收集的个人信息的使用应在最初收集个人数据的目的范围内(PIPA 第 15 条第 1 项)。除非在得到数据主体的额外同意或依据法律(PIPA 第 18 条第 2 项)的特殊情况下,严禁将该信息用于其他目的。PIPA 修正案在两个方面为限制原则提供了例外规定。

一方面,出于统计、科学研究和存档等公共利益的目的,个人信息处理

---

① 韩国法院认为,即便国际移动设备标志通常是由 15 或 16 位十进制数字组成的,或是由手机号码后四位组成的,仍属于个人信息的范围,需要受到 PIPA 的规制。参见韩国首尔中央地方法院 2011 年 2 月 23 日判决书(2010 Go Dan 5343)。提供给每部手机不同标识号的目的是用于手机被盗或丢失的情况。国际移动设备标志为手机制造商提供 15 位的数字信息,前 6 位是型号核准号码代表手机类型,后 8 位代表生产顺序号,最后 1 位是检验码。

② 欧盟《通用数据保护条例》对韩国政府在 2020 年适用假名信息产生影响。《通用数据保护条例》第 4 条把假名信息定义为“以这样一种方式处理个人数据,即在不使用其他信息的情况下,个人数据不能再归因于特定的数据主体,前提是此类附加信息是单独保存的,并受到技术和组织措施的约束,以确保个人数据不会归因于已识别或可识别的个人”。

者可以在未经数据主体同意的情况下处理假名化信息(PIPA 第 28 条第 2 项)。在目的限制原则下,由于假名化信息仍然属于 PIPA 范围,它不能被进一步进行信息处理用于其他目的。但是,如果出于统计、科学研究需要且是为了实现公共利益目的,即便是出于其他目的也可以对假名信息进行处理。

虽然超出初始目的的使用仅限于出于公共利益的统计、科学研究和存档等目的,但假名化有助于处理者有效地使用信息。最好的例子就是信息处理大数据分析。大数据分析通常出于最初收集个人信息的其他目的需要处理个人信息。大数据所涉及的数据分析数量巨大,涉及个人信息的主体庞大,所以不可能获得每个数据主体的同意。如果大数据分析涉及科学研究,则假名化信息可在未经数据主体同意的情况下被处理,用于不同于最初收集个人数据的目的。

另一方面,假名化有助于扩大最初收集个人数据的目的范围,或者至少明确收集的最初目的。虽然个人信息处理者可能会在收集目的范围内使用个人信息(PIPA 第 15 条第 1 项),但是如果考虑以下因素,个人信息处理者可以在未经数据主体同意的情况下使用个人信息:(1)使用个人信息是否与收集个人信息的原始目的合理关联;(2)根据收集个人信息的情况和处理实践,是否可以预见个人信息的额外使用;(3)额外使用个人信息是否不公平地侵犯数据主体的利益;(4)是否已采取假名化或加密等确保安全所需的措施(PIPA 第 15 条第 2 项、《执行令》第 14 条第 2 款)。

个人数据是否被假名化是确定对个人信息的额外使用与收集是否在最初目的合理相关的范围内的考虑因素之一。这很有可能有助于超出原始收集目的处理个人信息。因为在数据已被假名化的情况下,数据可以在未经数据主体同意的情况下进一步处理,这可能是目的限制原则的一种例外。①

2.义务免除

个人信息处理者有义务遵守多项要求,以保护数据主体或防范安全漏

① 这与欧盟《通用数据保护条例》非常相似。该条例第 5 条规定了目的限制原则的例外情况,以与最初收集目的兼容的方式进一步处理数据。进一步处理是否兼容取决于几个因素,其中之一是是否存在适当的保障措施,如是否采取加密或假名化措施。参见《通用数据保护条例》第 6 条第 4 款第 e 项。因此,《通用数据保护条例》允许假名化个人数据的控制者有更多的空间处理与原有收集数据目的不同的信息。Gabe Maldoff, Top 10 operational impacts of the GDPR: Part 8-Pseudonymization (iapp, Feb.12, 2016).

洞。由于假名化降低了对数据主体造成伤害的风险,PIPA 免除了个人数据假名化时处理者的几项义务(PIPA 第 28 条第 7 款)。[①]

第一,在尚未从数据主体处获取个人数据时,已将个人信息假名化的个人信息处理者无须将某些信息通知信息主体。个人信息控制者处理从第三方收集的个人信息时,应立即通知数据主体收集个人信息的来源、处理个人信息的目的、数据主体有权要求暂停处理个人数据的事实(PIPA 第 20 条)。如果个人信息处理者对个人信息进行假名化处理,则不必遵守此规定。

第二,对个人信息进行假名化的个人信息处理者没有销毁个人信息的义务。个人信息处理者在个人信息保存期限届满或处理目的已达到的情况下,在不需要个人信息时,应立即销毁个人信息(PIPA 第 21 条)。销毁义务旨在防止给数据主体带来危害事件的风险。由于假名化信息即使在发生危害事件时也能降低数据主体的风险,因此,如果处理者对个人信息进行假名化处理,则不必销毁。

第三,对个人信息进行假名化处理的个人信息处理者在业务转让或业务合并时,不必将某些信息告知数据主体。当业务转让给他人或合并到他人时,个人信息也会一并转移。数据主体需要知道他或她的个人信息被转移到其他处理者,并且以前的处理者负有义务通知数据主体以下内容:(1)个人信息将被转移的事实;(2)个人信息接收方的姓名、地址、电话号码和其他联系信息;(3)在数据主体不希望转移其个人信息时撤回同意的方法和程序(PIPA 第 27 条)。假名化个人信息的处理者不必将这些信息通知数据主体。

第四,PIPA 为假名化个人信息的个人信息处理者免除了数据泄露通知义务。依据 PIPA,数据泄露意味着个人信息已被泄露。个人信息处理者必须立即通知数据主体违规行为,以便受影响的数据主体可以对数据泄露作出反应(PIPA 第 34 条)。对个人信息进行假名化的个人信息处理者不必遵守此规定。

第五,对个人信息进行假名化的处理者不必向数据主体提供访问、更正或删除以及暂停处理其个人信息的权利。这些特定权利允许数据主体控制

---

① 《信用信息法》第 40 条第 3 款也有类似的规定。此外,PIPA 还免除了个人信用数据被假名化时处理者的几项义务。

其个人数据的保存或传播方式。由于假名化的个人信息降低了数据主体的风险,PIPA 免除了处理者向数据主体提供这些权利的义务。

3.与假名化相关的保障措施

虽然假名化的个人信息降低了数据主体的风险,但它仍可能泄露特定个人的身份,可以通过结合附加信息或其他信息来识别特定的个人。出于这个原因,隐私制度将假名信息置于 PIPA 的适用范围内,同时为利用假名化提供一些激励或优势。PIPA 提供了多项措施,以确保假名个人信息的安全,或保证其不再识别特定的个人。

首先,个人信息处理者必须单独保存其他信息,并采取技术、组织和物理措施防止其丢失、被盗、泄露、伪造、篡改或损坏(PIPA 第 34 条第 4 款第 1 项)。在假名化过程中,诸如姓名之类的标识符被映射到任意数字或字符之类的假名,而此处将此类标识符映射到假名的表格可能是附加信息。由于假名化的个人信息可能会通过使用其他信息泄露特定个人的身份,因此必须对附加信息保密并单独保存。根据《执行令》,附加信息的安全措施是采取保护个人信息的保护措施,将假名化信息和附加信息分开保存①,并将对它们的访问权限彼此分开(PIPA 第 29 条第 5 款)。

其次,个人信息处理者在向第三方提供假名信息时,不应包含可用于识别特定个人的信息(PIPA 第 28 条第 2 款第 2 项)。虽然假名化可以降低可能泄露特定个人身份的风险,但这并不意味着风险为零。假名化信息如果与包括附加信息在内的其他信息相结合,仍可能揭示特定个人的身份。因此,处理者不应将假名化信息与此类信息一起提供给第三方。

再次,出于统计目的、科学研究和记录保存等公共利益目的,将不同个人信息处理者处理的假名化信息进行组合,应当由政府机构指定的专门机构进行(PIPA 第 28 条)。假名化信息可能与附加信息、其他信息甚至其他“假名化信息”相结合,从而有暴露特定个人身份的风险。虽然处理者可以将假名信息用于某些特定目的,但不允许其将假名信息与其他信息相结合。为了降低识别风险,PIPA 只允许指定机构进行信息组合。此外,如果信息处理者打算在非指定机构发布合并信息,必须对该信息进行匿名化处理并

---

① 然而,如果是不必要的,则必须销毁附加信息。如果处理者不需要识别特定的个人,则不需要附加信息。

获得该机构的许可。

最后,任何人不得借由处理假名化信息以识别特定个人(PIPA 第 28 条第 5 款第 1 项)。通过与其他信息相结合,用假名信息识别特定个人并非不可能。即便在进行信息假名化时,也可能识别出特定的个人。因此,禁止通过处理假名信息来识别特定个人,违反此规定的处理者将被处以最高 4 亿韩元或资本金额 3%的行政罚款,以较大者为准(PIPA 第 28 条第 6 款)。此外,如果在处理假名化信息时创建了可以识别特定个人的信息,则处理者必须停止处理该信息,并立即销毁该信息(PIPA 第 28 条第 5 款第 2 项)。

三、匿名信息

(一)关于匿名化的介绍

PIPA 与《信用信息法》的修正案在韩国的隐私制度中引入了一个新术语——“匿名信息”。在《信用信息法》下,匿名化被定义为让信用数据主体无法或不再可识别(《信用信息法》第 2 条)。不同于《信用信息法》,PIPA 没有直接提及匿名信息,该法只是规定其不适用于在合理考虑时间、成本、技术等情况下,无法通过与其他信息结合,对特定个人进行识别的信息(PIPA 第 58 条第 2 款)。

无论是 PIPA 还是《信用信息法》,都不适用于无法直接或通过与其他信息相结合识别特定个人的信息。个人信息是指能够直接或通过与其他信息结合识别特定个人的信息(PIPA 第 2 条)。如果信息无法识别特定个人,则不属于适用隐私制度的个人信息。无法直接或与其他信息相结合识别特定个人的信息属于匿名信息,或者不是个人信息。匿名信息不是个人信息,不适用 PIPA 或《信用信息法》。由于 PIPA 绝对不适用于匿名信息,所以没有必要规定该法不适用于匿名信息。这就是为什么 PIPA 没有规定它不适用于匿名信息,而是规定它不适用于无法直接或与其他信息相结合识别特定个人的信息。

(二)《信用信息法》下的匿名化

《信用信息法》于 2020 年通过修正案引入了“匿名”一词。其匿名化是指以无法或不再可识别信用数据主体的方式处理个人信用信息(《信用信息法》第 2 条)。虽然匿名化将任何数据置于隐私制度的范围之外,但是确定个人数据是否被适当匿名化却不容易。曾出现过两名研究人员能够识别数据中的一些被认为是匿名的用户。[①] 根据一项研究,87%的美国人可以根据5位数的邮政编码、性别和出生日期进行个人识别,而只单独依靠上述一项信息则被认为是无法识别任何数据主体的。[②] 由于没有人能确保数据被成功匿名化,《信用信息法》提出了解决这一困境的方法。

当金融服务委员会(FSB)承认个人信用数据已被适当匿名化时,他们被推定无法识别特定的信用数据主体(《信用信息法》第40条第2款第4项)。金融服务委员会是具有金融政策监管、监督权力的政府机构。金融机构可以要求金融服务委员检查个人信用数据是否经过适当匿名化处理(《信用信息法》第40条第2款第3项)。个人信用数据是否被适当匿名化决定了《信用信息法》是否适用。该法案适用于匿名数据,但是没有人可以确保它们被适当地匿名化。《信用信息法》为这一困境采取了解决方案,即如果个人信用数据主体承认他们在金融服务委员会检查后被匿名,则该信息即被匿名化。

四、自动评估

(一)自动评估概述

《信用信息法》于2020年修正案引入了新术语“自动评估”。[③] 自动评估是在不受金融机构员工干扰的情况下,仅通过计算机等数据处理设备处理个人信用数据和其他数据,借此来评估个人信用数据主体(《信用信息法》第2条)。金融机构可能会利用个人信用数据,分析或预测数据主体的相关信息,例如其信用或信用价值。

《信用信息法》下的自动评估基于欧盟《通用数据保护条例》下的自动决策方案。自动评估像自动决策一样,通过处理大量数据以作出更快、更有效的决策,使得自动评估对金融机构和个人都非常有用。然而,问题在于,

---

① 2006年,网飞(Netflix)宣布了以改进其电影推荐算法的奖项,并发布了1亿个电影评级的匿名数据,这些数据是唯一的订户ID、电影标题、上映年份和订阅者对电影进行评分的日期。Julianne Pepitone, “5 data breaches: From embarrassing to deadly”, *CNN Money*, Dec. 14, 2010.

② Latanya Sweeney, *Simple Demographics Often Identify People Uniquely*, Carnegie Mellon University, Data Privacy Working Paper 3, 2000.

③ 虽然PIPA尚未采用“自动决策”一词,但预计韩国将在PIPA中制定与自动决策相关的法条。

自动评估对个人来说通常是不可见的;数据主体可能不希望以这种方式使用其个人信息;数据主体可能不了解自动评估如何运作和如何影响他们;并且所作的评估可能会对某些人造成重大不利影响。这就是为什么《信用信息法》采用"自动评估"一词,并说明其可能产生的影响(《信用信息法》第36条第2项)。欧洲《通用数据保护条例》还采用了"分析"和"自动化个人决策"这两个术语(欧洲《通用数据保护条例》第4条与第22条)。

(二)数据主体的权利

由于自动化决策带来的风险,欧盟《通用数据保护条例》授予数据主体以下权利:(1)有权被告知自动决策的存在和与其涉及的逻辑上重要的信息,以及自动处理对数据主体的重要性和预期后果(欧洲《通用数据保护条例》第13条与第14条);(2)有权从控制者处获知其个人数据是否正在被处理,获得访问其个人数据的权限,获知是否存在自动决策、其涉及的逻辑,以及自动处理对数据主体的重要性和预期后果;(3)有权不受仅基于自动处理对他或她产生法律效力或类似的重大影响的决定的约束;(4)获得数据控制者人为干预的权利①;(5)表达其观点和对决定提出异议的权利;(6)获得关于自动决策的解释的权利(欧洲《通用数据保护条例》第22条)。

《信用信息法》遵循与《通用数据保护条例》非常相似的方法。

第一,信用数据主体有权要求解释自动评估是否针对某些事实或信息所进行的。解释包括:(1)是否进行了个人信用评估;(2)贷款是否被提供或维持;(3)是否订立了完全基于自动评估且影响对数据主体的保护的金融合同。自动评估完成后,信用数据主体有权要求解释以下内容:(1)自动评估的结果;(2)自动评估的主要标准;(3)用于自动评估的基本信息(《信用信息法》第36条第2款第1项)。

第二,信用数据主体有权向主体提交有利于自动评估结果的信息(《信用信息法》第36条第2款第2项)。

第三,信用数据主体认为用于自动评估的基本信息不正确或者不是最新的,有权更正或删除基本信息,并重新评估(《信用信息法》第36条第2款

① 如果数据主体与数据控制者之间签订或履行合同所必需的决定,或者基于以下决定,则数据主体完全受到自动处理的决定的约束数据主体的明确同意。(欧洲《通用数据保护条例》第22条第2款)在这些情况下,数据主体有权进行干预。

第2项)。

考虑到人工智能的发展和复杂性,以及随之而来的理解自动评估如何运行的难度,赋予数据主体解释权有望为数据主体提供更多保护。虽然《信用信息法》在自动评估方面遵循《通用数据保护条例》的方法,但它在以下几点上与《通用数据保护条例》不同。

首先,《信用信息法》不授予信用数据主体被告知自动评估存在的权利。根据《通用数据保护条例》,数据主体可能会被告知自动决策的存在,因为数据控制者有义务通知数据主体自动决策的存在。由于在《信用信息法》下,信用数据主体无法知道自动评估是否存在,因此他或她需要询问金融机构是否进行了自动评估。因此,《信用信息法》需要修改,以授予数据主体被告知自动评估存在的权利。

其次,《信用信息法》的解释权与《通用数据保护条例》的解释权不同。自动决策有两种解释方式:第一种是系统功能,即自动决策系统的逻辑、重要性、预期后果和一般功能,例如系统的需求规范、决策树、预定义模型、标准和分类结构;第二种是具体决策,即特定自动决策的基本原理、理由和个人情况,例如特征的权重、机器定义的案例特定决策规则、有关参数的信息。① 根据《信用信息法》,数据主体的解释权利是参照第二种解释方式。自动评估一定与机器学习或人工智能相关。该算法很难理解,因此机器学习模型的决策过程被称为"黑匣子"。在欧盟,建议数据控制者提供有意义的算法运算逻辑的信息,而不需要提供对所用算法的复杂解释或对完整算法的披露。然而,《信用信息法》没有提到与自动评估相关的算法或人工智能。因此,《信用信息法》需要修改,以在自动评估中反映人工智能。

《信用信息法》非常明确地提到信用数据主体有权解释。然而,在欧盟解释权一直存在很大争议,《通用数据保护条例》是否规定了这项权利仍然存在争议。《通用数据保护条例》没有提到解释权,只是在第71节中提到"无论如何,(自动化)处理应受到适当的保障措施的约束,其中应包括……和有权……对此类评估后所作决定的解释……"虽然《信用信息法》遵循

---

① Sandra Wachter, Brent Mittelstadt, and Luciano Floridi, "Why a right to explanation of automated decision-making does not exist in the General Data Protection Regulation", *International Data Privacy Law*, Vol. 7, Issue 2, May 2017, pp.76-99.

《通用数据保护条例》,但它明确授予信用数据主体解释的权利,尽管其内容与《通用数据保护条例》的内容不同。

五、结语

《经合组织关于保护隐私和个人数据跨境流动的准则》《亚太经合组织隐私框架(2005)》《通用数据保护条例》以及许多隐私制度宣称,隐私制度的目的是保护信息隐私以及保护信息传递。自动数据处理的发展使大量数据能够在几秒钟内跨越国界,甚至跨大陆传递。因此,有必要考虑与个人数据有关的隐私保护。另外,国家立法的差异可能会阻碍个人数据的跨境自由流动。因此,保护隐私和个人数据在企业之间的自由流动应是各国隐私制度的目的。

韩国的隐私制度主要由 PIPA 和《信用信息法》组成,看起来更侧重于保护个人信息,而不是个人信息的自由流动。超出最初收集目的的个人信息处理违反 PIPA 或《信用信息法》的规定,会面临刑事制裁和民事救济。几乎违反 PIPA 的所有行为都将受到刑事制裁。无论是个人、组织还是企业,无论是公共还是私人机构,也无论是不是法人,信息处理者都应遵守 PIPA 和《信用信息法》。预计将有超过 350 万个人信息处理者会受到 PIPA 法案的规制。韩国严格的隐私制度将对商业产生寒蝉效应,特别是初创企业、大数据分析或人工智能的发展,这些企业需要处理个人信息才能进行交易。大数据分析也不能不包括个人信息。人工智能需要数据或个人信息来完善人工智能算法模型。处理数据或个人信息对于企业或行业发展至关重要。然而,严格的隐私制度会阻碍企业或行业的发展。韩国的隐私制度过于严格,一定程度上阻碍了企业发展,虽然韩国在 2020 年通过修正案引入了假名化的新概念,这将有助于利用个人信息,但这远不足以帮助行业发展和企业成长。韩国需要在确保保护数据主体隐私的同时让更多的个人信息得到有效利用。

【原文】

Recent Trends in Korea' s Privacy Regime

—Witha Special Reference to Pseudonymization and Automated Evaluation

Dae-Hee Lee

Ⅰ.Introduction

In 1212, Korea legislated its comprehensive regulation on personal data, Personal Information Protection Act (*hereinafter* PIPA), for the first time. Before the PIPA, Korea had regulated processing of personal data only in specific areas: processing of personal data in communications network (Act on Promotion of Information and Communications Network Utilization and Information Protection, *hereinafter* Communications Network Act); processing of personal data by government agencies (Act on the Protection of Personal Information Maintained by Public Institutions); processing of personal credit information (Credit Information Use and Protection Act, hereinafter Act of Credit Information, *hereinafter* Credit Information Act or CIA); and processing of personal location information (Act on the Protection and Use of location Information, *hereinafter* Location Information Act). While Korea repealed the Act on the Protection of Personal Information Maintained by Public Institutions as it enacted the PIPA, it still maintained the other regulations.

While the PIPA is a comprehensive regulation on personal data, several regulations are applied to the processing of personal data, depending upon the category of personal data processed. If a bank provides banking services accessible by mobile devices, it is subject to PIPA, Credit Information Act,

Communications Network Act, and Location Information Act because the bank processes personal credit information, and services are provided through the communications network based upon the location of customers. Application of personal data regulation is complicated, resulting in overregulation of personal data.

Furthermore, the PIPA is famous for one of the world' s strictest regulations on processing of personal data. It is applied to every personal data processor, individual or organizations, private or public. It was estimated that the PIPA is applied to about 3.5 million personal data processors. While data subject may resort to civil remedies such as damages, statutory damages, and even treble damages for data breach, criminal penalty (fine and imprisonment) and regulatory fines may be imposed to data processors who violate their obligation under the PIPA. Because of strictness of the PIPA, utilization of personal data is very limited under the PIPA. Utilization or free movement of personal data is crucial these days when there is more demand to process personal data for purposes such big data analysis, text and data mining (TDM), or training of artificial intelligence (AI) algorithm models.

Complicated regulation on, and limited space to utilize, personal data have made it inescapable to amend the Korea' s privacy regimes. In particular, European Union' s GDPR (General Data Protection Regulation)① which came into effect in 2018 had an impact on the amendment of Korea' s privacy regime.

In 2020, Korea amended its privacy regimes. First, Korea integrated its regulation on personal data into the PIPA, appealing the chapter on personal data in Communications Network Act. Korea, however, could not completely integrate its privacy regimes into one legislation, PIPA, still maintain Credit Information Act and Location Information Act. Second, Korea introduced the concept of pseudonymous information to its private regimes. Pseudonymous information is expected to make personal data more utilized than before. Third, Korea

① Regulation on the protection of natural persons with regard to the processing of personal data and on the free movement of such data, and repealing Directive 95/46/EC, L119, 4 May 2016, p. 1-88.

expanded the potential to process personal data for purposes not incompatible purposes.

While Korea' s Amendment on its privacy regimes in 2020 would help to process personal data more expansively than before, this paper argues that Korea' s privacy regimes are not still enough to allow process personal data for purposes such as AI algorithm model training, TDM, and etc. This paper purposes to argue that Korea still needs to expand the processing of personal data. At first, it examines and analyzes Korea' s amendments to its privacy regimes in detail.

Ⅱ.Pseudonymous Information

1.Introduction of pseudonymized information

As other privacy regimes, Korea' s PIPA personal data statute defines ' personal information' based upon PII (personally identifiable information): ① any information by which a specific individual can be directly identified, or ② any information which can identify certain individuals by simple combination with other data (PIPA § 2). Any information, if it meets the broad definition of personal information, falls within the scope of the PIPA, greatly expanding the scope of application. While the Amendment introduced the concept of ' anonymous information' that ' which no longer identifies a specific individual when combined with other information, reasonably considering time, cost, technology, etc.(§ 58-2), it is still unclear whether certain information is personal information or not.① The broad scope and vagueness of PII make processors bear more risks during processing personal information. This in turn makes it worse to

① Korean courts held that even IMEI(International Mobile Equipment Identity) which usually composes of 15 or 16 decimal digits, or the last four digit cell phone number falls within the definition of personal information under the PIPA. Seoul Central District Court Decision 2011.2.23, 2010 Go Dan 5343. "Distinct identification number provided to each cellular phone is managed for the purpose of call blocks of stolen or lost personal devices. IMEI is provided then the manufacturer releases mobile devices, and is consisted of 15digits of numbers including 8 digits of model approval codes, 6 digits of model serial number, and 1digit of verification code." Naver Encyclopedia; Hankyoung Economic Terminology Dictionary.

utilize personal information.

The Amendment introduced a new term, pseudonymized information①, defined as personal information that, through pseudonymization, becomes incapable of identifying a specific individual without the use of additional information(§ 2). Pseudonymization is defined a procedure to process personal information so that the information cannot identify a specific individual without additional information, by deleting in part, or replacing in whole or in part, such information. Pseudonymized information is not exempt from the application of PIPA because it is still personal information under the statute because personal information which undergoes pseudonymization could still identify a specific person by using additional information. Pseudonymization, however, may significantly reduce the risks related to the processing of personal information because it separates direct identifier from personal information linked to an identity of specific person without additional information. Because of this, processors of personal information have incentives to pseudonymize the data that they collect while they may use information which still maintains its utility.

2.Incentives for Processors to pseudonymize

Pseudonymized information maintains utility of information while reducing the risks to data subject, protecting the rights of data subject. For thisreason, the PIPA gives incentives to pseudonymize personal information, benefitting both processors of personal information and data subjects.

(1) An exception to the purpose limitation principle

The PIPA declares the purpose limitation principle that use ofpersonal information collected should be within the scope of the purpose for which the personal data are initially collected(§ 15①). Use for other purpose is strictly prohibited, and it is allowed only in exceptional cases such as with an additional consent of

① GDPR has had an impact on Korea' s adoption of pseudonymized information in 2020. GDPR defines pseudonymisation as "the processing of personal data in such a manner that the personal data can no longer be attributed to a specific data subject without the use of additional information, provided that such additional information is kept separately and is subject to technical and organisational measures to ensure that the personal data are not attributed to an identified or identifiable natural person." § 4.

data subject, or by law(§ 18②). The Amendment of the PIPA provides an exception to this principle in two ways.

First, processors of personal information may process pseudonymized information without the consent of data subjects for statistical, scientific research, and archiving purposes in the public interest, etc.(§ 28-2). Under the purpose limitation principle, pseudonymized information could not be further processed for other purposes because it still falls within the scope of PIPA. Pseudonymized information, however, may be processed even if it is processed for other purposed if processing is for statistical, scientific research, and archiving purposes in the public interest, etc.

While use beyond the initial purpose is limited only to statistical, scientific research, and archiving purposes in the public interest, etc., pseudonymization helps processors to use the information efficiently. The best example is for processing of information big data analysis. Big data analysis needs processing of personal information usually for other purposes from that of initial collection of personal information. Big data is just about volume which can reach unprecedented amount. Big data related to personal information includes an extraordinary number of data subjects, making it impossible to obtain consent of each data subject. If big data analysis concerns scientific research, pseudonymized information may be processed without the consent of data subjects for other purposes for which the personal data are initially collected. Second, pseudonymization helps to expand the scope of the purpose for which the personal data are initially collected, or at least make the initial purpose of the collection clear. While the personal information processor may use personal information within the scope of the purpose of collection(§ 15①), he or she may use personal information without the consent of a data subject additionally if he or she takes into consideration the following factors: (1) Whether it is reasonably related to the original purpose for which the personal information was collected;

(2) Whether additional use of personal information is foreseeable in light of the circumstances under which the personal information was collected and processing practices; (3) Whether additionaluse of personal information does not un-

fairly infringe on the interests of the data subject; (4) Whether the measures required to ensure security such as pseudonymization or encryption have been taken(§ 15②; Enforcement Decree § 14-2). Whether the personal data is pseudonymized is one of several factors in determining whether the additional use is within the scope reasonably related to the initial purpose of the collection. There is a high chance that this may facilitate processing personal data beyond original collection purposes. This may be a kind of exception to the purpose limitation principle because data may be further processed without the consent of a data subject where data is pseudonymized.①

(2) Exemption of Obligations

A personal information processor is obliged to comply with several requirements to protect data subjects, or prevent security breach. Since pseudonymization reduces the risk of harm to data subjects, the PIPA exempts several obligations of processors when personal data are pseudonymized(§ 28-7).②

First, the personal information processor who has pseudonymized personal information does not need to notify the dada subject of some information when personal data have not been obtained from the data subject. When a personal information controller processes personal information collected from third parties, he or she shall immediately notify the data subject of (a) The source of collected personal information; (b) the purpose of processing personal information; and (3) the fact that the data subject is entitled to demand suspension of processing of personal data(§ 20). The processor does not have to comply with this provision if he or she pseudonymizes personal information.

---

① This is very similar to the GDPR. Article 5 of GDPR provides an exception to the purpose limitation principle, where data is further processed in a way that is compatible with the initial purposes for collection. Whether further processing is compatible depends on several factors one of which is the existence of appropriate safeguards, which may include encryption or pseudonymization" [§ 6(4)(e)]. Thus, the GDPR allows controllers who pseudonymize personal data more leeway to process the data for a different purpose than the one for which they were collected. Gabe Maldoff, Top 10 operational impacts of the GDPR: Part 8-Pseudonymization (iapp, Feb.12, 2016).

② This is the same under the CIA. The PIPA also exempts several obligations of processors when personal credit data are pseudonymized. § 40-3.

Second, the personal information processer who has pseudonymized personalinformation is not obliged to destroy personal information. A personal information processer shall destroy personal information without delay when it becomes unnecessary in such cases as where the retention period of personal information expires, or where the purposes of processing has been fulfilled(§ 21). The obligation to destroy is designed to prevent security incidents that present risks to data subjects. Since pseudonymized information reduces the risk to data subjects even if there is a security incident, the processor does not have to destroy if he or she pseudonymizes personal information.

Third, the personal information processor who has pseudonymized personal information does not have to notify data subjects of some information when his or her business is transferred, or merged into, other businesses. When business is transferred to, or merged into, others, personal information is also transferred. A data subject needs to know that his or her personal information is transferred to other processors, and the previous processor needs to notify data subject of the followings: (a) the fact that the personal information will be transferred; (b) the name, address, telephone number and other contact information of the recipient of the personal information; and (c) the method and procedure for withdrawing consent if the data subject does not wish his or her personal information to be transferred(§ 27). The processor who pseudonymized personal information does not have to notify the data subjects of those information.

Fourth, the PIPA provides the personal information processor who has pseudonymized personal information an exemption from the obligation of data breach notification. Under the PIPA, data breach means that the personal information has been divulged. A personal information processor must notify data subjects of the breach without delay so that affected data subjects may respond to data breach(§ 34). The personal information processor who has pseudonymized personal information does not have to comply with this provision.

Fifth, processorswho have pseudonymized personal information do not have to provide data subjects with rights of access to, rectification or erasure of, and suspension of processing of his or her personal information. Those specific rights allow the data subject to control how his or her personal data are kept correct or circulated. Since pseudonymized personal information reduces the risks to data subjects, the PIPA exempts processors from providing data subjects with those rights.

(3) Safeguards Related to Pseudonymization

While pseudonymized personal information reduces the risks to data subjects, it may still reveal the identity of the specific individual. It may identify specific individualsby being combined with additional information, or other information. For this reason, the privacy regimes place pseudonymized personal information within the application of regulation while providing some incentives or advantages for it. The PIPA provides several measures that pseudonymized personal information be kept safe, or no longer identify specific individuals. First, a personal information processor has to keep additional information separately, and take such technical, organizational and physical measures to prevent it from being lost, stolen, divulged, forged, altered, or damaged(§ 28-4①). In the pseudonymizatin process, identifiers such as name are mapped to pseudonyms like arbitrary number or character, and the table here that maps such identifiers to a pseudonym cab be additional information. Since pseudonymized personal information may reveal identities of specific individuals with the use of additional information, additional information must be kept secret and separately.

Under the Enforcement Decree, security measure for additional information are to take safeguards for the protection of personal information, to keep pseudonymized information and additional information separately[①], and to separate access right to them from each other(§ 29- 5).

Second, a personal information processor should not include information that may be used to identify a certain individual when providing pseudonymized information to a third party(§ 28- 2②). While pseudonymization may reduce the risks that may reveal the identity of a specific individual, it does not mean

① However, additional information must be destroyed if it is unnecessary. Id. Additional information would be unnecessary if the processor need not identify specific individuals.

that the risks are zero. Pseudonymized information may still reveal identities of specific individuals if it may combine with other information including additional information. For this reason, the processor should not provide pseudonymized information third parties together with this kind of information.

Third, the combination of pseudonymized information processed by different personal information processors for statistical purposes, scientific research and preservation of records for public interest shall be conducted by a specialized institution designated by government agencies(§28). Pseudonymized information may be combined with additional information, other information, or even other ‘psedudonymized information,’ risking the revelation of identity of a specific individual. While processors may use pseudonymized information for some specific purposes, they are not permitted to combine their pseudonymized information with other information. In order to reduce the risk of identification, the PIPA permits the combinations only by designated institutions. In addition, processors who intend to release the combined information outside the institution must anonymize it and get permission from the institution.

Fourth, no one shall process pseudonymized information in order to identify a specific individual(§28-5①). It is not impossible to identify a specific individual with pseudonymized information by combining it with other information. Even while processing pseudonymized information, a specific individual may be identified. For this reason, it is prohibited to identify a specific individual by processing pseudonymized information. The processor who violates this provision is subject to the administrative fine up to 400 million Won or three-hundredths of the capital amount, whichever is greater(§28-6). Additionally, if information that may identify a specific individual is created while processing pseudonymized information, the processor must cease processing the information, and destroy immediately it(§28-5②).

Ⅲ. Anonymous Information

1. Introduction of anonymizaiton

The Amendment introduces a new term anonymous information into the Korea' s privacy regime: PIPA and CIA. Under the CIA, anonymization is defined the process of rendering credit data subjects not or no longer identifiable(§2). Differently from the CIA, the PIPA does not directly mention anonymous information, and it just provides that it does not apply to information that no longer identifies a certain individual when combined with other information, reasonably considering time, cost, technology, etc(§58-2). Whether it is PIPA or CIA, it does not apply to information which cannot identify a specific individual directly or with the combination of other information. Personal information means information which can identify a specific individual directly or with the combination of other information (PIPA, §2). If the information cannot identify a specific individual, it is not personal information to which privacy regimes are not applied. The information which cannot identify a specific person directly or with the combination of other information is anonymous information, or is not personal information. Anonymous information is not personal information to which the PIPA or the CIA does not apply. Since the PIPA absolutely does not apply to anonymous information, there is no need to provide that the Act is not applied to anonymous information. This is why the PIPA does not provide that it does not apply to anonymous information, but rather that it does not apply to information that no longer identifies a specific individual directly or with the combination of other information.

2. Anonymization under the CIA

The CIA introduced the term anonymization through the Amendment in 2020. Anonymization is the processing of personal credit information in such a manner that credit data subjects are not or no longer identifiable(§2). While anonymization places any data outside the scope of the privacy regimes, it is not easy to decide that personal data are appropriately anonymized. Two researchers were able to identify some of the users in the data which were thought to be anonymized.[①] And according to a study, 87% of the US population can be identified based upon five-digit ZIP code, gender and birth date each of which is individually expected not to identify any data subject.[②] Since nobody can make sure that data were successfully anonymized, the CIA suggests a solution for this dilemma.

When the FSB(Financial Services Commission) acknowledges that personal credit data were appropriately anonymized, they are presumed not to able to identify a specific credit data subject(§40-2④). The FSB is a government agency with the statutory authority over financial policy regulatory supervision. Financial institutions may ask the FSB to examine if the personal credit data are appropriately anonymized(§40-2③). Whether the personal credit data is appropriately anonymized decides whether the Act applies or not. The Act is applied to the anonymized data, however, no one can make sure that they are appropriately anonymized. The CIA adopts a solution for this dilemma by normatively suggesting that personal credit are appropriately anonymized if they acknowledge that they have been appropriately anonymized after they examine.

Ⅳ. Automated Evaluation

1. Introduction of Automated Evaluation

The CIA introduced the new term 'automated evaluation' through the 2020 Amendment.[③] Automated evaluation is to evaluate personal credit data subjects by processing personal credit data and other data only through data processing devices such as computers without the interference of employees of the financial institutions(§2). Financial institutions may process personal credit data to analyze or predict aspects of data subjects such as their credit, or credit worthiness.

---

① In 2006, Netflix announced the Prize to improve its movie recommendation algorithm, and it released the data on 100 million supposedly anonymized movie ratings. The data were a unique subscriber ID, the movie title, year of release and the date on which the subscriber rated the movie. Julianne Pepitone, 5 data breaches: From embarrassing to deadly (CNN Money, Dec. 14, 2010).

② Latanya Sweeney, Simple Demographics Often Identify People Uniquely (Carnegie Mellon University, Data Privacy Working Paper 3, 2000).

③ While the PIPA has not adopted the term on the automated decision-making, it is expected that Korea would enact the automated decision-making in the PIPA.

Automated evaluation under the CIA is based on the automated decision-making scheme under the GDPR. Just like automated decision-making, automated evaluation can be very useful for financial institutions as well as individuals because it is possible to lead to quicker and more efficient decisions through processing of a large volume of data. The problem is, however, that automated evaluation is often invisible to individuals; that data subjects might not expect their personal information to be used in this way; that data subjects might not understand how the process works or how it can affect them; and the evaluation made may lead to significant adverse effects for some people.① This is why the CIA adopts the term automated evaluation, and some effects related to it(§ 36-2). The European GDPR also adopts the term ' profiling' and ' automated individual decision-making' (§ § 4, 22).

2.Rights of Data Subjects

Because of the risks arising from automated decision-making, the GDPR grants data subject

(a) the right to be informed of the existence of automated decision-making and meaningful information about the logic involved, as well as the significance and the envisaged consequences of automated processing for the data subject (§ § 13, 14); (b) the right to obtain from the controller as to whether or not his or her personal data are being processed, and access to his or her personal data and, the existence of automated decision-making and meaningful information about the logic involved, as well as the significance and theenvisaged consequences of automated processing for the data subject; (c) the right not to be subject to a decision based solely on automated processing which produces legal effects concerning him or her or similarly significantly affects him or her; (d) the

① ICO(Information Commissioner' s Office), What is automated individual decision-making and profiling?

right to obtain human intervention on the part of the controller[①]; (e) the right to express his or her point of view and to contest the decision; and (f) right to explanation of automated decisions(§ 22).

The CIA follows a very similar approach to the GDPR. First, the credit data subject has the right to explanation of whether the automated evaluation is made about some facts or information. The explanation includes (a) whether the personal credit evaluation has been made.

(b) whether lending is made or maintained, and (c) whether the offer or the acceptance of financial contracts based solely on the automated evaluation that may impede the protection of data subjects has been made. When the automated evaluation has been made, the credit data subject has the right to explanation of (a) the results of the automated evaluation; (b) the main criteria of the automated evaluation; and (c) basic information used for the automated evaluation(§ 36-2①).

Second, the credit data subject has the right to submit informationwhich would be advantageous for results of the automated evaluation to the subject (§ 36-2②).

Third, if the credit data subject thinks that basic information used for the automated evaluation is not correct, or not up-to-date, he or she has the right to the correction or erasure of the basic information, and to reevaluate the results of the previous automated evaluation(§ 36-2②).

Taking into consider the growth and complexity of artificial intelligence, and the ensuing difficulty to understand how the automated evaluation is made, the right to explanation is expected to provide more protection to data subjects. While the CIA follows the approach of the GDPR on the automated evaluation, it is different from the GDPR in following points. First, the CIA does not grant a credit data subject the right to be informed of the existence of the automated evaluation. Under the GDPR, data subjects may be informed the existence of the automated

---

① The right of the data subject not to be subject to a decision based solely on automated processing is not permitted if the decision is necessary for entering into, or performance of, a contract between the data subject and a data controller, or is based on the data subject' s explicit consent. § 22(2). In those cases, the data subject has the right to obtain human intervention.

decision-making because the data controller is obligated to inform data subjects of its existence. Since the credit data subject cannot know the existence under the CIA, he or she needs to ask financial institutions if the automated evaluation is made. The CIA needs to be amended to grant the right to be informed of the existence of the automated evaluation.

Second, the right to explanation under the CIA is different from that under the GDPR. The explanation of automated decision-making may be two kinds: (a) system functionality, that is, the logic, significance, envisaged consequencesand general functionality of an automated decision-making system, e.g. the system's requirements specification, decision trees, pre- defined models, criteria, and classification structures; or (b) specific decisions, that is, the rationale, reasons, and individual circumstances of a specific automated decision, e.g. the weighting of features, machine-defined case specific decision rules, information about reference or profile groups.①

Under the CIA, subject matters of explanation are all related to the latter of the GDPR, not to the former. The automated evaluation must be related to machine learning or artificial intelligence. The algorithm is very difficult to understand such that the decision-making process of a machine-learning model is referred to as a black box. In EU, it is suggested that the data controller should provide meaningful information about the logic involved, not necessarily a complex explanation of the algorithms used or disclosure of the full algorithm.② The CIA, however, does not mention the algorithm or artificial intelligence related to the automated evaluation. The CIA needs to be amended to reflect artificial intelligence in the automated evaluation.

The CIA quite clearly mentions that the credit data subject has the right to explanation. In EU, however, the right to explanation has been quite

---

① Sandra Wachter, Brent Mittelstadt, and Luciano Floridi, Why a right to explanation of automated decision-making does not exist in the General Data Protection Regulation, International Data Privacy Law (Volume 7, Issue 2, May 2017).

② Article 29 Data Protection Working Party, Guidelines on Automated individual decision-making and Profiling for the purposes of Regulation 2016/679, 25 (2017).

controversial and it is still debated whether or not this right is mandated by the GDPR. The GDPR does not mention the right to explanation, but just the Recital Section 71 mentions "In any case, [automated] processing should be subject to suitable safeguards, which should include...and the right...to obtain an explanation of the decision reached after such assessment..." While the CIA follows the GDPR, it clearly grants the right to explanation to the credit data subject although its content is different from that of the GDPR.

5.Concluding Remarks

OECD Privacy Guidelines[①], APEC Privacy Framework(2005), GDPR and many privacy regimes declare that the purposes of privacy regimes are to protect information privacy as well as to protect information flows. "The development of automatic data processing, which enables vast quantities of data to be transmitted within seconds across national frontiers, and indeed across continents, has made it necessary to consider privacy protection in relation to personal data." and "on the other hand, there is a danger that disparities in national legislations could hamper the free flow of personal data across frontiers." Protection of privacy and free flow of personal data across businesses must be purposes of privacy regimes across countries.

Korea's privacy regimes, which are mainly composed of the PIPA and the CIA, looks more focused on the protection of personal information rather than the free flow of personal information. Processing of personal information beyond the purpose for which it is initially collected would violate the PIPA or CIA, and would be subject to criminal sanctions as well as civil remedies. Almost every violation of the ACT would be subject to criminal sanctions. Whether individuals, organizations or businesses, whether public or private, and whether legal persons or not, the processors should comply with the PIPA and CIA. It is expected that there will be more than 3.5 million personal information processors who are subject to the PIPA. The Korea's strict privacy regimes would have a chilling effect

---

① OECD, OECD Guidelines on the Protection of Privacy and Transborder Flows of Personal Data (2013).

on businesses, in particular, start-ups, the analysis of big data, or development of artificial intelligence. Every business needs to process personal information in order to trade. Big data analysis cannot but include personal information. Artificial intelligence needs data or personal information to train or educate the AI algorithm model. Processing of data or personal information is essential for businesses, or development of industries. However, a strict privacy regime would hamper the growth of businesses, or the development of industries. Korea' s privacy regime is too strict to build businesses, or develop industries. While Korea introduced the new concept pseudonymization through the Amendment in 2020 which will help to utilize personal information, this is not enough to help industries to develop and businesses to grow. Korea needs to make sure that more personal information will be utilized while protecting privacy of data subject.

在韩国民法学中从未存在过“蜗角之争”吗？

——以吟诵《对酒》(其二)的白居易的眼光回顾韩国民法学

[韩]明淳龟 著 [韩]金永完 译*

一、引言

韩国民法典于2022年迎来了其制定64周年，“64年”绝非短，在此期间，韩国民法在量和质上都取得了令人刮目相看的成就。然而，随着社会、文化和经济环境的变化，法律现实也在日新月异，世界私法正被一股强烈的变革浪潮所包围，我们当然也身处其中。目前，韩国的经济规模接近世界前10位，拥有半个世纪以上历史的民法典。对于这样一个国家来说，仅仅停留在世界法律文化的受惠国一方，可以说是一种“怠慢”。在此情况下，韩国必须为世界法律文化的进步作出贡献。为此，韩国需要准确认识自己，而这要从回顾过去开始。

白居易[①]的诗《对酒》(其二)以“蜗牛角上争何事”开头[②]，他吟诵着在蜗牛触角上争吵是徒劳的。持有不同观点的学者之间的学术争论是学术发展的原动力，民法学也在不断的学术争论中得到了发展。现有的民法学学说之争中，一些保持争议的内容将会继续为民法的发展提供正能量。但只不过是“蜗角之争”的事情也不少。有些争议从一开始就没有意义，另一些

---

* 明淳龟(Myoung Soon-Koo)，韩国高丽大学法学专门大学院教授；金永完(Kim Young-Wan)，山东大学法学院教授。

① 白居易，唐代诗人，与同时代的李白、杜甫、韩愈并称为“李杜韩白”。

② 蜗牛角上争何事，石火光中寄此身。随富随贫且欢乐，不开口笑是痴人。

则随着时间的推移失去了意义。这种学术之争现在是不是有必要整理一下呢？就像树木在秋天落叶以保存水分和养分一样，有望新的生长。

韩国民法学中存在的"蜗角之争"可以分为多种类型。笔者无意在此包罗平时被评价为"蜗角之争"的学说之争，因为无论在量上还是质上都超过了本文的容量。在本文中，笔者将以举例说明的方法，仅举几个类型。

二、由来于对立法结构无知无觉的蜗角之争

（一）序说

如果仔细追踪现行民法典的制定过程，就会发现，与其他主要法典相比，人们对它投入了较长的时间和细致的努力。① 在韩国国会对民法草案进行审议之前，当时的法务部副部长（裴泳镐）在诸国会议员面前，就民法草案进行说明，并就立法方针指出了如下几点②：（1）本草案采用了所谓的大陆法体系；（2）本草案是对极端个人主义的扬弃及发展；（3）本草案对现行法律制度进行了审查和修改，以符合我们的实际情况，并对于以前被认为是学说上存在的问题或明显的习惯等，有些加以解决，有些采纳为成文法，这是法律发展的自然过程和结果；（4）接下来，在亲族、继承法方面，对从前的习惯法进行整理的同时，特别努力体现了新时代的理念。在此需要关注的是上述立法方针中与（3）有关的内容。

现行民法规定中，对《依用民法》中学说对立的地方，有不少下了明确的立法决断。决断的方向大部分反映了当时的通说或判决的态度。立法者原来的意图在释法上不可能有绝对的意义，但不考虑到立法者的决断，仍然继续《依用民法》时代的学说之争的态度并不可取。在这种情况中，最坏的情况如下：对于某些论点，《依用民法》时代有过 a、b、c 这三种学说，而 a 和 b 只不过是为了加强 c 的妥当性而提出来的，但实际上并没有主张 a、b 学说的学者，只有 c 是根据实际的学说和判例被采纳的；立法者把 c 的宗旨明确反映在条款中，就成了现行民法。尽管如此，现行民法下的学说情况仍然呈现 a、b、c 的对立状态。当然，现在也没有主张 a、b 的学者。

---

① 有关民法的立法经过详情，参见明淳龟：《实录大韩民国民法 1》，法文社 2008 年版，第 1 页。

② 关于其详细内容，参见《第 26 届国会定期会议速记录》第 29 号，国会事务处，1957 年 11 月 5 日，第 9 页。

笔者不能肯定,韩国民法解释论中不会出现上述最坏的情况;但也许不是最坏的情况,以下情况有很多:对于某些论点,在《依用民法》时代有过 a、b、c 这三种学说,但 c 站在通说的立场;立法者把 c 的宗旨以明文的形式反映在条款中,成为现行民法。尽管如此,现行民法下的学说仍然处于 a、b、c 的对立状态,"通说"依然是 c。下面举几个相应的例子。

(二)几个案例

1.案例 1:韩国《民法典》第 1 条(法源)

《民法原案》第 1 条规定:"关于民事,法律无规定,则依习惯法;无习惯法,则依法理(原文:条理)。"《依用民法》没有这样的明文规定,只有《法例》①第 2 条规定了习惯法为法源(即法律渊源)。《民法原案》第 1 条是按照《民法典编纂要纲》②拟定的。受委托对民法案进行预审的"法制司法委员会"的"民法案审议小委员会"③对将法理纳入法源有若干异议,但法官一致认为,不能因为没有法律或习惯法而拒绝判决,因此作为判决标准的法源之一,应当认可法理,并决定原封不动地采纳原案。④ 另外,"民事法研究会"⑤提出了如下修正案:"关于民事,没有法律或习惯法,则依法理。"这是根据当时学说上的"对等效力说"(成文法和习惯法之间不能确定优劣)而提出来的。⑥ 该修正案作为玄锡虎议员的修正案,提交给了国会的本会议,虽有过激烈的争论⑦,但最终按原案通过,成为现行法。

---

① 《法例》是明治 31 年(1898)作为法律第 10 号公布的单行法律,是规定关于一般法律适用的通则的法律。这部法律在 1912 年 3 月根据《敕令》第 21 号"关于法例施行于朝鲜的问题",在朝鲜也起到了法源的作用,其中包含:(1)关于时的法律效力,(2)习惯的效力,(3)关于人、场所的适用范围的法律效力,即包含了相当于国际私法规定的 3 种内容。其他详细内容,参见梅谦次郎外:《法律辞书》第二册,书肆明法堂 1903 年版,第 263—267 页。

② 《民法典编纂要纲》"通则"规定:"规定习惯法及法理的补充性效力。"

③ 民法典审议小委员会逐条审议从第二次会议(1955 年 4 月 22 日)开始。第一次会议决定,在民法案审议小委员会内部决定出预审的分担、今后的会议日程及地点、审议程序等,作为条文体制的原则,在各个条文前附记题目(民议院、法制司法委员会、民法案审议小委员会、《民法案审议录》上卷,1957 年,第 1—2 页)。

④ 参见《民法案审议录》上卷, 1957 年,第 3 页。

⑤ 现为社团法人"韩国民事法学会"的前身。

⑥ 参见民事法研究会:《民法案意见书》,一朝阁 1957 年版,第 20—21 页,方顺元(时任崇实大学教授)编写的部分。

⑦ 参见[韩]明淳龟:《实录大韩民国民法 1》,法文社 2008 年版,第 64—69 页。

民法立法时,关于制定法和习惯法的关系[①]、法理的法源性[②]等问题有过学说之争。而对此,我国民法立法者的意思可以概括为,肯定了习惯法对制定法的补充性效力以及法理的法源性。这些问题植根于极为深远的法学理论,将其作为学术议论的对象也不足为奇。但对于与《依用民法》时代相同程度的评论至今仍在持续的现象,可能会有一些稍微不同的评价。现在关于《民法典》第1条的学说之争是不是考虑到了民法制定过程中的议论?没有相当于韩国《民法典》第1条规定的日本,现在也不可避免地会发生与《依用民法》时代相同的学说之争。然而,因为韩国民法中有关于法源的明文规定,所以韩国民法学术界的学说之争应该以与日本不同的样子展开才对。

特别是关于"法理的法源性"的学说之争,笔者认为是蜗角之争之一。与此相关的学说对立并没有实际性的差异。因为无论根据哪种学说,法官最后可以依赖的是"法理"的事实都没有改变。"法源"是法律的存在形式,以"法理不是法律,而是构成法律的基础"的形式逻辑来对待,似乎是否定"法理的法源性"的学说态度。而"法源"的概念需要从功能性观点上进行理解。从功能性观点来看,法源是解决法律纠纷的基准,这样理解法源的概念就足够了。简言之,笔者认为法理作为解决民事纠纷的最后依据,是法源之一。判例的立场也是如此。[③]《宪法》第27条第1款规定了作为请求权的基本权利的裁判请求权。从民事裁判的角度看此条款,所有公民都有自己向法院提起诉讼的"私权保护请求权",对于合法提起的诉讼,法院根据"司法拒绝禁止原判",不能以没有适用于该案件的法规为由拒绝判决。因

---

① 参见[日]我妻荣:《民法总则》,[韩]安二濬译,文星堂1957年版,第9—11页。

② 参见[日]我妻荣:《民法总则》,[韩]安二濬译,文星堂1957年版,第12—13页。

③ 相关判例如下:(1)大法院1995.5.23.宣告94다2218判决:宪法第35条第1款承认环境权为基本权利之一,在司法的解释和适用中也应充分保障基本权利,但仅就作为宪法上基本权利的环境权的这一规定而言,其保护对象环境的内容和范围、作为权利主体的权利人的范围等是不明确的。因此,很难认为该规定直接赋予了每个公民具体的司法上的权利,如果将环境权认定为司法上的权利,就不可避免地制约了对方活动的自由和权利。为了使环境权作为司法上的权利得到认可,既要有关于环境权的明文法律规定,也要根据相关法令的规定宗旨或法理,具体地确定权利的主体、对象、内容、行使方法等(同样的宗旨:大法院1965.8.31.宣告65다1156判决;大法院1997.7.22.宣告96다56153判决;大法院1999.7.27.宣告98다47528判决等);(2)最高法院2000.6.9.宣告98다35037判决:在诉讼过程中,如果适用的外国法规有缺陷或没有提交有关其存在的资料而无法确认其内容的情况下,对于法院来说,将按照关于法源的民法上大原则,根据外国习惯法审判,外国习惯法如果也不能确认其内容,只能根据法理进行审判。

此,如果没有能够解决具体纠纷的成文法,也不存在习惯法的话,最终就应当根据法理进行裁判。《民法典》第1条提及“法理”的理由,笔者认为从这个角度理解就足够了。[①]

2.案例2:韩国《民法典》第262条(物的共有)

相当于《民法典》第262条的《民法原案》第252条规定:“(1)物按所持份额归于数人所有时,则为共有。(2)共有人的所持份额推定为均等的。”此处第1款是对共有的概念的定义,是新设的《依用民法》中没有的规定,第2款的宗旨与《依用民法》第250条相同。《民法原案》第252条在没有任何修改的情况下原封不动地通过,成为现行《民法典》第262条。该条款中引人注意的是第1款。

关于共有的概念乃至法律性质,从《依用民法》时期开始就有学说上的争执[②],其内容如下。第一种学说(所谓“量的分割说”)认为,所有权只有一个,只是一个物品按照所持份额的比率进行分割而属于数人。第二种学说(所谓“多数所有权的竞合说”)将共有理解为,共有人各有所有权,而各个所有人互相受限。[③] 对于第二种学说,有批评指出其混同了所有权与所持份额的概念。以“一物一权主义”为基调说明共有概念的第一种学说很早就成为通说。《民法典》第262条第1款(《民法原案》第252条第1款)的内容与《依用民法》时期的第一种学说是相同的。也就是说,立法者根据当时的通说,对共有的法律性质下了决断。现在的判例也持有与第一种学说相同的立场。[④] 没有相当于韩国《民法典》第262条第1款规定的日本,现在也不可避免地会发生与《依用民法》时期相同的学说之争。但因为韩国民法有相关的明文规定,所以学说的内容必然与日本不同。没有什么实际意义和利益的学说对立,甚至明显违背明文规定的学说,还要继续被认可吗?

3.案例3:韩国《民法典》第406条(债权人撤销权)

相当于《民法典》第406条(债权人撤销权)的《民法原案》第397条规定如下:“(1)债务人明知损害债权人的情况下,以取得财产权为目的做出

---

① 参见[韩]明淳龟:《民法总则》,法文社2005年版,第24页。

② 参见[日]我妻荣:《物权法》,安二濬译,文星堂1950年版,第155—156页。

③ 参见[韩]高翔龙:《物权法》,法文社2001年版,第364页。

④ 大法院1991.11.12.宣告91다27228判决:“共有是对物的共同所有的一种形态,对物的一个所有权按分量被分割而属于多人的……”

法律行为时，债权人可以向法院请撤销该行为及恢复原状，但因其行为受益的人或转得的人，在其行为或转得当时不知损害债权人的情况下，则不适用。(2)前款的诉讼应在债权人知道撤销原因之日起一年内，发生法律行为之日起五年内提起。”此处第1款对应了《依用民法》第424条[①]，第2款对应于《依用民法》第426条[②]，但在以下几点上有很大区别：(1)《依用民法》只规定“撤销”，而《民法原案》与此同时又增加了“恢复原状”[③]；(2)缩短了请求权人撤销权的行使时间。[④]《民法原案》第397条除了在第1款第1文的“恢复原状”后加上“向法院”一词外，原封不动地在国会本会议上通过，成为现行《民法典》第406条。

对于债权人撤销权的法律性质，在《依用民法》时期就有过学说对立。[⑤]第一种学说（所谓“形成权说”或“撤销权说”）是将债权人撤销权的本质理解为撤销诈害行为的形成权。因此，将债权人撤销诉讼的性质理解为形成之诉。第二种学说（所谓“请求权说”或“返还权说”）将债权人撤销权的性质理解为请求返还因诈害行为而脱离的债务人财产的权利。因此，将债权人撤销诉讼的性质理解为履行之诉。第三种学说（所谓“折衷说”或“合并说”）将债权人撤销权理解为诈害行为的撤销和财产恢复的合并。因此，将债权人撤销诉讼的性质理解为形成之诉和履行之诉的合并。旧法即《依用民法》时期的通说和判例则站在第三种学说的立场。《民法原案》第397条第1款是将旧法时代的通说和判例明文化的结果。[⑥] 没有相当于韩国《民法典》第406条第1款规定的日本，现在也有可能会发生与《依用民法》时期同样的学说之争。但因为韩国《民法典》有明文规定，所以学说的内容必然与日本不同。据笔者所知，目前韩国还没有主张第一种学说或第二种学说

---

① 《依用民法》第424条规定：“(1)债务人在知道会损害其债权人的情况下进行的法律行为，债权人可以向法院请求撤销，但因其行为受益的人或转得人在该行为或转得当时不知道损害其债权人的事实，则不在此限。(2)前条款的规定对不以财产权为目的的法律行为，不适用。”

② 《依用民法》第426条规定：“第424条的撤销权，从债权人知道撤销的原因开始2年内不行使的，就因时效而消灭。实施行为后经过二十年的，亦是如此。”

③ 依据《民法典编纂要纲》“债权总则”：诈害行为撤销权的内容，除了法律行为的撤销以外，还应当包含恢复原状。

④ 依据《民法典编纂要纲》“债权总则”：应当缩短债权人撤销权的时效期间。

⑤ 参见[日]我妻荣：《债权总论》，[韩]安二濬译，文星堂1954年版，第116—117页。

⑥ 参见《民法案审议录》上卷，第242页。

的学者。这些没有被主张的学说,甚至明显违背明文规定的学说,似乎没有继续进行介绍的必要。

(三)小结

上述举例指出了与现行民法的立法蓝图无关,但旧法时代的学说仍然被沿用的几种情况。如果对因旧法中没有明文规定而产生严重的学说对立的事项进行立法上的决断,这应是现行民法的立法者当时经过深思熟虑的结果。笔者认为,在解释现行民法时,如果全然不顾立法过程,就不是诚实的学术作风和态度。而且,如果把我们的立法过程置之度外,只依靠日本的文献做学术的话,不得不说是重大的错误。

三、由来于自主性的认识不足的蜗角之争

(一)序说

一个明知自己如何、现在在何处、以后该往哪个方向怎么走的人,不会轻易被外界因素所动摇。反之,有人会把心思放在别人的一句话、一个小小的动作上,有时不知自己未来的发展方向,就会模仿他人,到了最后才知道那条路不是自己该走的路时,这个人会有什么感想呢?我们通过日本开启了近代意义上的民法学,在此后很长一段时间内一直无法摆脱日本的影响。因此,在不必追随的情况下遵循了日本的做法的例子也不少。其中,关于"物权行为"的争论是最具有代表性的。①

(二)"物权行为"概念的必要性问题

以往学说欲维持物权行为概念的实际理由大致可归结为以下两个:(1)以物权行为为处分行为的理由,说明无处分权人的处分行为无效,物权就不可转移②;(2)物权行为概念为认定物权行为的无因性的前提。如果没

---

① 以下关于物权行为的叙述参见[韩]明淳龟:《准备与物权行为告别》,《高丽法学》2007年第49号。

② 义务的负担和处分这两个合意,如买卖合同这一法律行为的两个部分,即只不过是从债权发生和物权变动这两个不同的法律效果的观点来观察的相互不同的部分而已(此时,处分的合意构成了合同的一部分,而不是独立的法律行为)。它们作为一体,被结合在买卖合同中。参见[韩]梁彰洙:《韩国民法学50年的成果与21世纪的课题》,《民法研究》第4卷,博英社1997年版,第17页。这种略带技巧性的说明,也有可能是将从无权利人处不能取得权利的事实,在法律行为的框架下努力解释的一个环节。

有其他方法可以说明由无处分权的人做出的处分行为的效力,并且不认同物权行为的无因性,那么几乎没有必要维持物权行为的概念了。在此,我们只探讨(1)的问题。[①]

法国民法中没有物权行为的概念,也处理着(1)的问题。法国民法根据“任何人不得将超过自己所拥有的权利让渡给他人”(Nemo plus juris ad alium transferre potest quam ipse habet)的原则,第1599条规定“对他人所有物品的买卖无效”。围绕着第1599条的具体解释问题,存在学说之争,但通说对此有如下理解[②]:(1)第1599条限定适用于特定物的买卖;(2)买方是善意的,则按照第1599条的规定无效,但买方是恶意的,则作为由卖方取得所有权之后承担转移的债务为内容的无名合同,有效。此处(2)的内容在实质上,与韩国《民法典》第569条没有什么不同之处。总而言之,没有处分权的人的处分行为无效,物权不转移的事实,不一定要在存在物权行为的概念的情况下才可能发生。[③] 也就是说,从无权利的人那里不可取得权利的法理,不一定只在法律行为的框架中才能够找到。

另外,传统学说中也存在在英美法或法国法中也可以认可物权行为概念的主张。也就是说,以在英美法上不动产交易中的“物权转让行为”(conveyance)[④]为例,说明物权行为的独立性在英美法中也得到了认可。[⑤] 还有

---

① 对于(2),后文单独进行阐述。

② Henri Roland/Laurent Boyer, *Adages du Droit Français*, 3e éd., Paris, Litec, 1992, pp.512-513.

③ 法国也有处分行为(acte de disposition)的概念,但法国的处分行为观念与德国的有所不同。法国的法律行为(acte juridique)分类中,有保管行为(actes conservatoires:如,时效的中断)、管理行为(acte d' administration:如,物件的租赁)、处分行为(一般指物权的转移)。而这种区分是与无行为能力人(incapacitéd' exercise)制度相关而出现的观念。例如,监护人可以单独进行保管行为和管理行为,但处分行为可以在亲族会(conseil de famille)或在法院的许可下进行。在法国,处分行为是作为法律行为内容中最重要的部分而被使用的概念。

④ 有关“conveyance”的详细内容,参见[韩]朴敬信:《物权行为这条龙只能在美国生活的理由》,[韩]明淳龟、金济完、金基昌、朴敬信:《Adieu(再见),物权行为》,高丽大学出版部2006年版,第58页。

⑤ 参见[韩]金相容:《英美财产法上的不动产物权变动论》,《民法学论丛》(厚岩郭润直教授花甲纪念论文集),博英社出版社1985年版,第126页。

另一种见解认为,在法国民法中,物权的意思表示是与债权行为合二为一进行的。[①] 然而,在英美法中,不仅不存在物权行为的概念,就连法律行为的概念也不存在,也不像法国民法学一样使用德国的物权行为的概念来说明物权行为。虽然在功能上类似,但我们不能如此加以评估,因为这样的评估缺乏学问的严谨性。法律行为的概念不是所有法系所共通的一般概念,物权行为的概念更是如此。

不动产物权申请登记时,必须提交登记申请书、证明登记原因的书面材料等(韩国《不动产登记法》第 40 条),申请书上应当记载登记原因与其年月日(韩国《不动产登记法》第 41 条第 5 项)。登记原因有问题的理由,即以此为基准判断登记的有效性。登记原因的书面证明是买卖合同书。要主张在买卖合同和登记之间有物权行为,就必须在买卖合同和登记之间有以物权变动为内容的意思表示的交换。但两者之间没有上述因素能够介入的余地。另外,最近的一种学说主张,在不动产物权变动中,登记请求行为就是物权行为。[②] 但根据该见解,《不动产登记法》第 40 条规定的任何登记材料都不能反映物权行为的要素,对这种情况的评价只能属于以下两种之一:(1)我们的不动登记法出错了(因为不要求记载决定物权变动的有效性的登记原因);(2)物权行为不能成为登记原因。因为这是物权行为的原因,所以才要求认可物权行为这一概念,如果情况如此,那么认可物权行为的理由就会变得模糊了。

(三)物权行为无因论的有用性问题

1.无因论的论据与其问题点

如果不承认物权行为的概念本身,物权行为的有因性、无因性问题就没有议论的余地。但整理出这个问题本身也有意义,因为承认物权行为概念的重要理由之一是它成为物权行为无因性的前提。因此,如果不能承认现

---

① 参见[韩]李太载:《物权法》,进明文化社 1985 年版,第 70 页;[韩]郭润直:《物权法》,博英社 2002 年版,第 65 页;[韩]金相容:《物权法》,法文社 2004 年版,第 101 页等。在此基础上,也存在如下主张:在法国民法中,债权行为中也会产生债务,作为此债务的履行,进行物权的意思表示。因此,债权行为和物权的意思表示不能合二为一地进行,即要在不同时间进行(肯定了物权行为的独立性)。只是其时间上的间隔很短而已。参见[韩]姜台星:《物权法》,大明出版社 2004 年版,第 107 页。

② 参见[韩]尹真秀:《对于物权行为概念的新的接近》,《民事法学》2005 年第 28 号。

行法律上物权行为的无因性,物权行为的概念就几乎失去其存在理由。

无因论的主要论据如下:(1)物权行为和债权行为是两个不同的行为,因此其有效性也要另行判断;(2)物权法律关系以对所有人明晰为理想,使物权行为的效力只在当事人之间发生,因此不应受原因行为的有效与否影响;(3)通过承认无因性,可以弥补不认可登记的公信力的民法制度上的缺陷来保护交易安全。

就(1)的问题进行探讨。如果是两个不同的行为,其有效性也要另行判断。此论据是可以接受的。而问题的核心是,这样分别判断其有效性,在原因行为无效而物权行为有效的情况下,是否因为原因行为无效,物权行为也变得无效呢?因此,应认为(1)的论据在方向设定上有误。

就(2)的问题进行探讨。该论据提出法律关系的明确性(原文:明瞭性),法律关系的明确性不仅仅在物权行为上成问题。而且,在以法律行为为原因的法律关系中,撇开当事人的意思不谈,明确性是否是最应该考虑的事项也是个疑问。

就(3)的问题进行探讨。作为认定物权行为无因性的论据,这个是最重要的。而对此论据,除了以往形成的传统批判性见解[①]以外,更要特别关注的是,以往的无因论都是"相对的无因论"。

相对的无因论是指物权行为在原则上是无因行为,但当事人以债权行为的有效作为物权行为有效的条件时,物权行为就具有有因性。而相对的无因论反而使无因论的最重要的目标——交易安全——黯然失色,因为根据当事人的意思,物权行为就可以很简单地成为有因行为。其结果是相对的无因论会让无因论变得无意义。这样的形象,将债权行为的有效作为物权行为有效的条件,在也可以默示的意思表示的情况下,会更加深化。因为凡是有正常精神能力的当事人,都会把债权行为的有效当作物权行为有效的前提。从我们的交易实践来看,即使作为原因行为的债权行为失效,物权行为也是有效的,因此几乎没有人有物权变动的意愿。而且,如果有一个当事人有这样独特的意思,他作为一个无意思能力者,应该评价该物权行为本

① 以往传统的批评点大致有以下几点:第一,在债权行为与物权行为之间没有时间间隔或间隔不太长时,无因论不能作为交易安全的装置起到作用;第二,民法对交易安全另有规定(如韩国《民法典》第 107 条第 2 款、第 108 条第 2 款、第 109 条第 2 款、第 110 条第 3 款),不能说无因论才是唯一的交易安全的方案。参见[韩]郭润直:《物权法》,博英社出版社 1997 年版,第 49—52 页。

身就是无效的。总而言之,无因论最重要的论据,由于无因论本身的主张(即相对的无因论),丧失了其说服力。

2.无因论的妥当性范围的限定性

为了说明物权行为的有因性、无因性,可举出以下案例:A 和 B 签订了买卖合同,签订买卖合同时有撤销事由,但之后物权行为实现时就没有了撤销事由;撤销权人 A 行使撤销权,买卖合同就无效了。虽然对实际交易中是否会出现这样的情况有疑问,但此处我们接受该情况并进行探讨。

对于这样的案例,传统的有因论认为,A 可以行使物权的返还请求权,从 B 处找回物;因为原因行为无效,物权行为也无效,物权没有转移给 B。无因论认为,A 只能根据不当得利(原文:不当利得)返还的法理,从 B 处找回物;因为尽管债权行为失效,但物权行为未受影响,所有权转移到 B,但取得所有权方面欠缺法律上的原因。

这套说明如实地反映了有因论和无因论的内容。但是,这一说明在韩国现行法律制度下能否具有妥当性就令人怀疑。对上述案例,按照无因论的宗旨,还能评估“债权行为是失效的,而物权行为是有效的”吗?这种立论的妥当性,根据法律行为中的“法定追认制度”(韩国《民法典》第 145 条)明显缩减。根据上述案例,我们可以将其理由说明如下:从认可物权行为的概念的立场看,物权行为是对债权行为的履行行为;物权行为做出时没有撤销事由,意味着在债权行为当时存在的撤销原因消除后,有相当于“法定追认事由”的“全部或一部分的履行”(韩国《民法典》第 145 条第 1 项)。需要注意的是,由于法定追认制度,物权行为无因论的逻辑得不到贯彻的事实。对于物权行为的时间,存在着如下两个相互对立的立场:第一,交付登记材料时或交付(原文:引渡)动产时;第二,物权行为与债权行为合二为一地实现时。下面就这两个立场进行探讨。首先,从前者的立场看,几乎丧失了无因论的意义,因为履行行为——登记材料的交付或物的交付——就可以消除物权行为无效的原因,无因论就处于无法发挥其意义的情况(即“债权行为无效”—“物权行为有效”)。其次,从后者即主张物权行为的时间为债权行为时的立场看,物权行为和债权行为的有效性在同一时点被判断,同样也不是无因论能够发挥其意义的情况。总而言之,在上述案例中,无因论没有意义。

上面分析了原因行为中有撤销事由的情况。那么,原因行为无效的情况如何？我们对以下案例进行分析：A和B签订了买卖合同，在签订买卖合同（原因行为）时，A虽然在无意思能力状态中，但物权行为是在其恢复意思能力的情况下进行的。现将物权行为的时间分为交付登记材料时或交付动产时的立场，以及物权行为与债权行为合二为一同时进行的立场，进行探讨。一方面，从后者的立场看，由于无效事由与原因行为在物权行为中同时出现，导致物权行为的无因论没有意义。另一方面，从前者的立场看，这一情况可能会用"债权行为无效—物权行为有效"的结构来理解。但值得注意的是，此时对物权变动的有效性加以肯定的法理上的理由不仅仅是物权行为的无因论。A恢复意思能力后，A和B之间有一致的物权变动的意思，如果这种意思表现为动产的交付或者不动产登记书面材料的交付等方式的话，那么这样的行为很有可能被评价为以默示的方式进行的无效行为之追认（韩国《民法典》第139条）。如果将此种情况理解为无效行为的追认的话，那么在无意思能力的状态下进行的原因行为无效是不变的事实（因为对无效行为的追认没有溯及力），但追认之后，因追认，原因行为和物权行为都有效了。其结果是，物权行为的无因论能够发挥其意义的状况就不存在了（即"债权行为无效—物权行为有效"）。

（四）小结

从韩国关于物权行为的无因论的议论来看，有时会有一种不考虑实践性目标，只是从纯粹逻辑层面进行的感觉。站在有因论立场的学者们主张"取无因主义需要明文规定"，而无因论者对此反驳"没有有因主义的明文规定，所以无因论才妥当"等争议就是典型的例子。这里有一个根本性疑问：物权行为的有因性、无因性果真是法律解释上的问题吗？如果说我们的实定法中没有可以认定物权行为的无因性的痕迹，那么至少在解释论的层面上，也许就不能主张物权行为的无因论吧？债权行为之后，当事人的意愿介入了，由此产生了履行义务的过程。本着这一意思，除了债权行为之外，是否还需要认定物权行为这一另一个法律行为的范畴？一般来说，合同是指产生债权关系的协议（obligatorischer vertrag）。所谓物权合同（dinglicher vertrag），是指不产生债权关系，在成立的同时达到效果的协议。这样的合同在法律的历史上,只能被看作是一种极为陌生的概念。[1] 而且,从韩国的交易实际来看,物权行为的概念难以找到立足之地。甚至,物权行为的概念与诸多法律逻辑乃至法律体系经常发生冲突。

世界上有更多的法制,虽然没有物权行为的概念,也能说明物权的变动。而我们在进行物权变动的理论建构时,是不是像宿命一样接受了物权行为的概念呢?也就是说,与德国民法不同,韩国民法中没有什么可以认定物权行为的实定法上的线索。[2]

四、由来于盲目地引进外国学说的蜗角之争

(一)序说

关于韩国民法典形成的历史特点,可以概括为间接继受[3]和复合继受[4]。"间接继受"和"复合继受"这两个特点对韩国民法学产生了积极影响,如对外国法律的开放性态度,或者是在法律运用上节约费用等。但负面影响也不容忽视,韩国民法学在接受外国民法学的过程中经常被发现的盲目性(不经过滤就接受外国学说的倾向)就是其中之一。学术领域的盲目性有时也会成为没有什么实际利益的学说之争的原因。在此我们探讨一下具有代表性的例子——关于"瑕疵担保责任"的本质的争论。关于"瑕疵担保责任"的本质的议论已成为韩国民法学上具有代表性的理论激战场,"战斗"至今仍在继续。从德国开始,经由日本传到韩国的"法定责任说"的展开过程,一目了然地展示了在韩国民法学中偶尔出现的盲目性。[5]

---

① 参见[韩]金基昌:《物权行为的诞生史》,[韩]明淳龟、金济完、金基昌、朴京信:《Adieu(再见),物权行为》,高丽大学出版部 2006 年版,第 40—42 页。

② 当然,传统学说也把民法的几条条文说成是认可物权行为的实定法的根据(如韩国《民法典》第 186 条、第 188 条第 1 款、第 375 条、第 569 条等)。但这是难以接受的观点。有的其他国家的民法中有同一内容的条文,但那些国家没有规定物权行为的概念。如果情况如此,将这些条文作为认可物权行为的实定法上的依据是不恰当的。

③ 也就是说,以日本民法典为媒介,接受了西方近代民法。

④ 也就是说,韩国民法典的直接的母法——日本民法典并没有只继受一个国家的法律,而是接受了很多国家的法制(德国法、法国法,英美法等)意思。

⑤ 关于瑕疵保任责任的本质,参见[韩]明淳龟:《债务不履行规范的一元化的基础》,[韩]金旭坤、梁昌洙、明淳龟等:《指向全球化的司法:其背景与韩国、法国的适应》(蒲公英第 5 卷),世昌出版社 2006 年版,第 375 页。

(二)瑕疵担保责任本质论与所谓“法定责任说”

关于担保责任的本质的争论,开始于德国民法学界对于特定物买卖展开的议论。“法定责任说”是在德国普通法时代形成的理论,其出发点是“当事人的意思不能延伸到特定物的性状”的观念。被特定的物与人对它的主观观念无关,其具有客观的性质和状态。因此,如果把某一特定的物作为合同的标的物,给付的客体就被确定为原样的物(die Sache, die da so ist)。[①] 当事人对特定物性状的观念不能成为法律行为的内容,只不过是一个动机而已。因此,对于特定物买卖的卖者来说,只要交付了“原样的物”就完成了完整的债务履行,对他不能追究债务不履行责任。因此,需要一个特别的制度来弥补这种情况,那就是“瑕疵担保责任”。

法定责任说是德国民法学通过对罗马法的探究得出来的结果,但其研究方法的妥当性令人怀疑。因为在罗马法上,瑕疵担保责任的内容因时代的不同而有相当大的差异,其差异的幅度从表面上看,与法定责任说和债务不履行责任说[②]的差距一样大。即使以被评价为对近代大陆法系民法上瑕疵担保责任制度的形成产生相对最大影响的查士丁尼(Iustinianus)时代的罗马法为标准来看,它与德国民法学关于瑕疵担保责任的本质进行的议论内容也没有什么直接的关联性。总而言之,法定责任说是德国民法学的创造物。

德国的法定责任说在日本和韩国的特殊环境中(不顾传统法律文化的连续性,以继受外国法律的方式实现了法律近代化),几乎盲目地被采纳了。在很长一段时间内,这一学说在日本和韩国被认为是无法打破的原则。但对于这一学说,很难承认其妥当性。从相当于法定责任说出发点的“特定物Dogma”(死理)开始就存在问题。尤其是,“特定物 Dogma”的观念很难被看作是合乎常识的。谁能接受“买卖合同上的标的物的性状非合同之内容”的说法呢?脱离常识框架的法理论只不过是一种虚构,不可能有生命力。在签订对特定物的买卖合同时,当事人应被视为以“具有一定性状的标的物”

---

① 日本学者们将此种理论称为“特定物 Dogma”,韩国也使用该术语。

② 与法定责任说相对比的学说有债务不履行责任说,此学说将瑕疵担保责任视为对卖方不履行债务的限制。也就是说,在特定物买卖方面,单纯依靠对买卖标的物的所有权及占有的转移,不能看作是卖方完全履行了债务。该学说认为,物件之性状不仅仅是单纯的动机,而是法律行为的内容。因此,在特定物买卖方面,卖方就“标的物没有瑕疵”承担合同上的义务。

和“一定金额的买卖代金”为对象交换了意思表示。值得一提的是,韩国的法定责任说中,也有将权利欠缺和种类物都纳入法定责任说来说明的见解。这种态度与德国有很大区别,德国将法律责任说限定为特定物的瑕疵担保责任。[①] 连对于从一开始“特定物 Dogma”就无法成为问题的情况,都要用法定责任说解释的态度,我们应该如何看待呢?关于担保责任本质的议论,今后有必要脱离历史的桎梏,探索适合国情的规范。

(三)所谓“法定责任说”在韩国的改变

1.改变的原因:韩国《民法典》第 374 条

如果依据德国民法学中形成的“特定物 Dogma”,标的物的瑕疵是原始性的还是后发性的就不成问题了。这也是一种忠实于“特定物 Dogma”的态度,但韩国的法定责任说有与此不同的内容。这由来于德国民法典中不存在的韩国《民法典》第 374 条和第 462 条的内容。对于这两个条文,多数说如下解释:特定物的债务人出于善良的管理者注意保管了标的物,如果在履行期内履行,即使标的物有后发性瑕疵也算是完成了债务履行的,但如果债务人违反了善良管理者的注意义务,产生了后发性瑕疵,则应根据《民法典》第 390 条的规定进行损害赔偿。从这个立场看,《民法典》第 374 条是韩国无法将德国式的“特定物 Dogma”原封不动地接受的决定性障碍因素,因为《民法典》第 374 条规定了“合同上义务”,也就是说合同缔结之后,给特定物债务人赋予了必须交付无瑕疵的物的义务。[②] 由此可见,韩国的法定责任说只把原始的瑕疵理解为担保责任的问题。总而言之,韩国的法定责任说和德国的法定责任说意义悬殊。

在此,我们也可以推论如下:韩国《民法典》第 374 条的存在,是不是反证着韩国民法对“特定物 Dogma”乃至法定责任说是无法接受的呢?在韩国《民法典》中,第 374 条是具有极其特别意义的规定,还是为了引起注意将理所当然的规范规定进去呢?这还有待进一步考察。但以上的推论,无论《民法典》第 374 条是什么性质的,都是妥当的。因为如果第 374 条是极为特别的规定,那么重视此规定是理所当然的事情,如果只是注意性规定,那么第 374

---

① 在此,德国关于法定责任说的说明是德国《民法典》(BGB)修改(2002 年 1 月 1 日)之前的情况。最近,德国《民法典》通过修改,放弃了法定责任说的宗旨。参见德国《民法典》第 433 条诸款。

② 日本的情况也是如此。

条就是成为其根据的极为重大规范的另一种表现，所以只能慎重对待。

2.对于韩国《民法典》第 374 条与第 462 条的适当性的批判

（1）关于韩国《民法典》第 374 条。第 374 条与日本《民法典》第 400 条[①]有着相同的宗旨，日本《民法典》第 400 条[②]是受到了法国《民法典》第 1136 条和第 1137 条，特别是第 1136 条[③]的影响。为了理解韩国《民法典》第 374 条的意思，我们来探讨一下法国《民法典》第 1136 条的内容。

法国《民法典》第 1136 条首先要注意的是"给予之债"（obligation de donner）的概念。对于"给予之债"的概念，韩国和法国之间有很大差异。"给予之债"是对应"行为之债"（obligation de faire）的概念。"给予之债"中的"给予"（donner 或者 dare）是指"物权的转移"。因此，"给予之债"是债权关系的内容伴随物权变动时才能存在的概念。另外，在物权变动采意思主义的法国民法中，物权变动与合同的效力相伴而生（法国《民法典》第 1138 条第 1 款）。因此，在以物权变动为内容的合同中，对债务人赋予的物权变动这一义务仅在理论上存在，而不是实际存在的义务。[④] 在法国《民法典》中，给付的履行不是债务履行的结果，而是合同本身的效力。

现在来探讨一下法国《民法典》第 1136 条的意思。该条规定，"给予之债"包含着交付义务（obligation de livrer）和保管义务（obligation de conserver）。也就是说，在法国的意思主义下，明确规定了交付义务和保管义务[⑤]在"给予之债"的关系中，为附随义务的事实。如此，在法国，第 1136 条之所以具有特别的意义，与法国《民法典》在物权变动中采取意思主义的事实密切相关。在日本《民法典》中，第 400 条有存在的意义，从日本采用意思主义的事实上可以很容易地理解。

但正如前面所暗示的，韩国的情况有所不同。对于正在采取形式主义

---

① 日本《民法典》第 400 条规定如下："债权标的为交付特定物时，债务人在交付之前，应以善良的管理者的注意保管其物。"

② 日本《民法典》第 400 条是对日本旧民法典财产编第 334 条（关于交付义务的规定）和第 462 条（关于保管义务的规定）略作修正后，统合成一条条文的。

③ Article 1136: L' obligation de donner emporte celle de livrer la chose et de la conserver jusqu' à la livraison, à peine de dommages et intérêts envers le créancier.

④ 正是在此意思上，法国的 Carbonnier 教授关于"给"的给付的存在时点，用"le temps d' unéclair"来表达。

⑤ 交付义务和保管义务是属于"行为之债"（obligation de faire）的。

的韩国来说,债务人要交付并保管标的物意味着这是主要的同时也是实际存在的债务。[①] 简而言之,韩国《民法典》第 374 条是毫无意义的规定。也就是说,第 374 条所规定的事项已经全部包含在第 390 条的内容中。

(2)关于韩国《民法典》第 462 条。韩国《民法典》第 462 条与日本《民法典》第 483 条[②]的宗旨相同,日本《民法典》第 483 条是受法国《民法典》第 1245 条[③]影响的产物。为了理解韩国《民法典》第 462 条的意思,我们来探讨一下法国《民法典》第 1245 条的内容。

法国《民法典》第 1245 条规定包含着如下两条一般原则:第一,作为关于物危险(risque de la chose)的原则的"所有者危险负担主义";第二,"每个人都应该对自己造成的损害承担责任"(chacun est responsable du préjudice qu' il cause)。第 1136 条是关于"给予之债"的规定,而第 1245 条是无论"给予之债"还是"行为之债",都适用于任何特定物债务的规定。作为第一条原则被适用的结果,特定物债务人将标的物以"交付时的状态"(dans l' état où il se trouve lors de la livraison)交付即可,因为作为持有他人所拥有的物的债务人,对物的灭失与毁损,不负担任何危险。另外,由于债务人持有他人所拥有的物,因此根据法国民法典第 1136 条、第 1137 条、第 1302 条及第 1303 条的规定,债务人承担保管及保管义务,违反该义务应当予以损害赔偿,这是法国民法典第 1245 条所包含的第二条原则。如此,第 1245 条只不过是重复了其他条文已经表达的规范,或者是将法国民法典中的一般原则加以明文化的规定,而并不是具有特别内容的规定。

下面探讨一下韩国《民法典》第 462 条的内容。通说对此规定的意思进行了如下解释:特定物债务无法用其他的物来代替给付的标的物,因此在债权成立后的履行期内,即使标的物的状态由于变质、毁损等发生了变化,导致与债权成立时有差异,如果以此状态交付,也是有效的偿还。但其差异是

---

① 例如,在韩国,动产的买卖中,卖方的交付义务是最具有本质性的债务,因为卖家的所有权转移义务是因交付而履行的(韩国《民法典》第 188 条第 1 款)。

② 日本《民法典》第 483 条规定:"债权的标的为特定物的交付时,清偿人应按交付时的现状交付其物。"

③ Article 1245: Le débiteur d' un corps certain et déterminé est libéré par la remise de la chose en l' état où elle se trouve lors de la livraison, pourvu que les détériorations qui y sont survenues ne viennent point de son fait ou de sa faute, ni de celle des personnes dont il est responsable, ou qu' avant ces détériorations il ne fût pas en demeure.

因归责于债务人的事由而产生时,应当予以损害赔偿(韩国《民法典》第 374 条)。不过,关于第 462 条的特别说明有什么实用性还是个疑问。债权发生后,如果标的物受到毁损,根据债务人是否有过失,将作为债务不履行或危险负担的问题进行处理,因此可以说第 462 条的适用,不会对法律关系带来什么特别的变化。从立法论的角度来看,第 462 条是需要废止的条文。值得一提的是,通说认为,第 462 条规定了"特定物 Dogma",此见解无论是从第 462 条的立法系统[①]还是从对韩国民法的系统性理解的视角来看,都是难以接受的。[②] 如果像通说所说,韩国民法是将"特定物 Dogma"以明文的方式加以认定的,那么它就会成为一种极为独特的法制了。

(3)改变的结果。传统的法律责任说认为,在瑕疵担保责任的理论体系中,韩国《民法典》第 374 条和第 462 条是重要因素。但如上所述,这两条条文要么是重复规定,要么没有蕴含特别的意义,是无用的规定。努力给无用的规定赋予特别的意义,只不过是虚构而已。而且,这种态度在某些情况下可能会对整个法律体系造成重大歪曲。特别是对于将第 462 条作为"特定物 Dogma"的实定法上的根据进行理解的立场,要加以如下批判:如果要引进由德国学说形成的理论,这就足够了,作为该理论的依据,举出渊源于法国《民法典》的,只能被认为是无用的、虚构的规定而已。

(四)小结

法定责任说的发源地德国《民法典》规定,给卖方赋予了调拨物上及权利上无瑕疵的物的义务(BGB §433I)。笔者认为,没有任何理由执着于与历史必然性无关的、连在发祥地都消失了的、与韩国的交易观念及思维方式不符的观念。一直以来,关于担保责任的争论甚至超过了其有用性。笔者认为,无论往哪个方向,如果不理清这一问题,就无法期待债务不履行规范的正向发展。对于具有对外贸易依存度较高的经济结构的韩国来说,根据世界性的倾向(如《联合国国际货物销售合同公约》,CISG),将债务不履行规范进行一元化是有利的选择。法定责任说是这一方向的绊脚石。

法律的发展是指寻找对社会最有效、最适当的规范的过程。笔者认为

---

① 相当于第 462 条母法的法国《民法典》第 1245 条是与德国的"特定物 Dogma"毫无关联的条文。

② 相当于韩国《民法典》第 462 条母法的日本《民法典》第 483 条立法时,并不知道"特定物 Dogma"的概念。

基本方向之一是“规范的单纯化”。即使是再好的理论,如果伴随着远远超出理论效用的复杂性,也很难被接受,因为那个理论没有经济效率。倾听外国的立法例和学说,应当把它们当作自我反省的契机,但这必须是有目的的行为,也必须是具有实质内容的。

我们在民法学中偶尔发现的外国理论的盲目输入,甚至引进不符合我们实定法的外国理论并展开争论,也许会使我们的民法学永远停留在外国民法学的负面阴影中。

五、结论

韩国《民法典》于1958年2月22日通过官报公布。这样看来,韩国《民法典》已过“不惑之年”“知天命之年”。对于生活在2022年的韩国民法学者来说,“天命”意味着什么呢?在私法领域,课题堆积如山,每个学者的心里都有各自的计划。当今世界的私法秩序正处于巨变的浪潮之中,现在我们也应该摆脱像过去一样被动地迎合别人制定法律的令人遗憾的样子,站在自主的立场上探索对策。希望未来的民法学能够摆脱历史的桎梏,成为蕴含愿景(vision)的法学。

以这样的心态回顾韩国民法学的过去,似乎也有不少可以称为“蜗角之争”的学说争论,其中包括“骑马比赛用的马的幼崽算不算是天然孳息”等比较低级的争论。如果继续进行微不足道的争吵,会很容易把它误认为是世事的整体水平,如果这样做,就会失去真正能看到大事的眼光。这是学者们应该警惕的事情。

诗人白居易在《对酒》(其二)这首诗中劝人超越蜗角之争,寻找真实的“自我”。在韩国《民法典》制定64周年之际,笔者通过白居易的眼睛,举出韩国民法学的几个片段,从批判性的视角回顾了过去。

【原文】

韓國 民法學에 蝸角之爭은 없었는가?

－'對酒其二'를 노래한 白居易의 눈으로 民法學 뒤돌아보기－

明淳龜

I. 序論

대한민국 民法이 올해로 制定 64 주년을 맞았다. '64 년'은 결코 짧은 시간이 아니다. 이 기간 동안 韓國 民法은 量과 質에서 괄목할 만한 발전을 이룩하였다. 그러나 사회 · 문화 · 경제 환경의 변화에 따라 法現實도 빠른 속도로 변하여 세계의 私法은 거센 변화의 물결 속에 휩싸여 있으며, 우리도 물론 그 속에 存在하고 있다. 현재 우리나라는 세계 10 위권에 근접하는 경제규모를 가지고 50 살이나 된 民法을 가지고 있다. 이런 나라가 단순히 세계 法文化의 受惠國에 머물러 있는 것은 태만이다. 이제는 우리도 세계 法文化의 진보에 기여해야 한다. 이를 위해서는 우리 자신을 정확히 알아야 하며, 이는 우리의 과거를 돌아보는 일로부터 시작된다.

白居易의 '對酒其二'(술잔을 앞에 놓고 2)라는 詩는 "蝸牛角上爭何事"로 시작하고 있다. 달팽이 더듬이 위에서 다투는 일이 부질없음을 노래하고 있다. 서로 다른 시각을 가진 사람들 사이의 學說論爭은 學問發展의 原動力이다. 民法學도 끊임없는 學說論爭 속에서 성장해 왔다. 종래 民法學의 學說다툼 중에 어떤 것은 論爭의 實益을 유지하며 앞으로도 계속 民法 發展을 위한 에너지를 공급할 것이다. 그러나 그야말로 蝸角之爭에 不過한 것도 적지 않다고 본다. 어떤 것은 애초부터, 또 어떤 것은 시간이 지나면서 意味를 잃었다. 이와 같은 學說다툼을 이제 한 번 整理할 필요가 있지 않을까? 가을이 되면 수분과 양분을 절약하기 위해 나무들이 잎을 떨어뜨리며 새로운 성장을 기약하듯 말이다.

韓國 民法學에 存在하는 '蝸角之爭'은 다양한 類型으로 분류할 수 있다. 필자가 평소 '蝸角之爭'으로 評價하고 있는 學說다툼을 여기에서 망라할 의도는 없다. 이 글에서 말하기에는 量과 質 양쪽에서 모두 용량을 넘는 일이기 때문이다. 이 글에서는 몇 가지 類型을 들어 예시적으로 소개하는 선에서 그치기로 한다.

II. 立法構圖의 沒覺에서 由來한 蝸角之爭

1. 序說

現行 民法典의 制定經過를 세밀히 추적해 보면 다른 주요 法典들에 비하여 상대적으로 오랜 기간과 세심한 노력이 투입되었다는 것을 알 수 있다. 民法案에 대한 國會 本會議의 심의에 앞서 당시 法務部 次官(裵泳鎬)은 國會議員들 앞에서 民法案提案說明을 하였다. 그는 立法方針으로서 다음 몇 가지를 指摘하였다: ① "첫째, 본 法案은 소위 大陸法體系를 채용하였습니다."; ② "둘째, 극단적인 個人主義 思想의 止揚·發展입니다."; ③ "셋째, 본 法案은 現行 法制度를 재검토하여 우리 현실에 부합하도록 수정함과 아울러, 종래 學說上 問題가 되는 점 또는 뚜렷한 慣習 등에 대하여 어떤 것은 解決하고 또 어떤 것은 成文法으로 採擇하였습니다. 이것은 법발전의 당연한 처사입니다."; ④ "다음, 신분편에 있어서는 종래의 慣習法을 整理함과 동시에 신시대의 이념구현에 특히 노력하였습니다." 여기에서 유의하고자 하는 것은 위 立法方針 중 ③에 관련된 것이다.

現行 民法 規定 중에는 依用民法 아래에서 學說대립이 있던 부분에 대하여 명확하게 立法的 決斷을 내린 경우가 적지 않다. 決斷의 방향은 대부분 당시의 通說 또는 判例의 態度를 反映하는 것이었다. 立法者의 意思가 법해석에 있어서 절대적인 意味를 가질 수는 없다. 그러나 그와 같은 決斷이 있었음을 의식하지 않은 채 依用民法 시대의 學說다툼을 여전히 계속하는 태도는 결코 바람직스럽다고 할 수 없다. 이와 같은

경우 중 최악은 다음과 같은 상황이다: 어떤 논점에 대하여 依用民法 시대에 ⓐ·ⓑ·ⓒ의 세 개 學說이 있었지만, ⓐ·ⓑ는 ⓒ의 타당성을 보강하기 위하여 내세우는 것일 뿐 실제로 主張하는 學者는 없었고 오직 ⓒ만이 실제 學說과 判例에 의하여 채택된 것이었다; 立法者는 ⓒ의 趣旨를 明文으로 條文에 반영하여 現行民法이 되었다; 그럼에도 불구하고 現行民法 아래에서의 學說狀況은 여전히 ⓐ·ⓑ·ⓒ의 대립상태이다; 물론 현재에도 ⓐ·ⓑ를 主張하는 學者는 없다.

필자로서는 우리 民法의 解釋論 중에 위와 같은 최악의 상황에 해당하는 경우가 없을 것이라는 확신을 가질 수 없다. 최악의 상황은 아닐지 모르지만 다음과 같은 경우는 허다하다: 어떤 논점에 대하여 依用民法 시대에 ⓐ·ⓑ·ⓒ의 세 개 學說이 있었지만 ⓒ가 通說의 立場이었다; 立法者는 ⓒ의 趣旨를 明文으로 條文에 반영하여 現行民法이 되었다; 그럼에도 불구하고 現行民法 아래에서의 學說상황은 여전히 ⓐ·ⓑ·ⓒ의 대립상태에 있으며 通說은 여전히 ⓒ이다. 아래에서는 이에 해당하는 예를 몇 가지 들어보기로 한다.

2. 몇 가지의 事例

(1) 事例 1: 民法 제 1 조 [法源]

民法原案 제 1 조는 다음과 같다: "民事에 관하여 法律에 規定이 없으면 慣習法에 의하고 慣習法이 없으면 條理에 의한다." 依用民法은 이와 같은 明文規定이 없었고, 다만 法例 제 2 조는 慣習法이 法源임을 規定하고 있었다. 民法原案 제 1 조는 民法典編纂要綱에 따라 立案된 것이었다. 民法案에 대한 예비심사를 위임받은 법제사법위원회 民法案審議小委員會는, 條理를 法源에 포함시킨 것에 대해서는 약간의 이의도 있으나, 법관은 法律 또는 慣習法이 없다고 하여 裁判을 거부할 수 없으므로 裁判의 기준이 되어야 할 法源의 하나로서 條理를 認定함이 타당하다는 쪽으로 의견을 모으고 原案을 그대로 채택하기로 합의하였다. 한편, 民事法研究會는 다음과 같은 修正案을 제시하였다: "民事에 관하여 法律 또는 慣習法이 없으면 條理에 의한다." 이는 成文法과 慣習法 사이에 우열을 認定할 수 없다는 당시 學說上의 對等的 效力說에 따른 것이었다. 이 수정안은 玄錫虎 의원의 수정안으로 國會

本會議에 제출되어 치열한 論爭이 있었으나 결국 原案대로 가결되어 現行法이 되었다.

民法의 立法 당시에는 制定法과 慣習法의 관계, 條理의 法源性 등에 관하여 學說다툼이 있었다. 그런데 이에 관한 우리 民法의 立法者意思는 制定法과의 관계에서 慣習法의 補充的 效力, 條理의 法源性 긍정으로 요약될 수 있다. 이들 問題는 매우 심원한 법이론에 뿌리를 두는 것으로 그것을 학문적 論議의 대상으로 하는 것까지 이상하다고 할 것은 아니다. 그러나 依用民法 시대와 동일한 정도의 論議가 현재에도 계속되고 있는 현상에 대해서는 좀 다른 評價가 가능하다. 民法 제1조에 관한 현재의 學說다툼이 民法制定 과정에서의 論議를 염두에 둔 것인가? 우리 民法 제1조에 해당하는 規定이 없는 日本은 지금도 依用民法 시대와 동일한 學說다툼을 피할 수 없을 것이다. 그러나 法源에 관한 明文規定을 둔 韓國의 學說은 日本과는 다른 모습으로 전개되어야 마땅하지 않겠는가!

특히 條理의 法源性에 관한 學說다툼은 蝸角之爭의 하나라고 본다. 이에 관한 學說對立이 실제상의 차이를 가져오는 것은 아니다. 어느 學說에 의한다 하더라도 법관이 최후로 의존할 수 있는 것이 條理라는 사실에는 변함이 없기 때문이다. '法源'이라는 것은 法의 存在形式인데, 條理는 법이 아니라 법의 기초를 이루는 것이라는 형식논리로 접근하는 것이 條理의 法源性을 부정하는 學說의 태도인 것 같다. 그런데 法源이라는 概念은 機能的 觀点에서 理解할 필요가 있다. 機能的 觀点에서 볼 때 法源은 法律紛爭의 解決規準이며, 法源의 概念을 그렇게 理解하는 것으로 필요 충분하다고 본다. 요컨대, 條理는 民事紛爭의 최후의 解決規準으로서 法源이라고 생각한다. 判例도 같은 立場으로 評價된다. 憲法 제27조 제1항은 請求權的 基本權으로서 裁判請求權을 規定하고 있다. 이 規定을 民事裁判의 측면에서 본다면, 모든 국민은 스스로 法院에 소를 제기할 수 있는 私權保護請求權을 가지며, 적법하게 제기된 訴에 대하여 法院으로서는 '司法拒絶禁止의 原則'에 따라 당해 사안에 適用될 法規가 없다는 理由로 裁判을 거부할 수 없다. 그러므로 구체적 紛爭을 解決할 수 있는 成文法도 없고 慣習法도 存在하지 않는다면 최종적으로 條理에 따라 裁判을 하여야 한다. 民法 제1조가 '條理'를 언급하고 있는 理由는 이런 관점에서 理解하는 것으로 충분하다고 생각한다.

(2) 事例 2: 民法 제262조 [物件의 共有]

民法 제262조에 해당하는 民法原案 제252조는 다음과 같이 規定한다: "① 物件이 持分에 의하여 數人의 所有로 된 때에는 共有로 한다. ② 共有者의 持分은 均等한 것으로 推定한다." 原案 제1항은 共有에 대한 概念定義로서 依用民法에 없던 規定을 新設한 것이고, 제2항은 依用民法 제250조와 같은 趣旨이다. 原案 제252조는 아무런 수정없이 原案대로 가결되어 現行民法 제262조가 되었다. 이 條文에서 눈길을 끄는 것은 제1항이다.

共有의 概念 내지 法的 性質에 관해서 依用民法 시대부터 學說上 다툼이 있었는데 그 內容은 이러하다. 제1설(소위 '量的 分割說')은, 所有權은 하나이며 다만 하나의 物件이 持分의 比率에 따라 분량적으로 분할되어 數人에게 속하고 있는 상태라고 한다. 제2설(소위 '多數所有權競合說)은, 共有者가 각각 所有權을 가지며 각 所有者는 서로 제한을 받는다고 理解하는 見解이다. 제2설에 대해서는 所有權과 持分의 概念을 混同하고 있다는 비판이 가해지며, 一物一權主義를 기조로 共有의 概念을 說明하는 제1설이 일찍부터 通說로 자리잡았다. 民法 제262조 제1항(民法原案 제252조 제1항)의 內容은 依用民法 시대의 제1설과 동일한 것이다. 즉 立法者는 당시의 通說을 반영하여 共有의 法的 性質에 대하여 決斷을 내린 것이다. 현재 判例도 제1설과 같은 立場이다. 우리 民法 제262조 제1항에 해당하는 規定이 없는 日本은 지금도 依用民法 시대와 동일한 學說다툼을 피할 수 없을 것이다. 그러나 明文規定을 두고 있는 韓國의 學說은 日本과는 다를 수밖에 없다. 별다른 실익도 없는 學說대립, 그것도 明文의 規定에 명백히 반하는 學說을 계속 認定하여야 할까?

(3) 事例 3: 民法 제406조 [債權者取消권]

民法 제406조(債權者取消權)에 해당하는 民法原案 제397조는 다음과 같이 規定한다: "① 債務者가 債權者를 害함을 알고 財産權을

目的으로 한 法律行爲를 한 때에는 債權者는 그 取消 및 原狀回復을 청구할 수 있다. 그러나 그 行爲로 이익을 받은 者나 轉得한 者가 그 行爲 또는 轉得 당시에 債權者를 害함을 알지 못한 경우에는 그러하지 아니하다. ② 전항의 訴訟은 債權者가 取消原因을 알은 날로부터 1년, 法律行爲 있은 날로부터 5년 내에 提起하여야 한다." 原案 제397조 제1항은 依用民法 제424조, 제2항은 依用民法 제426조에 對應하는 것이지만 다음과 같은 점에서 큰 차이가 있다: ① 依用民法은 '取消'만을 規定하고 있으나 民法案은 이와 아울러 '原狀回復'을 추가하였다; ② 債權者取消權의 행사기간을 단축하였다. 民法原案 제397조는 제1항 제1문의 原狀回復 다음에 '법원에'라는 문구를 추가하는 것을 제외하고는 그대로 國會 本會議에서 가결되어 現行民法 제406조가 되었다.

債權者取消權의 法的 性質에 대해서는 依用民法 시대에 學說對立이 있었다. 제1설 (소위 '形成權說' 또는 '取消權說') 은 債權者取消權의 本質에 대하여 詐害行爲를 取消하는 形成權으로 理解한다. 그리하여 債權者取消訴訟의 性質을 形成의 訴로 파악한다. 제2설 (소위 '請求權說 또는 '返還權說') 은 債權者取消權의 性質을 詐害行爲에 의하여 債務者의 재산으로부터 逸脫된 財産의 회복으로 理解한다. 그리하여 債權者取消訴訟의 性質을 履行의 訴로 파악한다. 제3설 (소위 '折衷說' 또는 '併合說') 은 債權者取消권을 詐害行爲의 取消와 재산의 회복이 병합된 것으로 理解한다. 그리하여 債權者取消소송의 性質을 形成의 訴와 履行의 訴가 합쳐진 것으로 파악한다. 舊法時代 通說과 判例는 제3설의 立場이었다. 民法原案 제397조 제1항은 舊法時代의 通說과 判例를 明文化한 것이다. 우리 民法 제406조 제1항에 해당하는 規定이 없는 日本은 지금도 依用民法 시대와 동일한 學說다툼이 가능할 것이다. 그러나 明文規定을 두고 있는 韓國의 學說은 日本과는 다를 수밖에 없다. 사실 현재 우리나라에서 제1설 또는 제2설을 主張하는 學者는 없는 것으로 알고 있다. 실제로 主張되지도 않는 學說, 그것도 明文의 規定에 명백히 반하는 學說이 계속 存在하는 것처럼 소개할 필요는 없을 것 같다.

3. 評價

위에서 現行民法의 立法構圖와 무관하게 舊法時代의 學說이 그대로 계속되는 경우 몇 가지를 예시적으로 지적하였다. 구법에는 明文規定이 없어서 學說對立이 심하던 사항에 대하여 立法的 決斷을 하였다면 그것은 現行民法의 立法 당시 치열한 고민의 결과였을 것이다. 現行民法의 解釋에 있어서 그것을 전혀 고려하지 않는 것은 성실한 학문자세가 아니라고 본다. 그리고 만약 그러한 경향이 우리의 立法過程을 도외시한 채 日本의 文獻에만 의존하여 학문을 한 결과라면 그것은 중대한 과오가 아닐 수 없다.

III. 自主性의 認識 不足에서 由來한 蝸角之爭

1. 서 설

나의 계통이 어떠하고, 현재 어디에 있으며, 앞으로 어디로 어떻게 가야 할 것인가를 정확히 알고 있는 사람은 외부적인 요인에 쉽게 흔들리지 않는다. 반면 그 반대의 경우에는 다른 사람의 말 한마디, 몸짓 하나에 마음을 쓰며 경우에 따라서는 미래를 예측하지도 못한 채 그를 모방하는 경향이 있다. 종국에 가서야 그 길이 내 것이 아님을 알게 될 것인데 그 마음이 어떠할까? 우리는 근대적 意味의 民法學을 日本을 통하여 시작하였고 그 이후로 오랜 기간 동안 日本의 그늘을 벗어날 수 없었다. 그러다 보니 굳이 日本을 뒤따르지 않아도 될 것을 따라간 경우가 적지 않다. 그 중의 대표적인 것으로 '物權行爲'에 관한 論爭을 들고자 한다.

2. '物權行爲' 槪念의 필요성 問題

종래 學說이 物權行爲 槪念을 유지하고자 하는 실제적 理由는 크게 다음의 두 가지로 要約할 수 있다: ① 物權行爲가 處分行爲라는 점을 들어 處分權이 없는 사람의 處分行爲는 無效이어서 物權이 移轉되지 않는다는 것을 說明하기 위한 도구; ② 物權行爲의 無因性 認定을 위한 前提. 만약 處分權 없는 사람에 의한 處分行爲의 效力을 說明할 수 있는 다른 방법이 있고, 또한 物權行爲의 無因性을 認定하지 않는다면

物權行爲 概念을 유지하여야 필요성은 거의 없을 것이다. 여기에서는 ①의 問題에 대해서만 살펴본다.

프랑스民法에서는 物權行爲의 槪念 없이도 ①의 問題를 處理하고 있다. 프랑스民法은 "누구도 자기가 가진 것을 초과하는 權利를 타인에게 讓渡할 수 없다"(Nemo plus juris ad alium transferre potest quam ipse habet)는 原則에 근거하여 제 1599 조에서 "타인 소유의 物件에 대한 賣買는 無效다"라고 規定하고 있다. 제 1599 조의 해석에 있어서 구체적인 부분에서 學說다툼이 있기는 하나 通說은 다음과 같이 理解한다: ① 제 1599 조가 適用되는 것은 特定物賣買에 限定된다; ② 매수인이 선의인 경우에는 제 1599 조에 의하여 無效이지만, 매수인이 악의인 경우에는 賣渡人이 所有權을 取得하여 移轉하여 주는 債務를 負擔하는 것을 內容으로 하는 無名契約으로서 有效하다. ②의 內容은 實質에 있어서 우리 民法 제 569 조와 다를 바가 없다. 요컨대, 處分權이 없는 사람의 處分行爲는 無效이어서 物權이 移轉되지 않는다는 것은 物權行爲 槪念이 있어야만 가능한 것은 아니다. 無權利者로부터는 權利를 取得할 수 없다는 法理를 반드시 法律行爲의 틀 속에서 찾아야 할 것은 아니라는 것이다.

한편, 종래 學說 중에는 英美法이나 프랑스법에서도 物權行爲의 槪念이 認定된다는 趣旨의 主張도 있다. 英美不動産 거래에서의 物權讓渡行爲(conveyance)를 들어 英美法에서도 物權行爲의 독자성이 認定된다고 說明한다든가 혹은 프랑스民法에 있어서 物權的 意思表示는 債權行爲와 합체되어 행해진다는 說明이 그것이다. 그러나 英美法에는 物權行爲라는 槪念은커녕 法律行爲의 槪念조차 存在하지 않으며, 프랑스民法學이 독일식의 物權行爲 槪念을 사용하여 物權變動을 說明하는 것도 아니다. 기능적인 면에서 유사하다고 그와 같은 評價를 하는 것은 학문적 엄밀성과 거리가 있다고 생각한다. 法律行爲의 槪念이 모든 법제에 공통된 일반적인 것은 아니며, 특히 物權行爲 槪念은 더욱 그러한 것이다.

登記申請을 하기 위해서는 申請書, 登記原因을 證明하는 書面 등을 提出하여야 하며(不動産登記法 제 40 조 참조), 申請書에는 登記原因과

그 年月日을 記載하여야 한다(不動産登記法 제41조 제5호 참조). 登記原因이 問題되는 理由는 그것을 基準으로 登記의 有效性을 判斷하겠다는 것이다. 登記原因을 證明하는 書面은 賣買契約書이다. 賣買契約과 登記 사이에 物權行爲가 있다고 하기 위해서는 賣買契約과 登記 사이에 物權變動을 內容으로 하는 意思表示의 交換이 있어야 한다. 그러니 양자 사이에 그와 같은 요소가 개입할 여지는 없다. 한편, 최근의 한 學說은 不動産物權變動에 있어서 物權行爲는 登記申請行爲라고 主張한다. 그런데 이 見解에 따르면, 不動産登記法 제40조가 정하는 登記書類 어느 것에도 物權行爲의 요소는 반영되지 못하는 결과가 되는데, 이러한 상황에 대한 評價는 다음 두 가지 중의 하나가 될 수밖에 없다: ① 우리의 不動産登記法이 잘못되었다(왜냐하면 物權變動의 有效性을 결정짓는 登記原因을 記載하는 것을 요구하고 있지 않으므로); ② 物權行爲는 登記原因이 될 수 없다. 物權變動의 原因이기에 物權行爲라는 槪念을 認定하는 것인데, 사정이 이러하다면 物權行爲를 認定하는 理由가 모호해진다.

3. 物權行爲 無因論의 有用性 問題

(1) 無因論의 論據와 그 問題点

物權行爲의 槪念 자체를 認定하지 않는다면 物權行爲의 有因性·無因性 問題는 論議의 여지가 없다. 그러나 이 問題를 整理해 보는 것도 나름대로 意味를 가진다. 왜냐하면 物權行爲의 槪念을 認定하는 중요한 理由 중의 하나가 그것이 物權行爲의 無因性의 前提가 되기 때문이다. 그러므로 만약 現行法上 物權行爲의 無因性을 認定할 수 없다면 物權行爲의 槪念은 存在理由를 거의 잃게 된다.

無因論의 주된 論據는 다음과 같다: ① 物權行爲와 債權行爲는 별개의 行爲이므로 有效性도 따로 判斷하여야 한다; ② 物權的 法律關係는 모든 사람에 대하여 명료함을 그 理想으로 하므로 物權行爲의 效力을 當事者 사이에서만 效力이 있는 原因行爲의 有效性 여부에 의하여 影響을 받게 하는 것은 부당하다; ③ 無因性을 認定함으로써 登記에 公信力을 認定하고 있지 않는 民法의 제도상의 결함을 보정하여 거래의 안전을 보호할 수 있다.

①에 대하여 살펴본다. 별개의 行爲인 경우에 그 有效性도 따로 判斷하여야 한다는 말에는 수긍이 간다. 그런데 問題의 핵심은 그와 같이 有效性을 따로 判斷해 보았더니, 가령 原因行爲는 無效이고 物權行爲는 有效인 경우에 原因行爲의 無效로 인하여 物權行爲도 無效로 되는가 하는 것이다. 그러므로 ①의 論據는 방향설정이 잘못된 것으로 보아야 한다.

②에 대하여 살펴본다. 法律關係의 明瞭性을 내세우고 있는데 法律關係의 明瞭性이라는 것은 物權行爲에서만 問題되는 것은 아닐 것이다. 게다가 法律行爲를 原因으로 하는 法律關係에 있어서 當事者의 意思를 제쳐 두고 明瞭性이라는 것이 그렇게 최우선적으로 고려되어야 할 사항인가 하는 것도 의문이다.

③에 대하여 살펴본다. 物權行爲의 無因性을 認定하는 論據로 가장 중요한 것이 이것이다. 그런데 이 論據에 대하여 종래 이루어졌던 전통적인 비판점들 이외에 종래의 無因論이 모두 '相對的 無因論'이라는 점에 특히 주목하고자 한다.

相對的 無因論이란 物權行爲는 原則的으로 無因行爲이지만 當事者가 債權行爲의 有效를 物權行爲 有效의 條件으로 한 때에는 有因性을 갖는다는 것이다. 그런데 相對的 無因論은 오히려 無因論의 가장 중요한 목표인 거래안전을 무색하게 한다. 왜냐하면 當事者의 意思에 의하여 아주 간단하게 有因行爲가 되기 때문이다. 결국 相對的 無因論은 無因論을 無意味하게 만들게 된다. 이와 같은 형상은 債權行爲의 有效를 物權行爲의 有效의 條件으로 하는 것이 默示的 意思表示로도 가능하다고 하는 경우에 더욱 심화된다. 왜냐하면 정상적인 精神能力을 가진 當事者라면 債權行爲의 有效를 物權行爲의 有效의 前提로 삼고 있을 것이기 때문이다. 우리의 거래실정에 비추어 볼 때, 原因行爲로서의 債權行爲가 실효된다 하더라도 物權行爲는 有效하여 物權이 變動되는 것을 의도하는 사람은 거의 없을 것이다. 그리고 만일 어떤 當事者가 그와 같이 독특한 意思를 가지고 있다면 그 사람은 意思無能力者로서 당해 物權行爲 자체가 無效로 된다고 評價하여야 할 것이다. 요컨대, 無因論의 가장 중요한 論據는 無因論

자체의 主張 (즉 相對的 無因論) 에 의하여 說得力을 잃어버리는 셈이 된다 .

(2) 無因論의 妥當範圍의 限定性

物權行爲의 有因性 · 無因性을 說明하기 위하여 다음과 같은 식의 事例를 드는 것이 일반적이다 : A 와 B 사이에 賣買契約이 締結되었는데 賣買契約 당시에는 取消事由가 있었으나 그 후 物權行爲가 이루어질 때에는 取消事由가 없어졌다 ; 取消權者 A 가 取消權을 행사하여 賣買契約이 無效로 되었다 . 거래 실제에서 이와 같은 상황이 발생할 수 있는지에 대해서도 의문이 있지만 그대로 수용하면서 論議하기로 한다 .

이와 같은 사안에 대하여 종래 有因論은 다음과 같이 말한다 : A 는 物權的 返還請求權을 行使하여 B 로부터 物件을 찾아올 수 있다 ; 왜냐하면 原因行爲의 無效에 따라 物權行爲도 無效로 되어 B 에게 物權이 移轉하지 않았기 때문이다 . 無因論은 다음과 같이 말한다 : A 는 不當利得返還法理에 의해 B 로부터 物件을 찾아올 수 있을 뿐이다 ; 왜냐하면 債權行爲의 실효에도 불구하고 物權行爲는 影響을 받지 않아 所有權은 B 에게 移轉하였으나 所有權取得에 法律上의 原因이 欠缺되어 있기 때문이다 .

이 說明은 有因論과 無因論의 內容을 굴절없이 그대로 반영한 것이다 . 그런데 이 說明이 우리 現行法 아래에서 가지는 타당범위에 대해서는 의문이다 . 위 사안에 대하여 無因論의 趣旨에 따라 “債權行爲는 실효되고 物權行爲는 有效하다” 라고 評價할 수 있겠는가 ? 이러한 입론의 타당범위는 法律行爲에 있어서의 法定追認制度 (제 145 조) 에 의하여 현저하게 축소된다 . 위 사안을 토대로 그 理由를 說明하면 다음과 같다 : 物權行爲의 槪念을 認定하는 立場에서 物權行爲는 債權行爲에 대한 履行行爲이다 ; 物權行爲時에는 取消事由가 없었다는 것은 債權行爲시에 存在했던 取消의 原因이 제거된 후에 法定追認事由에 해당하는 ‘全部나 一部의 履行’(제 145 조 제 1 호) 이 있었다는 것이 된다 . 여기에서 法定追認制度로 인하여 物權行爲의 無因論의 논리가 관철되지 않는다는 사실에 유의할 필요가 있다 . 物權行爲의 시기에 대해서 登記書類를 交付하거나 動産을 引渡하는 때로 보는 立場과 債權行爲와 합체되어 행해진다는 立場이 대립하는데 두 立場으로 나누어 살펴보자. 우선, 物權行爲의 시기에 관한 전자의 立場에서는 無因論의 意味가 거의 상실되게 된다. 왜냐하면 登記書類의 交付 또는 物件의 引渡라는 履行行爲에 의하여 債權行爲 자체가 치유되어 無因論이 意味를 발휘할 수 있는 상황(즉 '債權行爲 실효'-'物權行爲 有效')이 될 수 없기 때문이다. 한편, 物權行爲의 시기를 債權行爲時로 보는 立場에서는 物權行爲와 債權行爲의 有效性이 같은 시점에서 判斷되어 역시 마찬가지로 無因論이 意味를 발휘할 수 있는 상황이 되지 않는다. 요컨대, 위 사안과 같은 경우에 無因論은 意味를 가지지 못한다.

위에서는 原因行爲에 取消事由가 있는 경우를 보았다. 그렇다면 原因行爲가 無效인 경우는 어떠한가? 다음과 같은 事例를 들어 보자: A와 B 사이에 賣買契約이 체결되었는데 原因行爲인 賣買契約 체결시에는 A가 意思無能力 狀態에 있었으나 物權行爲는 意思能力을 회복한 상태에서 이루어졌다. 거래 실제에서 이와 같은 상황이 발생할 수 있는지에 대해서도 의문이 있지만 그대로 수용하면서 論議하기로 한다. 物權行爲의 시기를 登記書類를 交付하거나 動産을 引渡하는 때로 보는 立場과 債權行爲와 합체되어 행해진다는 立場으로 나누어 살펴보자. 우선, 후자의 立場에서는 無效事由가 原因行爲와 物權行爲에 공통되어 物權行爲의 無因論이 意味를 가지지 못한다. 다음으로, 전자의 立場에서는 이 상황을 ['債權行爲 無效'-'物權行爲 有效']의 構圖로 理解할 수도 있을 것 같다. 그런데 이때의 物權變動의 有效性을 肯定하기 위한 法理的 理由로 物權行爲의 無因論만 있는 것은 아니라는 점에 유의할 필요가 있다. A가 意思能力을 회복한 후에 A와 B 사이에 物權變動으로 지향된 意思의 合致가 있었고 이러한 意思가 動産의 引渡 또는 不動産登記書類의 交付와 같은 方法으로 表示되었다면 이 行爲는 默示的인 方法으로 이루어진 無效行爲의 追認(제139조)으로 評價될 可能性이 크다. 그리고 만약 이 상황을 無效行爲의 追認으로 理解하게 된다면 意思無能力 상태에서 이루어진 原因行爲가 無效임에는 변함이 없지만(無效行爲의 追認에는 소급효가 없으므로) 追認 이후에는

追認으로 인하여 原因行爲와 物權行爲가 모두 有效한 것으로 되어, 그 결과 物權行爲의 無因論이 意味를 發揮할 수 있는 狀況(즉 '債權行爲無效'-'物權行爲 有效')이 存在하지 않게 된다.

4. 評價

종래 物權行爲의 無因論에 관한 우리나라에서의 論議를 보면 실천적 목표를 고려하지 않은 채 순수논리적 차원에서 진행되는 것 아닌가 하는 느낌을 받을 때가 있다. 有因論의 立場에서는 "無因主義를 취하기 위해서는 明文規定이 필요하다"라고 主張하고, 이에 대하여 無因論의 立場에서 "有因主義를 정한 明文規定이 없으므로 無因論이 타당하다"고 반박하는 식의 논란이 그 대표적인 예이다. 여기에서 다음과 같은 근본적인 의문을 가져본다: 物權行爲의 有因性, 無因性이 과연 法解釋上의 問題인가? 우리 實定法에 物權行爲의 無因性을 認定하였다고 볼 수 있는 흔적이 없다면 최소한 解釋論的 차원에서는 物權行爲의 無因論을 主張할 수는 없는 것 아닐까? 債權行爲 이후에 그로부터 발생하는 義務를 履行하는 過程에 當事者의 意思가 개입하게 된다. 이 意思에 착안하여 債權行爲 이외에 物權行爲라는 또 하나의 法律行爲의 範疇를 認定하여야 할 것인가? 일반적으로 契約이라 하면 債權關係를 發生시키는 契約(obligatorischer Vertrag)을 말하는 것이다. 物權契約(dinglicher Vertrag)이란 債權關係를 發生시키지 않고 成立과 同時에 즉시 達成되는 效果만을 가지는 契約이다. 이와 같은 契約은 법의 역사에 있어서 매우 낯선 概念으로 볼 수밖에 없다. 그리고 우리나라의 거래 실제를 보더라도 物權行爲의 概念이 온전하게 자리를 잡을 위치가 마땅하지 않다. 게다가 物權行爲의 概念은 여러 法論理 내지는 法體系와 자주 마찰을 일으킨다.

세상에는 物權行爲의 概念이 없이도 物權變動을 說明하는 法制가 더 많다. 그런데 우리는 物權變動에 관한 이론구성을 함에 있어서 마치 숙명처럼 物權行爲 概念을 수용한 것은 아닐까? 독일民法과 달리 우리 民法에는 物權行爲를 認定할만한 實定法的 端緖에 해당할 만한 것이 없음에도 말이다.

IV. 盲目的인 學說 輸入에서 由來한 蝸角之爭

1. 序說

우리 民法典의 形成史的 特性으로서 間接繼受와 複合繼受를 들 수 있다. 間接繼受와 複合繼受라는 特性이 우리 民法學에 미친 긍정적인 影響으로서는 外國法에 대한 개방적 태도라든가 법운용에 있어서의 비용절감과 같은 것이다. 그러나 부정적인 影響도 무시할 수 없는데, 韓國 民法學이 외국의 民法學을 수용하는 과정에서 종종 발견되는 盲目性(外國의 學說을 여과과정 없이 수용하는 성향)도 그 중의 하나이다. 학문 분야에서의 盲目性은 때에 따라서는 별다른 실익이 없는 學說論爭의 原因이 되기도 한다. 여기에서는 그 대표적인 예로서 瑕疵擔保責任의 本質에 관한 論爭을 보고자 한다. 瑕疵擔保責任의 本質에 관한 論議는 우리 民法學에 있어서 대표적인 이론적 격전장인데, 전투는 지금도 계속 중이다. 독일에서 시작되어 日本을 거쳐 韓國으로 전해진 法定責任說의 전개과정은 韓國 民法學에서 가끔 발견되는 盲目性을 잘 보여주고 있다.

2. 瑕疵擔保責任本質論과 所謂 '法定責任說'

擔保責任의 本質에 대한 論爭은 독일 民法學에서 特定物賣買를 대상으로 시작되었다. 法定責任說은 독일 보통법 시대에 형성된 이론으로 當事者의 意思가 特定物의 性狀에까지 미칠 수는 없다는 관념이 그 출발이다. 특정된 物件은 그에 대한 사람의 주관적 관념과 무관하게 객관적인 性質과 상태를 가지고 存在하는 것이므로, 어떤 특정의 物件을 契約의 目的物로 하였다면 給付의 客體는 있는 그대로의 그 物件(die Sache, die da so ist)으로 確定된다는 것이다. 特定物의 性狀에 관한 當事者의 觀念은 法律行爲의 內容이 될 수 없고 단지 動機에 불과하다. 그러므로 特定物賣買의 賣渡人으로서는 '있는 그대로의 物件'을 引渡하기만 하면 완전한 債務履行을 하는 것이 되어 그에게 債務不履行責任을 물을 수는 없다는 것이다. 그러므로 그와 같은 상황을 보정하기 위한 특별한 제도가 요구되는데 그것이 바로 瑕疵擔保責任이라는 것이다.

法定責任說은 독일 民法學이 로마법에 대한 탐구를 통하여 도출한 결과이다. 그런데 그 연구방법의 타당성에 대해서는 의문이다. 왜냐하면 로마법상의 瑕疵擔保責任의 內容은 시대에 따라 상당한 차이가 있었고, 그 차이의 폭은 보기에 따라서는 法定責任說과 債務不履行責任說의 격차만큼이나 큰 것이었기 때문이다. 근대 大陸法系 民法上의 瑕疵擔保責任制度 形成에 상대적으로 가장 큰 影響을 미쳤다고 評價되는 Iustinianus 시대의 로마법을 기준으로 본다 하더라도 그것은 瑕疵擔保責任의 本質에 관한 독일民法學의 논의사항과 직접적인 연관성을 찾기 어렵다. 요컨대, 法定責任說은 독일 民法學의 창조물이다.

독일의 法定責任說은 日本과 韓國의 특수한 환경(전통적 法文化와의 연속성에 대한 고려 없이 외국법을 繼受하는 방식으로 법의 근대화를 이룩함) 속에서 거의 盲目的으로 수용되었다. 오랜 기간 동안 이 學說은 日本과 韓國에서 깨뜨리지 못할 原則으로까지 인식되었다. 그런데 이 學說에 대해서는 妥當性을 認定하기 어렵다. 法定責任說의 출발점에 해당하는 '特定物도그마'부터가 問題이다. 무엇보다도 '特定物도그마'의 觀念은 상식에 합치하는 것으로 보기 어렵다. "賣買契約에 있어서 目的物의 性狀은 契約의 內容이 아니다"라는 말을 누가 수긍할 수 있겠는가? 상식의 틀을 벗어나는 법이론은 하나의 虛構에 불과한 것으로 생명력을 가질 수 없다. 特定物에 대한 賣買契約을 체결함에 있어서 當事者들은 '일정한 性狀을 가진 目的物'과 '일정한 금액의 賣買代金'을 대상으로 意思表示를 交換하는 것으로 보아야 할 것이다. 특기할 만한 것은 韓國에서 主張되는 法定責任說 중에는 權利欠缺과 種類物의 瑕疵擔保責任도 法定責任說로 說明하는 見解도 있다는 점이다. 이러한 태도는 法定責任說을 特定物의 瑕疵擔保責任의 경우로 한정하고 있는 독일과 큰 차이가 있다. 애초부터 特定物도그마가 問題될 수 없는 경우에 대해서까지 法定責任說로 說明하려는 태도를 어떻게 바라보아야 할까? 擔保責任의 本質에 관한 論議에 있어서 이제 歷史의 桎梏으로부터 벗어나 우리에게 적정한 規範을 탐색하여야 할 필요가 있나.

3. 所謂 '法定責任說'의 國內的 變容

(1) 變容의 原因 : 民法 제 374 조

독일民法學에서 형성된 特定物도그마에 따르게 되면 目的物의 瑕疵가 原始的인가 後發的인가 하는 것은 問題되지 않는다 . 또한 그것이 特定物도그마에 충실한 태도이기도 하다 . 그러나 韓國의 法定責任說은 內容을 달리한다 . 이는 독일民法典에는 存在하지 않는 韓國民法典 제 374 조와 제 462 조로 인한 것이다 . 이 두 條文에 대하여 다수설은 다음과 같이 理解한다 : 特定物債務者는 善良한 管理者의 注意로 目的物을 保存하다가 履行期에 履行한다면 비록 目的物에 後發的 瑕疵가 있다 하더라도 債務履行을 다하는 것이 되나 , 債務者가 善良한 管理者의 注意義務를 違反하여 後發的 瑕疵가 發生했다면 제 390 조에 따른 損害賠償을 하여야 한다 . 이 立場에서 보면 제 374 조는 독일식의 特定物도그마를 그대로 수용할 수 없게 하는 결정적 장애요인으로 작용한다 . 왜냐하면 제 374 조는 契約締結 이후로는 特定物債務者에게 瑕疵없는 物件으로 引渡하여야 할 '契約上의 義務'를 정하고 있기 때문이다 . 이와 같은 理由로 하여 韓國의 法定責任說은 原始的 瑕疵만을 擔保責任의 問題로 理解한다 . 요컨대 , 韓國에서의 法定責任說은 독일의 法定責任說과는 현격한 차이가 있다 .

여기에서 다음과 같은 다음과 같은 推論도 가능하다 : 제 374 조의 存在는 우리 民法에서 特定物도그마 내지 法定責任說이 수용될 수 없다는 反證이 아닐까 ? 우리 民法에서 제 374 조가 매우 특별한 意味를 가지는 規定인지 아니면 당연한 規範을 주의적으로 規定한 것인지 하는 것은 좀 더 살펴보아야 한다 . 그러나 위의 推論은 제 374 조가 어떤 성격의 것이든 타당한 것이다 . 왜냐하면 제 374 조가 매우 특별한 規定이라면 그 規定을 무게 있게 다루는 것이 당연한 일이고 , 注意的 規定에 불과하다면 제 374 조는 그 根據가 되는 매우 중대한 規範의 다른 표현이므로 무게 있게 다룰 수밖에 없기 때문이다 .

(2) 民法 제 374 조와 제 462 조의 適切性에 대한 批判

1) 제 374 조에 대하여

제 374 조는 日本民法典 제 400 조와 같은 趣旨이고 , 日本民法典

제 400 조는 프랑스民法典 제 1136 조와 제 1137 조, 특히 제 1136 조의 影響이다. 韓國民法 제 374 조의 意味를 理解하기 위해서 프랑스民法典 제 1136 조를 살펴보자.

프랑스民法典 제 1136 조에서 우선 유의하여야 할 概念은 '주는 債務'(obligation de donner) 이다. '주는 債務'의 概念에 대해서는 韓國과 프랑스 사이에 큰 차이가 있다. '주는 債務'는 '하는 債務'(obligation de faire) 에 對應하는 概念이다. '주는 債務'에서 말하는 '준다'(donner 또는 dare) 는 것은 '物權의 移轉'을 말한다. 그러므로 주는 債務는 債權關係의 內容이 物權變動을 수반하는 경우에만 생각할 수 있는 概念이다. 한편, 物權變動에 있어서 意思主義를 취하는 프랑스民法에 있어서 物權變動은 契約의 效力과 더불어 發生하게 된다(프랑스民法典 제 1138 조 제 1 항 참조). 따라서 物權變動을 內容으로 하는 契約에 있어서 債務者에게 부과되는 '物權의 移轉'이라는 義務는 이론적으로만 存在할 뿐 실재하는 義務는 아니다. 프랑스 民法에 있어서 주는 給付의 履行은 債務履行의 결과가 아니라 契約 자체의 效力인 것이다.

이제 프랑스民法典 제 1136 조의 意味를 살펴보자. 이 規定은 '주는 債務'가 引渡義務 (obligation de livrer) 와 保存義務 (obligation de conserver) 를 포괄한다는 점을 規定하고 있다. 즉 프랑스의 意思主義 아래에서 引渡義務와 保存義務는 '주는 債務'와의 관계에서 附隨義務임을 明文化하고 있는 것이다. 이와 같이 프랑스에서 제 1136 조가 특별한 意味를 가지는 것은 프랑스民法이 物權變動에서 意思主義를 취하고 있다는 사실과 밀접한 관련이 있다. 日本民法에 있어서 제 400 조가 存在意味를 가진다는 것은 日本이 意思主義를 채택하고 있다는 사실에서 쉽게 理解할 수 있다.

그러나 이미 앞에서 암시한 바와 같이 韓國에서는 사정이 다르다. 形式主義를 취하고 있는 韓國에 있어서 債務者가 目的物을 引渡하고 保存하여야 한다는 것은 주된 債務이면서 또한 실재하는 債務다. 요컨대, 韓國民法典 제 374 조는 무의미한 規定이라는 결과가 된다. 즉 제 374 조의 규율사항은 이미 제 390 조에 모두 포함되어 있는 內容에 불과한 것이다.

2) 제 462 조에 대하여

제 462 조는 日本民法典 제 483 조와 같은 趣旨고, 日本民法典 제 483 조는 프랑스民法典 제 1245 조의 影響이다. 韓國民法典 제 462 조의 意味를 理解하기 위해서 프랑스民法典 제 1245 조를 살펴보자.

프랑스民法典 제 1245 조는 다음과 같은 두 가지 一般原則이 포함된 規定이다: ① 物件危險 (risque de la chose) 에 관한 原則으로서의 '所有者危險負擔主義'(res perit domino); ② "모든 사람은 자신이 야기한 行爲에 대하여 責任을 져야 한다"(chacun est responsable du préjudice qu'il cause) 는 原則. 제 1136 조가 '주는 債務'에 관한 規定인데 비해 제 1245 조는 '주는 債務'이든 '하는 債務'이든 모든 特定物債務에 適用되는 規定이다. ①의 原則이 適用된 결과로 特定物債務者는 目的物을 '引渡時의 狀態로'(dans l'état où il se trouve lors de la livraison) 引渡하면 된다. 他人所有의 物件을 소지하고 있는 債務者로서는 物件의 滅失과 毁損에 대하여 어떤 危險도 負擔하지 않기 때문이다. 한편, 債務者는 他人所有物을 소지하는 것이므로 제 1136 조, 제 1137 조, 제 1302 조 및 제 1303 조에 따라 保管 및 保存義務를 지며, 이 義務에 위반하면 損害賠償을 하여야 하는데 이것이 제 1245 조에 포함된 ②의 原則이다. 이와 같이 제 1245 조는 다른 條文에 이미 표현되어 있는 規範을 반복한 것이거나 혹은 프랑스民法典에 前提되어 있는 一般原則을 明文化한 정도의 規定일 뿐 특별한 內容을 가진 規定은 아니다.

이제 韓國民法典 제 462 조를 보기로 한다. 이 規定의 意味에 대하여 通說은 다음과 같이 理解한다: 特定物債務에 있어서는 給付의 目的物을 다른 것으로 대체할 수 없기 때문에 債權成立 이후 履行期까지의 기간 동안 目的物의 狀態가 變質·毁損 등으로 債權의 성립 당시와 차이가 생기더라도 그 상태대로 引渡하면 有效한 변제가 된다; 그러나 그 차이가 債務者의 歸責事由로 인한 것인 때에는 損害賠償을 하여야 한다(제 374 조). 그런데 제 462 조에 대한 특별한 說明이 무슨 실용성을 가지는지 의문이다. 債權發生 후에 目的物이 毁損되었다면

債務者의 過失 여부에 따라 債務不履行 또는 危險負擔의 問題로서 處理될 것이므로 제 462 조가 適用되어 法律關係에 특별한 변화를 주는 경우는 없다고 해도 과언이 아니다. 立法論의 차원에서 본다면 제 462 조는 廢止되어야 할 條文이다. 특히 通說은 제 462 조가 特定物 도그마를 規定한 것으로 理解하고 있는데, 이러한 見解는 제 462 조의 立法系統으로 보나 우리 民法에 대한 체계적 理解의 시각에서 보나 수긍하기 곤란하다. 만약 通說과 같이 본다면 韓國民法은 特定物 도그마를 明文으로 認定하고 있는 매우 독특한 法制가 되는 것이다.

(3) 變容의 結果

종래의 法定責任說은 瑕疵擔保責任의 이론체계에 있어서 제 374 조와 제 462 조를 중요한 요소로 인식하여 왔다. 그러나 위에서 살펴본 바와 같이 이 두 條文은 규율 중복이거나 특별한 意味를 내포하지 못한 것으로 무용한 規定이다. 무용한 規定에 특별한 意味를 부여하고자 애를 쓰는 것은 虛構이다. 그리고 이러한 태도는 경우에 따라서는 전반적인 法體系에 중대한 왜곡을 초래할 수도 있다. 특히 제 462 조를 特定物도그마의 實定法的 根據로 理解하는 立場에 대해서는 다음과 같은 批判을 가하고자 한다: 독일 學說에 의하여 형성된 이론을 도입하고자 한다면 그것으로 족한 것이지 그 이론의 근거로 프랑스民法에 연원을 둔, 그것도 무용하다고 볼 수밖에 없는 規定을 드는 것은 虛構에 불과하며 넌센스이다.

4. 評價

法定責任說의 진원지인 독일의 改訂民法은 賣渡人에게 物上 및 權利上 瑕疵가 없는 物件을 조달해 주어야 할 義務를 부과하였다 (BGB § 433 I). 역사적 필연성과 무관한 관념, 발상지에서조차 사라진 관념, 우리의 거래관념 및 사고방식과도 어울리지 않는 관념에 집착할 理由는 더 이상 없다고 본다. 종래 擔保責任에 관한 論爭은 그 유용성을 넘었다 싶을 정도에까지 이르렀다. 어떤 방향으로든 이 問題를 정리하지 않고는 債務不履行規範의 바람직한 발전을 기대할 수 없다고 본다. 대외무역의존도가 높은 경제구조를 가진 韓國으로서는 세계적인 경향 (예: CISG) 에 맞추어 債務不履行規範을 一元化하는 것이 유리한 선택이다. 法定責任說은 이와 같은 방향에 걸림돌로 작용한다.

법의 발전이란 것은 그 사회에 가장 효율적이고 적정한 規範을 찾아가는 작업이다. 그 기본방향 중의 하나는 '規範의 單純化'라고 생각한다. 아무리 좋은 이론이라 하더라도 이론의 효용을 훨씬 상회하는 복잡성을 수반한다면 수용되기 어렵다. 그 이론은 경제적 효율성이 없기 때문이다. 외국의 立法과 學說에 귀 기울여 우리를 반성하는 계기로 삼는 것은 바람직한 일이다. 그러나 그 일은 目的的인 行爲며 實質的 內容을 가진 것이어야 한다.

우리 民法學에서 가끔 발견되는 盲目的인 외국 이론의 수입, 그것도 우리 實定法에 맞지도 않는 이론을 도입하여 論爭을 벌이는 경향은 우리 民法學을 영원히 외국 民法學의 부정적인 그늘에 머물도록 할지도 모른다.

V. 結論

韓國民法典은 1958년 2월 22일 자 官報를 통하여 公布되었다. 그러고 보면 韓國民法典은 '不惑'의 나이를 훌쩍 넘어 이제 '知天命'의 나이이다. 2022년을 살고 있는 韓國의 民法學者에게 '天命'은 무엇일까? 私法 분야에 과제가 산처럼 쌓여있으니 學者들의 마음마다 각각 훌륭한 계획이 자리잡고 있을 것이다. 현재 세계의 私法秩序는 엄청난 변화의 물결 속에 휩싸여 있다. 과거와 같이 남들이 만들어 놓은 법에 수동적으로 우리를 맞춰가는 안타까운 모습에서 벗어나 이제는 우리도 자주적인 立場에서 대안을 탐구해야 한다. 미래의 民法學은 역사의 桎梏에서 벗어나 비전(vision)을 내포한 법학이 되기를 바란다.

이와 같은 마음으로 韓國 民法學의 과거를 돌아보니 蝸角之爭이라고 할 수 있는 學說論爭도 적지 않았던 것 같다. 그 중에는 "승마용 말의 새끼가 천연과실이니 아니니 ..." 하는 것과 같은 정도의 저급한 論爭도 포함되어 있다. 하찮은 싸움을 계속 하다보면 그것을 세상사의 전반적인 수준으로 착각하기 쉽고, 그리되면 정작 큰 것을 볼 수 있는 눈을 잃어버릴 수도 있다. 모름지기 學者가 경계해야 할 일이다.

시인 白居易는 '對酒其二'라는 詩에서 蝸角之爭을 넘어 진실된 '나'를 찾을 것을 권하고 있다. 그의 눈으로 韓國民法 制定 64 주년에 우리 民法學의 몇 가지 단편을 들어 비판적 시각으로 뒤를 돌아보았다.

探析校园暴力事件的刑事责任

[韩]郑栽骏 著　赵梦珠 译*

一、引言

一般情况下,韩国校园暴力事件发生后,经过学校专门机构调查,审查委员会为解决案件,将根据相关法律采取措施。但在前述措施不可行及案件过于重大,或者不希望由学校解决的情况下,除可采取审议委员会程序外,受害者等可以向警察等侦查机关起诉,采取刑事程序。特别是教师在得知性暴力案件后有义务向侦查机关举报。即使案件同时被学校和侦查机关受理,学校也会独立于警察(检察机关)的调查,遵循受理校园暴力案件、调查案件、专门机构审议、要求召开审议委员会等一系列程序。因为学校所执行的程序应按照《关于校园暴力预防及对策法》相关规定进行。与此相比,刑事责任则按照韩国《刑法》或《刑事诉讼法》等法律规定,其领域有所不同。在处分结果方面,由学校进行的程序在原则上服从审议委员会的决定,学校将该结果写入生活记录簿,并进行措施的履行、事后指导等行政行为。另外,对此的异议申请需要进行行政审判,因此与警察或检察机关根据程序得出的刑事审判不同。即使施暴学生根据审查委员会的决定受到了制裁,此时再接受刑事处罚,也不能视为双重处罚。由于行政措施和刑事处罚是不同的领域,因此即使检察机关根据无嫌疑(证据不足)对施暴学生采取不起诉处理,审查委员会也可以认定同一案件为校园暴力,并决定采取先导措施等。

---

* 郑栽骏(Jae Joon Chung),法学博士,山东大学法学院教授;赵梦珠,山东大学法学院硕士研究生。

刑事程序的一般流程为警察调查—检察机关起诉—法院裁定，审查委员会对施暴学生采取的措施可以看作是行政处分的一种。但是，司法机关作出的决定是国家的刑事处罚或保护处分，本质上来说与前者不同。为了将施暴少年纳入司法程序，韩国适用严格的年龄划分，因此应首先对此进行理解。在对少年进行保护处分的同时，为采取刑事处分方面的特别措施，韩国制定了《少年法》。不同年龄段少年的处罚参见表1，未满十四周岁的触法少年不属于刑事处罚对象，未满十周岁的犯法少年不受保护处分。未满十周岁的犯法少年不受刑事处罚，通常在警察调查阶段受到训诫之后被移交给监护人。但是，不能进行刑事处罚并不意味着民事责任的消灭。

表1　不同年龄段少年的处罚

	犯法少年	触法少年	犯罪少年
年龄范围	未满十周岁	年满十周岁 未满十四周岁	十四周岁以上
适用法律	无	《少年法》	《刑法》《少年法》
处罚与否	不得刑事处罚	不得刑事处罚 可受保护处分	可受刑事处罚 可受保护处分

是否为刑事未成年人（年满十四周岁），以行为时为标准进行判断。[①] 但《少年法》判断是否是少年，则是以事实审判时为标准。[②] 触法少年虽然不会受到刑法规定的刑事处罚（有期徒刑、监禁、罚款等），但会受到《少年法》规定的保护处分。保护处分有10项，原则上可以任意适用某一处分，但根据《少年法》的有关条款，可以就其中的部分合并适用，法院少年部法官的保护处分如下。

第1项　将少年委托给监护人或者其他可以提供保护者。

第2项　参加课程令。

---

① 参照韩国大法院1991.12.10.宣告91 도 2393判决。

② 保护处分包括下列情况（《少年法》第4条）："1.犯罪的少年；2.已满十周岁未满十四周岁触犯法令的少年；3.已满十周岁有下列情形之一的，考虑其性格和成长环境容易触犯刑法法令的少年：(1)在社会上流浪，容易引起周围人不安的少年；(2)没有正当理由离家的少年；(3)酒后闹事或处于有害环境影响下的少年。"

第 3 项　参加社区服务。

第 4 项　短期保护观察。

第 5 项　长期保护观察。

第 6 项　依据《儿童福利法令》将少年委托给儿童福利机构或其他少年保护机构照顾和管束。

第 7 项　将少年委托给医院、疗养院或其他依据《少年保护治疗法》规定的少年医疗和保护机构。

第 8 项　移交给少年院,为期一个月。

第 9 项　将少年移交给少年院短期管束。

第 10 项　将少年移交给少年院长期管束

对年满十四周岁的犯罪少年可以采取刑事处罚程序,也可以采取保护处分程序。原则上,这些决定由检察官作出。对犯罪少年进行调查或审理,发现犯罪事实应当判处监禁刑及以上刑罚的,应采取刑事处罚程序。①

二、警方对校园暴力的介入

警察调查校园暴力案件,依据《少年法》,即《关于少年案件处理的规定》和《少年事务处理规则》进行。据此,接到校园暴力事件的相关警察应向警察署署长报告,施暴学生在年龄上为触法少年(年满十周岁未满十四周岁)的,应直接移送至管辖法院少年部。对于犯罪少年(年满十四周岁),根据《少年事务处理规则》第 1 条的规定,可以在少年案件处理中自行结案,或者申请即决审判,或者立案调查为刑事案件后移送检察机关。

(一)警察训诫

警察在处理少年事务中发现不良少年的,应当在现场注意、建议、制止或根据需要与监护人联系并提出建议;对需要保护的少年(需保护少年),应当为保护少年采取必要的措施,如通知儿童咨询所、福利机构以及其他相关

---

① 《少年法》第 7 条规定,移交检察院刑事处置:(1)少年法庭经调查或审理,发现犯罪事实应当判处无监狱劳动的有期徒刑及以上的刑罚的,考虑其犯罪动机和性质后认为有必要对少年进行刑事处罚的,可以通过裁定,将案件移交给有管辖权的地方法院同级的检察院的检察官。(2)少年法庭经过调查或审理,发现少年已满十九周岁,可以通过裁定,将案件移交给有管辖权的地方法院同级的检察院的检察官。

机关或团体，或对监护人提出注意建议等。① 警方将不良行为少年视为“未成年人风气犯罪”处理，从引导和保护的角度出发，除请求立即审判、向相关当局通报外，还应对监护人采取通报、训诫等措施。这种警察训诫可以分为单纯训诫和具有先导条件的训诫。对于警察署长暂时采取训诫措施的校园暴力案件，也不适用一事不再理原则，因此训诫后如果有起诉或受害举报等情况发生，可以立案进行刑事处罚。②

1.单纯训诫

警察虽然在执行《少年法》时采取触法少年和虞犯少年应移送法院的“全件送致主义”③，但为了尽量减小司法程序对问题少年的影响，并迅速解决案件，正在积极适用训诫制度。训诫的依据是警察内部的职务规范《少年事务处理规则》（简称《规则》）第 21 条和第 33 条。《规则》第 21 条规定：“警察发现不良少年时，应在现场进行警告、劝告、制止或必要时联系并劝告其监护人，并提出建议。”《规则》第 33 条规定：“警察对经侦查或调查认定并非问题少年的少年或未满十四岁的虞犯少年，只能给予适当的警示和劝告，但在有监护人委托或认为有必要预防问题少年的不良行为时，应当继续寻求适当的引导方法。”

2.有先导条件的训诫

警察在女性青少年科设有先导审查委员会。由警察的内部委员和地方社会有名望的外部委员组成，由其对犯罪少年作出有先导条件的训诫或即决审判等处分，并负责引导和帮助施暴青少年、被害青少年或离家出走的青少年等。委员会由 5 人以上组成，包括 1 名委员长，其中外部委员 2 人以上，但应考虑性别。④ 委员长由警察署署长担任，而内部委员由警察署署长从警察署女性青少年、生活安全、刑事、搜查科科长及听证监察官中指定。外部委员从医生、律师、教师、参与少年案件调查的专家、青少年团体负责人及从业人员等在少年引导方面有着丰富学识和经验的专家中选出，并由警

---

① 参见［韩］金奉洙、姜东旭：《警察对少年犯的刑事司法处理程序及改善方案》，圆光大学警察学研究所：《警察学论丛》2013 年第 8 卷第 1 号。

② 参见［韩］李恩珠（音）等：《预防少年犯罪的社区警察活动现状及改善方案》，警察学研究所：《警察学论丛》2014 年第 9 卷第 3 号。

③ 全件送致主义是指警察应将触法少年和虞犯少年案件全部移送少年部法官。

④ 《少年事务处理规则》第 28 条，委员会的组成，第 1 款。

察署署长委任。外部委员任期一年,可连任。为处理委员会事务,将警察署少年业务负责部门的系长设为干事。值得注意的是,根据《公职选举法》实施的选举中登记为候选人(包括预备候选人)者、根据《公职选举法》规定的选举事务相关人士及通过选举就任的公务员、根据《政党法》规定的政党党员不得就任委员。青少年先导审查委员会原则上每月召开一次以上会议。但是,根据要审议的案件数量,必要时可以根据委员长的决定调整日程。[①] 先导审查委员会在决定训诫时,将综合考虑不良行为的内容、动机、原因、方法,不良行为发生后的情况、惯常性及再次发生不良行为的危险性,少年的人品、监护人、平时生活态度及居住环境,是否努力弥补对受害者的伤害,受害者的处罚意向等因素,然后进行决定。只有在加害人是初犯,被害人不希望处罚加害人时才可适用有先导条件的训诫,在被害人起诉等立案情形下,不能对其适用有先导条件的训诫。集体不良行为或出于惯性、打击报复、性犯罪等犯罪性质恶劣的情况,也不适用有先导条件的训诫。

(二)对犯罪少年的通告处分

通告处分是指代替法院传统审判裁定自由刑或财产刑的罚款制度,而由行政机关向违反法规者通告金钱制裁,如果违法者履行则可免于对该违法行为的追诉。[②]《轻罪处罚法》中的"通告处分"是指,如果违规者在被提交即决审判之前履行了警察署署长等作出的缴纳罚款的通报内容,则不再将其提交即决审判的制度。[③] 从作为刑罚的"罚金"转换为"与罚金相当的金额"的罚款这一点来看,通告处分接近"刑罚的非犯罪化精神"(从不服就直接提起公诉这点来看,与严格意义上的"非犯罪化"问题有所区别)。从经济角度看,通告处分具有与作为刑罚的罚金相同的效果;能够成为有期徒刑等自由刑对象也可成为通告处分的对象,从这一点来看,又与刑罚的金钱惩罚倾向一脉相承。但根据《轻罪处罚法》第 6 条规定,对未满十八周岁者不得进行通告处分,因此该处分只适用于年满十八周岁者。[④]

(三)对犯罪少年的即决审判申请

警方在女性青少年科设有先导审查委员会,并决定是否提出即决审判

---

① 《少年事务规则》第 29 条,委员会的运营,第 1 款。

② 参照宪法法院 1998.5.28.宣告 96 헌바 4 判决。

③ 《轻罪处罚法》第 6 条及第 8 条。

④ 参照宪法法院 1998.5.28.宣告 96 헌바 4 判决。

申请。为此,将综合考虑不良行为的内容、动机、原因、方法,不良行为后的情况、惯常性及再发生的危险性,少年的人品、监护人、平时生活态度及居住环境,是否努力弥补对受害人的伤害,受害人有无对加害人的处罚意愿等情况。与有先导条件的训诫不同,即决审判申请也可以适用于再犯的情况,与受害人对加害人有无处罚意向或立案与否无关。这种少年即决审判申请适用于警察训诫般的轻微案件。[①] 即决审判根据《关于即决审判的程序法》第3条的规定,对司法警察官调查的案件,采取移送或即决审判申请的,应当在警察署署长的指挥下进行。因此,对于年满十四周岁未满十九周岁的青少年犯罪中属于20万韩元以下罚款的轻微案件,警察署署长有权提出即决审判申请。[②]

(四)警察对少年案件的侦查

刑事诉讼法修改后,检察官对警察的调查指挥权被废除。检察官和警察的关系不再是上下隶属关系,而是相互合作关系。[③] 根据2021年实施的《检察官和司法警察官相互合作和一般调查准则条例》,检察官或司法警察官可以开始调查,司法警察官可以作出移送法院、移送检察机关、不起诉、中止起诉及起诉决定。但目前关于少年犯的问题,只在《检察官和司法警察相互合作和一般调查准则条例》第51条的司法警察官移送检察官和第52条的检察官移送少年保护案件中有所规定。从2021年开始,警察可对一部分案件自行结案,检警双方间的全件送致主义发生了变化。

(五)警察对少年案件调查的特殊照顾

根据2022年1月4日实施的行政安全部令(第305号)《警察侦查规则》,要求对少年、残疾人等社会弱者的调查遵循特别程序或给予照顾。也就是说,司法警察官应尽量避免对少年嫌疑人进行拘留,对少年嫌疑人被逮捕、拘留的,应采取比其他案件优先调查等措施,尽快侦破案件。具体而言,司法警察官对少年进行调查时,应当详细调查其行为动机、少年品行、经历、

---

① 《少年事务处理规则》第30条,即决审判申请:对于犯罪性质轻微的犯罪少年,警察署署长可以向先导审查委员会反映相关审议内容,申请即决审判。

② 参见[韩]金奉洙、姜东旭:《警察对少年犯的刑事司法处理程序及改善方案》,圆光大学警察学研究所:《警察学论丛》2013年第8卷第1号。

③ 刑事诉讼法第195条规定,检察官和司法警察官的关系等:检察官和司法警察官在侦查、提起公诉及维持公诉方面应相互合作。

家庭状况、交友关系、其他环境等,并将调查结果书面记录。[①] 此外,司法警察官对少年提出出庭要求或进行调查的,应当立即联系少年的监护人或可以代监护人保护少年的人。特别是对少年嫌疑人应尽量避免拘留,不得已采取逮捕、拘留或传唤的,要特别注意其时机和方法。司法警察官在少年嫌疑人被逮捕、拘留的情况下,应比其他案件优先调查,为迅速调查而努力。

(六)移交管辖检察院

根据《检察官和司法警察相互合作和一般调查准则条例》,作为检警之间全案移送主义的一种变化,虽然警察对部分案件有终结权,但根据《少年事务规则》[②],若少年有犯罪嫌疑,警察应当将案件移交给检察机关。警察对少年案件进行立案调查后,如果认为少年有犯罪嫌疑,应当移交给管辖地方检察厅检察长或支厅厅长,这项条款被保留了下来,因此全案移送主义依然适用。如拒不移交的,应当将写明理由的书面材料和证据送交检察官。检察官应在收到寄件之日起 90 天内返还证据等。经警方调查,对嫌疑少年无嫌疑(不认罪、证据不足),不构成犯罪、无公诉权[③]、驳回不予受理的,不予移送检察机关。对于少年刑事案件,如果《少年法》中没有特别规定,则遵循一般刑事案件的程序。检察机关按照一般刑事案件程序处理少年刑事案件。不过《少年法》考虑到少年犯与成人刑事犯不同的特性,对其予以照顾,如规定禁止报道等。

(七)移交法院少年部

违反刑罚法令的十周岁以上十四周岁以下的触法少年,应由警察署署长直接移交少年部[④],根据《少年法》规定,对虞犯少年也应当作为少年保护事件移交管辖的少年部。警察署署长将少年保护案件移交法院时,应制作少年保护案件移交书,编入案件记录,并将相关文件和证据送交管辖的家庭法院少年部或地方法院少年部。[⑤] 触法少年原则上作为先导保护事件处理,

---

① 《警察侦查规则》第 89 条第 1 款。

② 《少年事务处理规则》第 21 条第 1 款,问题少年案件的移交。

③ 根据《少年法》《家庭暴力犯罪处罚特别法》《介绍卖淫等行为处罚相关法》或《儿童虐待犯罪处罚特别法》确定保护处分时(取消保护处分移交给检察机关的情况除外),也不会移交案件给检察机关。

④ 《少年事务处理规则》第 21 条第 2 款,问题少年案件的移送。

⑤ 《警察侦查规则》第 107 条第 1 款。

但如果没有监护人或认为监护人不适合的，应通过行政机关寻求保护措施或将其作为少年保护事件，由警察署署长直接移交给家庭法院少年部或地方法院少年部。这被称为“直送”，该案件被称为“直送案件”。与一般刑事案件不同，对于少年案件，检察官将判断是否起诉的权力转移到了少年部，这是出于少年可能需要早期送交和早期保护的考虑。但是，如果触法少年的行为要受到监禁以上的刑罚，则将其作为少年保护案件直接移交少年法院。

三、检察机关对校园暴力事件的介入

对于少年案件，检察官在审查警方移交的调查材料后，可以给予不起诉、附条件不起诉、移送法院少年部、提起公诉等处分。对于少年嫌疑事件，检察官认为有必要作出移交少年部、提起公诉、免于起诉等处分的，可以向对嫌疑人的居住地或检察厅所在地有管辖权的保护观察所所长、少年分类审查院院长或少年院院长（简称“保护观察所所长”）要求对嫌疑人的品行、经历、生活环境或其他必要事项进行调查。[①] 接到上述要求的保护观察所所长等应立即调查并书面通知相关检察官，如有必要，可以要求所属保护观察官、分类审查官等传唤嫌疑人或相关人出席，通过询问等方式调查相关情况。检察官应参考保护观察所所长等通报的调查结果，决定最适合教化、改善少年嫌疑人的处分。

（一）不起诉处理

不起诉处理是指检察官将其作为不起诉案件，对少年案件的嫌疑人不予刑事处罚。不起诉处理有免于起诉，证据不足或由于不认罪而无嫌疑、无罪、无公诉权、驳回等种类。[②]

（二）附条件的不起诉

作为不起诉处理的一种，附条件不起诉虽然嫌疑人被认定为具有嫌疑事实，但参照韩国《刑法》第 51 条各项事项，属于不需要追诉的情况。特别是在少年案件中，以接受先导教育为条件而免于起诉的情况。[③] 这种附条件

① 《少年法》第 49 条，检察官作出决定前的调查，第 1 款。

② 《检察机关案件事务规则》第 98 条，案件的决定。

③ 《少年法》第 49 条，附条件不起诉。

的不起诉有两种:(1)接受犯罪预防志愿服务委员的引导;(2)接受负责少年引导、教育相关团体、机构的咨询、教育、活动的,不再对少年嫌疑事件提起公诉。在这种情况下,必须得到少年和少年的亲权者、监护人等法定代理人的同意。在适用附有先导条件的不起诉之前,需考虑以下因素:(1)少年犯的年龄;(2)是否有免于起诉、保护处分经历;(3)是否反省(从调查初期开始是否承认嫌疑);(4)再犯的可能性较低;(5)为弥补损失而付出的努力等。《少年法》规定,这种附条件的不起诉并未起诉,不是刑事处罚,不会留下前科。[①] 附条件不起诉中的相关少年最终不会受到少年保护案件的保护处分或刑事审判,被检察机关广泛使用。以附条件不起诉处理的,相关少年和父母必须填写誓约书,在六个月至一年的期间,每月与法务部下属的法律关爱委员会委员[②]或保护观察官进行约每月一次的会谈或参加青少年咨询福利中心的免于起诉项目等,应当认真履行检察官提出的引导条件。如不认真履行,将撤销附条件的不起诉决定,而由检察官决定正式起诉。另外,附条件不起诉只是暂时不起诉,如果以后犯罪,检察官仍可以起诉现有的缓期案件。

(三)移交少年部

检察官对从警方移交的少年案件或直接认定的少年嫌疑案件进行调查后,如果认为犯有罚款以下刑罚的罪行或有相当于保护处分的事由的,应将案件移送管辖的少年部。[③]

(四)少年部的人身处理

在人身处理方面,少年刑事程序与成人刑事程序没有太大区别,但除非不得已,否则不能签发对少年的拘捕令。拘留少年时,如无特殊情况,应与其他嫌疑人或被告人分开收容。[④] 检察官或刑事法院将作为刑事案件处理

---

① 调查记录在案,三年后予以删除。

② 法律关爱委员会委员是指,以对青少年犯罪者的咨询指导、就业介绍、财政支援等为职务,由法务部长官委任、解聘的犯罪预防活动领域的民间志愿者。原名为“犯罪预防委员会”,2014 年 3 月 3 日,为激励志愿活动,进一步成为受国民信赖的志愿团体,以犯罪预防本职工作为中心,变更名称为“法律关爱委员会”。目前按照法务部训令第 1015 号运营。其主要针对青少年犯罪者,包括附先导条件的不起诉和犯罪脆弱情形在内的青少年。

③ 《少年法》第 49 条,检察官移交案件,第 1 款。

④ 《少年法》第 55 条,拘捕令的限制。

的少年案件移交少年法院，作为保护案件处理时，拘禁少年的机关负责人从接到检察官移送指令之日起，法院少年部所在的市、郡应于 24 小时内移交少年部，非所在地的其他市、郡应于 48 小时内移交少年部。[①]

(五)提起公诉

即便嫌疑人是未成年人，如果其动机和犯罪性质严重，认为有必要进行刑事处罚，检察官也会提起公诉，即向法院提出刑事审判。这与成人犯的案件相同，适用刑事诉讼法。

四、法院对校园暴力的介入

(一)法院少年部处理少年案件的程序

警察署署长、检察官、监护人、学校等机构负责人可以向法院少年部通报案件少年。具体来说，对触法少年或犯罪少年，警察署署长应直接移交管辖的少年部。发现犯罪少年、触法少年或虞犯少年的监护人或学校、社会福利机构、守法支援中心[②]负责人可以向管辖少年部通报。[③] 检察官对少年嫌疑案件进行调查后，如果认定存在保护处分的情形，应将案件移送管辖少年部。[④] 少年部认为有必要审理上述被通报的少年时，应调查该案件。接到保护案件移送的法院少年部出于保护的适当性考虑，可以以裁定的形式将案件移送其他管辖少年部。另外，如果该法院少年部也认为案件不属于其管辖范围，则应以裁定的形式将该案件移送至适当的管辖少年部。[⑤]

1.调查和审理

法院少年部应利用医学、心理学、教育、社会学或其他专业知识开展调

---

① 《少年法》第 52 条，移交少年部时的人身处置。

② 守法支援中心隶属于法务部犯罪预防政策局，通过对犯罪者的系统性社会待遇，促进犯罪者顺利回归社会，并增进个人及公共福利，同时保护社会，最终实现地区社会的重新统合。全国共设 64 个机构。根据保护观察等法律规定，该机构是法务部的附属机构，针对的是违法犯罪后根据少年部的决定为保护观察对象的少年、从监狱或少年院假释的少年、以保护观察为条件缓期执行的少年，对其进行保护观察。法律上称之为“保护观察所”，但从 2016 年 6 月开始(根据法务部的指示，从 7 月开始正式使用“守法支援中心”作为官方名称)。保护观察支所也被称为“守法支援中心”，同时使用保护观察所和守法支援中心两个名称，但内部称为“保护观察所”。

③ 《少年法》第 4 条第 3 款。

④ 《少年法》第 49 条，检察官的移送，第 1 款。

⑤ 参照法务部犯罪预防政策局网站(https://www.cppb.go.kr/cppb/578/subview.do)。

查,尽力查明少年及其监护人或相关证人的品行、经历、家庭情况、其他事项等。少年部或调查官就犯罪事实对少年进行调查时,应事先告知对方可以拒绝作出对其不利的陈述。少年部法官可以指派调查官对案件当事人、监护人或相关证人的审问或其他必要事项进行调查。少年部认为有必要审理被通报的少年,应当对该案件进行侦查。① 少年部进行调查或审理时,应考虑精神健康医学科医生、心理学家、社会工作者、教育家或其他专家的诊断鉴定、少年分类审查院的分类审查结果和意见、保护观察所的调查结果和意见等。

2.传唤及传唤令

在调查或审理案件时认为有必要的,少年部法官可以在指定日期传唤涉事少年及其监护人或相关证人。涉事少年或监护人无正当理由不接受传唤的,少年部法官可以签发传唤令强制其到场。认为有必要采取紧急措施来保护涉事少年的,少年部法官可以不经过《少年法》第13条第1款规定的传唤,直接签发传唤令。传唤令中应记载下列各项事项,并由少年部法官签名盖章:(1)少年或监护人的姓名;(2)少年年龄;(3)住所;(4)事由;(5)指定的地方;(6)有效期,有效期届满后未执行的令状必须退回;(7)发布时间。

对少年的传唤令应当由调查官执行。少年部法官可使少年部法院的书记官、法院事务官、法院主事、法院主事助理或保护观察官或司法警察执行传唤令。执行传唤令时,应立即告知监护人或辅助人。

3.指定辅助人

少年本人或监护人经少年部法官许可,可以担任辅助人。指定监护人或律师为辅助人时,无须得到法官许可。选任辅助人时,应提交一份有辅助人签名盖章的书面文件。如果指定的辅助人不是律师,应在上述文件中记载少年与辅助人的关系。少年部法官认为辅助人有可能妨碍审判程序,如故意延误审判或做出违背少年利益的行为的,可以取消辅助人的资格。辅助人的指定应当按审级进行。② 少年被委托给少年分类审查院时没有辅助

① 《少年法》第11条,调查令,第1款。

② 《刑事诉讼法》中关于辩护人权利义务的规定,在不违反少年保护案件性质的情况下,对辅助人适用。《少年法》第17条,指定辅助人,第6款。

人的，法院应指定律师或适当的人为辅助人。即使少年没有被委托给少年分类审查院，在下列情形下，法官也可以依职权或根据少年及监护人的请求指定辅助人：(1)怀疑少年有身体和精神障碍的；(2)因贫困或其他原因不能指定辅助人的；(3)少年部法官认为有必要指定辅助人的。

4.临时措施

少年部法官认为在侦查或审理案件中有必要的，可以通过裁定，就少年监护问题采取以下措施：(1)委托给更适合保护少年的监护人、个人或机构(3个月)；(2)委托给医院或其他疗养院；(3)委托给少年分类审查院(1个月)①。少年部法官在作出上述临时措施的裁定后，可以使少年部法院书记官、法院事务官、法院主事、法院主事助理、少年分类审查院所属人员、监狱或看守所所属的公务员、保护观察官或司法警察执行该裁定。临时措施可以随时通过裁定取消或变更。

5.开始审理

少年部法官审理案件，涉事少年和少年部法院书记官应当出席。审理当天，调查官、监护人及辅助人可以出席。审理应当亲切温和地进行。审理不予公开，但是，少年部法官可以允许合适的人员到场旁听。调查官、监护人及辅助人可以就审理陈述意见。少年部法官认为有必要的，可使案件中的少年本人退场。在审理当天，受害者或其法定代理人、辩护人、配偶、直系亲属、兄弟姐妹请求陈述意见的，少年部法官应给予受害者或其代理人陈述意见的机会。但是，如果申请人已经在审理程序中充分陈述，少年部法官认为没有必要再次陈述的，或者申请人的陈述有可能导致审理程序明显延迟的，则可以不给予陈述意见的机会。少年部法官可以审问证人，要求鉴定或翻译(包括口译和笔译)。法院少年部的审理流程见图1。

---

① 韩国的一所少年分类审查院位于京畿道安养市东安区。未设置少年分类审查院的地区由少年院(釜山、大邱、光州、全州、大德、春川、济州少年院)代理业务。

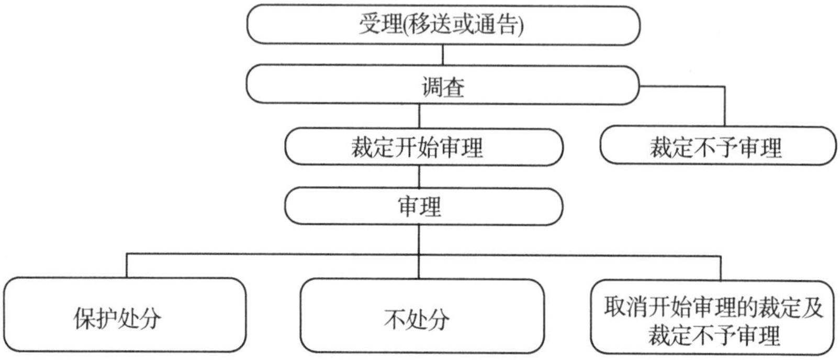

图 1　法院少年部的审理流程

6.建议和解

为了纠正少年的品行和保护受害者,少年部法官认为有必要的,可以建议少年与受害者和解,如赔偿损失等。少年部法官认为有必要和解时,可以在指定日期传唤少年、监护人或相关证人。少年听从和解建议与受害者达成和解的,少年部法官可以将其作为保护处分的依据。少年部法官在审理后认为不能对其进行保护处分或没有必要的,应作出相应裁定(裁定不予处分),并将此告知案件少年本人和监护人。

7.裁定保护处分

经审理,少年部法官认为有必要对少年进行保护处分的,应当通过裁定作出下列 10 项中任意一项的处分,处分可以全部或部分合并。

第 1 项　将少年委托给监护人或者其他可以提供保护者。

第 2 项　参加课程令。

第 3 项　参加社区服务。

第 4 项　短期保护观察。

第 5 项　长期保护观察。

第 6 项　依据《儿童福利法令》将少年委托给儿童福利机构或其他少年保护机构照顾和管束。

第 7 项　将少年委托给医院、疗养院或其他依据《少年保护治疗法》规定的少年医疗和保护机构。

第 8 项　移交给少年院,为期 1 个月。

第 9 项　将少年移交给少年院短期管束。

第 10 项　将少年移交给少年院长期管束。

社区服务令仅适用于年满十四周岁的少年,参加课程令和长期移交少年院的处分仅适用于年满十二周岁的少年。这些少年保护处分对少年未来的身份不应有任何影响。少年部法官可以根据受托人或执行保护处分人员的申请,通过裁定变更《少年法》第 32 条的保护处分和第 32 条第 2 项中的附加处分。保护处分裁定应立即告知少年及其监护人,裁定的目的应当立即告知受托人或执行保护处分的人员。

(二)刑事法院中的少年案件处理程序

在少年刑事程序中,原则上拘捕令和审判的执行由检察官决定。[①] 检察官对少年案件作出公诉决定后,按照一般刑事程序进行。动机和犯罪性质严重,有必要对少年进行刑事处分的,由法院进行审判。

1.侦查和审判

法院可以委托调查官调查与少年刑事案件有关的必要事项。涉及少年的刑事案件与其他刑事案件有关,只要不妨碍审判,就应将少年案件与其他案件的审判分开进行。对少年刑事案件的审理应当亲切温和。在审判过程中,要特别注意少年的身心状态、品行、经历、家庭情况及其他情况,准确查明事实。

2.法院指派律师和审判

刑事法院对少年刑事案件的处理程序与成人刑事案件基本相同,但在少年没有辩护人或辩护人未出席情况下,法院应当为其指派律师。对于刑事法院的审判结果,可以根据刑事诉讼法的规定提出抗诉或越级上诉,对法院的裁定或命令进行上诉,提出再审申请。

3.少年刑罚的缓和

对犯罪时未满十八周岁的少年处以死刑或无期徒刑的,应当减至十五年有期徒刑。当少年实施了应当判处两年及以上有期徒刑的犯罪时,应当在刑期范围内确定最高刑和最低刑并进行宣判。但是,最高刑不得超过十年,最低刑不得少于五年。根据少年的特性,可在一定程度上减轻其刑罚。宣告缓期执行或缓期宣判的,不适用不定期刑。对少年执行不定期刑的机关负责人,如果少年犯已经执行完最低刑且在服刑期间表现良好,达到矫正目的的,可以根据管辖检察院检察官的决定终止执行其刑罚。

---

① 《刑事诉讼法》第 81 条及第 460 条。

4.刑罚执行和假释

如果在审判中被判有罪,原则上少年将被关押在少年监狱(韩国金泉少年监狱)中,女性少年犯则被关押在韩国唯一的女子监狱即清州女子监狱。十九周岁以上的服刑人员与十九周岁以下的服刑人员在同一矫正机构内收容时,应分开收容。根据韩国《刑法》第70条规定,不得对未满十八周岁的少年判处劳役场留置。被判处劳役或监禁的少年,应当在特别设置的监狱或普通监狱中特别划出的场所服刑。少年在服刑期间满二十三周岁的,可以将其移交给普通监狱。正在执行保护处分的少年被判处劳役、监禁或拘留的,应优先执行其刑罚。被判处劳役或监禁的少年,且服刑时间符合一定情形的,可以假释,假释的时间条件为:(1)无期徒刑已执行五年的;(2)十五年有期徒刑已执行三年的;(3)已执行不定期刑的最低刑的三分之一的。

被判处劳役或监禁的少年被宣告假释后,若没有撤销假释,则假释期间经过后视为原刑罚执行完毕。

五、结语

上文依次介绍了警察对学校暴力事件的介入、检察机关的介入、法院的介入。警方介入的裁量范围是非常重要的。对于校园暴力施暴者,除了行政上的措施外,应慎重对待司法程序下的社会烙印和处罚。基于上述观点,警方正在积极适用训诫措施,或者适用其他通过保护处分等避免刑事处罚的手段。尽管如此,警方关于校园暴力施暴者的处理程序有其法律、制度上的不完善,因此不能广泛使用,存在一定的局限性。检察机关的介入对犯罪少年是绝对的。检察机关对十四周岁以上的犯罪少年拥有处分裁量权。检察机关可将少年移送法院少年部,单纯的附条件起诉甚至附先导条件的不起诉也被广泛使用。最近随着少年犯罪的凶暴化,检察机关也可以遵循针对犯罪少年的刑事处罚程序进行处理,但是刑事处罚程序的适用比率仍然非常有限。这是为了最大限度地减少适用司法程序给青少年带来的社会烙印。法院对校园暴力事件的介入分为移交少年部的保护处分和移交刑事法院的处罚,向民事法院请求损害赔偿的情况也很多。因为对于未满十周岁的犯罪少年,保护处分和刑事处罚都无法适用。学校暴力成为社会问题,虽然已加强学生教育,但其却正在演变为集体暴力甚至是网络暴力。因此,最重要的其实是预防对策。相比强调入学考试和竞争的学校教育,强调仁德及和谐的学校教育才是最重要的。

【原文】

학교폭력 사건에 대한 형사책임

郑栽骏

I. 서론(序论)

학교폭력 사건이 발생한 경우에는 학교 전담기구의 조사를 거쳐 심의위원회가 사건을 해결하기 위하여 관련법에 따른 조치를 취하는 경우가 일반적이다. 그러나 이것이 불가능하거나 사안이 너무 중대하거나 학교 내에서의 해결을 원하지 않는 경우에는 심의위원회 절차와 별도로 피해자 등은 경찰 등 수사기관에 고소해서 형사절차를 진행할 수 있다. 특히 성폭력 사안을 인지한 교원은 반드시 수사기관에 신고를 해야 할 의무가 있다. 이렇게 사건이 학교와 수사기관에 동시에 접수가 되더라도 학교는 경찰(검찰)수사와는 별도로 학교폭력 접수, 사안조사, 전담기구 심의, 심의위원회 개최 요청 등 일련의 절차를 준수해야 한다. 이렇게 학교가 행하는 절차는 「학교폭력예방 및 대책에 관한 법률」에 따라야 하기 때문이다. 이에 비하여 형사책임은 「형법」이나 「형사소송법」 등에 의하여 규율되기 때문에 권역을 달리한다. 처분 결과도 학교에서 진행하는 절차는 일반적으로 심의위원회의 결정에 따르고 학교에서는 이 결과를 생활기록부에 기재하며 조치이행, 사후 지도 등의 행정행위를 하게 되어 있다. 또한 이에 대한 이의 신청은 행정심판을 요구하므로 경찰이나 검찰에서의 절차에 따른 결과인 형사재판과는 다르다. 이 결과 가해학생이 심사위원회의 결정에 의한 제재 조치를 받음과 동시에 형사처벌을 받는다고 해도 이는 이중처벌로 볼 수 없다. 이렇게 행정적 조치와 형사처벌이 다른 권역이기 때문에 검찰에서 가해학생을 혐의없음(증거불충분)에 의한 불기소처분을 하더라도 심의위원회는 동일 사건을 학교폭력으로 인정하고 선도조치 등을 결정할 수 있다.

형사절차의 일반적 흐름은 경찰 → 검찰 → 법원의 결정으로 이루어지는데, 심사위원회에서 내리는 가해학생에 대한 조치는 행정처분의 일종으로 볼 수 있다. 그러나 사법기관에서 내리는 결정은 국가의 형사처벌 또는 보호처분이므로 본질적으로 다른 맥락이라 할 수 있다. 가해 소년이 이러한 사법 절차의 대상에 포함되기 위해서 우리나라는 나이에 따른 엄격한 구분을 적용하므로 이에 대한 이해가 선행되어야 한다. 소년에 대한 보호처분과 함께 형사처분에 대한 특별한 조치를 목적으로 소년법이 제정되었다. 아래 〈도표 1〉에서 보는 것과 같이 만 14세 미만의 촉법소년은 형사처벌 대상에서 제외되며 만 10세 미만의 범법소년은 보호처분도 받지 않는다. 형사처벌이 불가능한 만 10세 미만의 범법소년은 주로 경찰 단계에서 훈방에 의하여 보호자에게 인계된다. 다만, 형사처벌이 불가능 하다고 해서 민사 책임이 없어진다는 의미는 아니다.

〈도표 1〉 연령에 따른 소년에 대한 처벌

	범법소년	촉법소년	범죄소년
연령 범위	만 10세 미만	만 10세 이상 만 14세 미만	만 14세 이상
적용 법률	없음	<소년법>	<형법>, <소년법>
처벌 여부	형사처벌 불가	형사처벌 불가 보호처분 가능	형사처벌 가능 보호처분 가능

형사미성년자인지(만 14세)의 여부는 행위 시를 기준으로

판단한다.[①] 다만, 소년법상 소년인지의 여부는 사실심 판결시를 기준으로 판단한다.[②] 촉법소년의 경우에는 형법에 따른 형사처벌(징역, 금고, 벌금 등)을 받지는 않으나 소년법상의 보호처분을 받는다. 보호처분은 소년법상 아래 〈도표 2〉에서와 같이 10개의 처분을 결정할 수 있으며 원칙적으로 어느 하나의 처분을 결정하지만 소년법의 관련 조항에 따라 일부를 병합하여 부과할 수 있다.

<도표 2> 법원 소년부 판사의 보호처분

제 1 호 보호자 또는 보호자를 대신하여 소년을 보호할 수 있는 자에게 감호 위탁
제 2 호 수강명령
제 3 호 사회봉사명령
제 4 호 보호관찰관의 단기(短期) 보호관찰
제 5 호 보호관찰관의 장기(長期) 보호관찰
제 6 호 「아동복지법」에 따른 아동복지시설이나 그 밖의 소년보호시설에 감호 위탁
제 7 호 병원, 요양소 또는 「보호소년등의처우에관한법률」에 따른 의료재활소년원에 위탁
제 8 호 1 개월 이내의 소년원 송치
제 9 호 단기 소년원 송치
제 10 호 장기 소년원 송치

---

① 대법원 1991. 12. 10. 선고 91 도 2393 판결 참조.

② 보호처분은 아래의 경우를 모두 포함한다(「소년법」 제 4 조).

1. 범죄를 저지른 소년

2. 법령을 위반한 10 세 이상 14 세 미만의 소년

3. 다음 각 목에 해당하는 사유가 있고 그의 성격이나 환경에 비추어 앞으로 형벌 법령에 저촉되는 행위를 할 우려가 있는 10 세 이상인 소년

가. 집단적으로 몰려다니며 주위 사람들에게 불안감을 조성하는 성벽(性癖)이 있는 것

나. 정당한 이유 없이 가출하는 것

다. 술을 마시고 소란을 피우거나 유해환경에 접하는 성벽이 있는 것

만 14 세 이상의 범죄소년의 경우에는 형사처벌 절차를 밟을 수도 있고 보호처분 절차를 밟을 수도 있다. 원칙적으로 이러한 결정은 검사가 하는데 범죄 소년을 조사 또는 심리한 결과 금고 이상의 형에 해당하는 범죄 사실이 발견된 경우에는 형사처벌 절차를 밟는다.①

II. 학교폭력에 대한 경찰의 개입

경찰에서 학교폭력 사건으로 수사를 하기 위해서는 '소년사건의 처리에 관한 규정'인 「소년법」과 「소년업무처리규칙」에 따른다. 이에 의하면 학교폭력 사건을 접수한 해당 경찰은 경찰서장에게 보고하고 경찰서장은 학교폭력 가해학생이 연령상 촉법소년(만 10 세 이상 14 세 미만)인 경우에는 직접 관할 법원 소년부에 송치해야 한다. 범죄소년(만 14 세 이상)에 대하여는 「소년업무처리규칙」 제 1 조에 의하여 소년사건처리에서 자체적으로 종결하거나 즉결심판청구 또는 형사사건으로 입건·수사하여 검찰에 송치한다.

1. 경찰 훈방

경찰은 소년업무를 처리함에 있어서 불량소년을 발견하면 현장에서 주의, 조언, 제지 또는 필요에 따라 보호자에게 연락, 조언하여야 하며, 보호가 필요한 소년(요보호소년)에 대해서는 아동상담소, 복지시설, 기타 관계기관이나 단체에 통고하거나 또는 보호자에 대한 주의 조언을 하는 등 소년의 보호를 위한

---

① 소년법 제 7 조(형사처분 등을 위한 관할 검찰청으로의 송치) ① 소년부는 조사 또는 심리한 결과 금고 이상의 형에 해당하는 범죄 사실이 발견된 경우 그 동기와 죄질이 형사처분을 할 필요가 있다고 인정하면 결정으로써 사건을 관할 지방법원에 대응한 검찰청 검사에게 송치하여야 한다. ② 소년부는 조사 또는 심리한 결과 사건의 본인이 19 세 이상인 것으로 밝혀진 경우에는 결정으로써 사건을 관할 지방법원에 대응하는 검찰청 검사에게 송치하여야 한다.

필요한 조치를 하여야 한다.[①] 경찰은 이와 같이 불량행위소년을 '미성년자풍기사범' 으로 처리하고, 선도•보호라는 차원에서 즉결심판 청구, 관계 당국에의 통보 외에도 보호자에게 통보•훈방 등의 조치를 취하고 있다. 이러한 경찰 훈방은 단순 훈방과 선도조건부 훈방으로 구분할 수 있다. 경찰서장이 일단 훈방 조치한 학교폭력 사건에 대해서도 일사부재리의 원칙이 적용되지 않으므로 훈방 후 고소나 피해신고 등 사정변경이 있으면 입건하여 형사처벌 할 수 있다.[②]

(가) 단순 훈방

경찰은 소년법상 촉법소년과 우범소년은 법원에 송치해야 하는 전건송치주의[③]를 취하고 있는데도 불구하고 비행소년에 대하여 사법 절차에 따른 낙인을 최소화하고 신속한 절차를 해결하기 위하여 훈방을 적극 활용하고 있다. 이러한 훈방의 근거는 경찰 내부의 직무 규범인 「소년업무규칙」 제 21 조로서 '경찰관은 불량소년을 발견하면 현장에서 주의, 조언, 제지 또는 필요에 따라 보호자에게 연락, 조언하여야 한다.' 는 규정과 제 33 조 '경찰관은 수사 또는 조사한 결과 비행소년이 아니라고 인정되는 소년 또는 14 세 미만의 우범소년에 대하여는 적절한 주의 조언에 그치되, 보호자의 의뢰가 있거나 비행 예방을 위해 필요하다고 인정될 때에는 계속하여 적절한 선도대책을 강구하여야 한다.' 에 있다.

(나) 선도조건부 훈방

경찰은 여성청소년과에 선도심사위원회를 두고 있다. 경찰의 내부위원과 지역사회의 명망있는 외부위원으로 구성되는데 범죄를 범한 소년에 대하여 선도조건부 훈방이나 즉결심판 등의 처분을

---

① 김봉수 · 강동욱, "소년범에 대한 경찰의 형사사법처리절차 및 개선방안," 원광대학교 경찰학연구소, 경찰학논총, Vol. 8, No.1 [2013], 257 면.

1[2013], 第 257 页。

② 이은주 외 2 인, "소년범죄예방을 위한 지역사회경찰활동의 현황 및 개선방안," 경찰학연구소 / 경찰학논총 제 9 권 제 3 호 (2014), 167 면.

③ 전건송치주의 (全件送致主義) 란 경찰이 촉법소년과 우범소년 사건 모두를 소년부 판사에게 이송해야 한다는 것을 말한다.

결정하고 청소년 가·피해자나 가출청소년 등에 선도와 지원을 담당하고 있다. 위원회는 위원장 1명을 포함하여 5명 이상으로 구성하고, 이 중 외부 위원을 2명 이상으로 하되, 성별을 고려하여야 한다.① 위원장은 경찰서장으로 하고, 내부위원은 경찰서 여성청소년·생활안전·형사·수사과장 및 청문감사관 중에서 경찰서장이 지정하며, 외부위원은 의사, 변호사, 교사, 소년에 대한 조사시 참여 전문가, 청소년단체의 장 및 종사자 등 소년 선도에 학식과 경험이 풍부한 전문가 중에서 경찰서장이 위촉한다. 외부위원의 임기는 1년으로 하며, 연임할 수 있다. 위원회의 사무를 처리하기 위해 경찰서 소년업무 담당 부서의 계장을 간사로 둔다. 특히 「공직선거법」에 따라 실시하는 선거에 후보자(예비후보자 포함)로 등록한 사람, 「공직선거법」에 따른 선거사무관계자 및 선거에 의하여 취임한 공무원, 「정당법」에 따른 정당의 당원은 위원이 될 수 없다. 청소년 선도심사위원회는 월 1회 이상 개최하는 것을 원칙으로 한다. 다만, 심의할 안건의 양에 따라 필요한 경우 위원장의 결정으로 일정을 조정할 수 있다.② 선도심사위원회는 훈방을 결정함에 있어 비행내용, 동기, 원인, 방법, 비행후 정황, 상습성 및 재비행 위험성, 소년의 인성, 보호자, 평상시 생활태도 및 주거환경, 피해자에 대한 피해회복 노력, 피해자의 처벌의사 등을 종합해서 결정하게 된다. 특히 가해자가 초범이어야 하고, 피해자가 처벌을 원하지 않아야 하며, 피해자가 고소하는 등 입건 시에는 선도조건부 훈방이 불가하다. 집단이나 상습, 보복, 성범죄 등 죄질이 나쁜 경우에도 선도조건부 훈방의 적용대상에서 제외된다.

2. 범죄소년에 대한 통고처분

통고처분이란 법원에 의하여 자유형 또는 재산형에 처하는 과벌제도에 갈음하여 행정관청이 법규위반자에게 금전적 제재를

① 「소년업무규칙」 제28조(위원회의 구성) 제1항.

② 「소년업무규칙」 제29조(위원회의 운영) 제1항.

통고하고 이를 이행한 경우에는 당해 위반행위에 대한 소추를 면하게 하는 것을 말한다.[①] 경범죄처벌법상 통고처분은 범칙자를 즉결심판에 회부하기에 앞서서, 범칙자가 경찰서장 등에 의한 범칙금 납부통고를 이행한 경우에는 즉결심판에 회부하지 않도록 하는 제도(동법 제8조)이다.[②] 통고처분은 형벌인 '벌금'이 '벌금에 해당하는 금액'인 범칙금으로 전환된다는 점에서는 형벌의 비범죄화 정신에 접근하고(불복할 경우 바로 소추절차로 이행된다는 점에서 엄밀한 의미의 비범죄화 문제와 구별된다), 경제적 측면에서 볼 때에는 벌금과 마찬가지의 효과를 가지며, 징역형 등 자유형의 대상이 될 수 있는 위반행위까지도 그 대상이 된다는 점에서 최근의 형벌의 금전벌화 경향과도 그 맥을 같이 한다고 하겠다. 다만, 「경범죄처벌법」 제6조에 의하면 18세 미만의 자에게는 통고 처분을 할 수 없도록 규정되어 있기 때문에 소년 사건의 경우 만 18세만 해당된다고 하겠다.[③]

3. 범죄소년에 대한 즉결심판청구

경찰은 여성청소년과에 선도심사위원회를 두고 있으며 즉결심판청구를 결정한다. 이를 위해서 비행내용, 동기, 원인, 방법, 비행 후 정황, 상습성 및 재비행 위험성, 소년의 인성, 보호자, 평상시 생활태도 및 주거환경, 피해자에 대한 피해회복 노력, 피해자의 처벌의사 등을 종합해서 결정하게 된다. 선도조건부 훈방과 달리 즉결심판청구는 재범인 경우에도 적용가능하며 피해자의 처벌의사 혹은 입건 여부와도 무관하다. 이러한 소년 즉결심판청구는 경찰 훈방처럼 경미한 사건에 적용된다.[④] 즉결심판은 「즉결심판에 관한 절차법」 제3조에 따라 사법경찰관이 수사한 사건에 관하여 송치 또는 즉결심판청구

---

① 헌법재판소 1998. 5. 28. 선고 96헌바4 결정 참조.

② 「경범죄처벌법」 제6조와 제8조.

③ 헌법재판소 1998. 5. 28. 선고 96헌바4 결정 참조.

④ 「소년업무규칙」 제30조(즉결심판 청구) 경찰서장은 죄질이 경미한 범죄소년에 대하여 선도심사위원회의 심의 내용을 반영하여 즉결심판을 청구할 수 있다.

또는 이송 절차에 의할 경우에는 경찰관서장의 지휘를 받아서 이를 행하여야 한다. 따라서 만 14세 이상 19세 미만의 청소년이 저지른 범죄 중 20만원 이하 벌금형에 해당하는 경미한 사건에 대해서는 경찰서장이 판단하여 즉결 심판을 청구하고 있다.①

4. 경찰의 소년사건 수사

형사소송법의 개정으로 검사의 경찰에 대한 수사지휘권이 폐지되었다. 그리고 검사와 경찰에 대한 관계가 수직적 관계가 아닌 상호 협력관계로 변경되었다.② 2021년 시행된 「검사와 사법경찰관의 상호협력과 일반적 수사준칙에 관한 규정」에 의하여 검사 또는 사법경찰관은 수사를 개시할 수 있고, 사법경찰관의 법원송치, 검찰송치, 불송치, 수사중지, 이송을 결정할 수 있게 되었다. 하지만 현재 소년범에 대한 규정은 「검사와 사법경찰관의 상호협력과 일반적 수사준칙에 관한 규정」 제51조의 사법경찰관의 검찰송치와 제52조 검사의 소년보호사건 송치만 규정되어 있다. 2021년부터 경찰은 일부 사건을 자체 종결할 수 있게 되었고, 검경 사이의 전건송치주의는 변화되었다.

5. 경찰의 소년사건 수사에 대한 특별한 배려

2022년 1월 4일 시행한 행정안전부령(제305호)인 「경찰수사규칙」에 의하면 소년, 장애인 등 사회적 약자에 대한 조사에는 특별한 절차나 배려를 요구하고 있다. 즉 사법경찰관리는 소년인 피의자에 대해서는 가급적 구속을 피하고, 소년인 피의자가 체포·구속된 경우에는 다른 사건보다 우선하여 조사하는 등 신속한 수사를 위해 노력하는 것이다. 구체적으로 사법경찰관리는 소년을 조사하는 경우에는 행위의 동기, 그 소년의 성품과 행실, 경력, 가정 상황, 교우관계, 그 밖의 환경 등을 상세히 조사하여 그

---

① 김봉수·강동욱, "소년범에 대한 경찰의 형사사법처리절차 및 개선방안," 원광대학교 경찰학연구소, 경찰학논총, Vol. 8, No.1 [2013], 260면.

② 「형사소송법」 제195조(검사와 사법경찰관의 관계 등) ① 검사와 사법경찰관은 수사, 공소제기 및 공소유지에 관하여 서로 협력하여야 한다.

결과를 서면으로 적어야 한다.① 또한 사법경찰관리가 소년에 대한 출석요구나 조사를 하는 경우에는 지체 없이 그 소년의 보호자 또는 보호자를 대신하여 소년을 보호할 수 있는 사람에게 연락해야 한다. 특히 소년인 피의자에 대해서는 가급적 구속을 피하고, 부득이하게 체포•구속 또는 임의 동행하는 경우에는 그 시기와 방법에 특히 주의해야 한다. 사법경찰관리는 소년인 피의자가 체포•구속된 경우에는 다른 사건보다 우선하여 그 사건을 조사하는 등 신속한 수사를 위해 노력해야 한다.

6. 관할 검찰청에 송치

「검사와 사법경찰관의 상호협력과 일반적 수사준칙에 관한 규정」에 비추어 보아 검경 사이의 전건송치주의에 대한 변화로서 경찰의 일부 사건에 대한 종결권이 있는데도 불구하고 「소년업무규칙」②에 의하면 경찰은 소년 사건에 대하여 범죄 혐의가 있으면 이를 검찰에 송치한다. 경찰관은 범죄소년 사건을 입건하여 수사한 결과 혐의가 인정되는 경우에는 관할 지방검찰청 검사장 또는 지청장에게 송치하여야 한다는 조항이 남아있어 전건송치주의를 규정하고 있다. 만약 불송치하는 경우 이유를 적은 서면과 증거물을 검사에게 송부한다. 검사는 송부받은 날로부터 90일 이내에 증거물 등을 반환해야 한다. 경찰 수사 결과 피의 소년에 대한 혐의가 없거나(범죄 인정 안됨, 증거불충분) 죄가 안됨, 공소권이 없음③, 각하에 해당되는 경우에는 검찰에 송치하지 않는다. 소년에 대한 형사사건에 관하여는 「소년법」에 특별한 규정이 없으면 일반 형사사건의 예에 따른다. 검찰에서는 일반 형사사건 절차처럼 소년 형사 사건을 다룬다. 다만 「소년법」상 보도의 금지 등 성인 형사범과는 다른 소년의 특성을 고려한 배려가

---

① 「경찰수사규칙」 제89조 제1항.

② 「소년업무규칙」 제21조 제1항 비행소년 사건 송치.

③ 「소년법」, 「가정폭력범죄의 처벌 등에 관한 특례법」, 「성매매알선 등 행위의 처벌에 관한 법률」 또는 「아동학대범죄의 처벌 등에 관한 특례법」에 따른 보호처분이 확정된 경우(보호처분이 취소되어 검찰에 송치된 경우는 제외한다)에도 검찰에 송치되지 않는다.

행해진다.

7. **법원 소년부에의 송치**

형벌 법령에 저촉되는 행위를 한 10세 이상 14세 미만의 촉법소년은 경찰서장이 직접 소년부에 송치하여야 하며[①] 「소년법」상 우범소년에 대해서도 소년보호사건으로 하여 관할 소년부에 송치한다. 이렇게 경찰서장이 소년 보호사건을 법원에 송치하는 경우에는 소년보호사건 송치서를 작성하여 사건기록에 편철하고 관계 서류와 증거물을 관할 가정법원 소년부 또는 지방법원 소년부에 송부해야 한다.[②] 촉법소년은 원칙적으로 선도보호사건으로 처리하지만 보호자가 없거나, 보호자에게 감호하는 것이 부적당하다고 인정될 때에는 행정기관에 의한 보호조치를 강구하거나 이를 소년보호사건으로 하여 경찰서장이 직접 가정법원 소년부 또는 지방법원 소년부에 송치하여야 한다. 이것을 '직송'이라고 하며 이 사건을 '직송사건'이라고 한다. 일반 형사사건과 달리 소년사건의 경우 기소•불기소 여부의 판단을 검사가 소년부로 이전한 것으로서 소년의 경우에 조기송치, 조기보호의 필요에 의한 직송을 인정한 것이다. 다만 촉법소년의 행위가 금고 이상의 형에 해당하는 경우에는 이를 소년보호사건으로 하여 소년법원에 직접 송치하도록 하고 있다.

III. 학교폭력에 대한 검찰의 개입

검사는 소년 사건에 대하여 경찰에서 송치받은 수사자료를 검토한 후 불기소처분, 조건부 기소유예, 법원 소년부 송치, 공소제기 등의 처분을 내릴 수 있다. 검사는 소년 피의사건에 대하여 소년부 송치, 공소제기, 기소유예 등의 처분을 결정하기 위하여 필요하다고 인정하면 피의자의 주거지 또는 검찰청 소재지를

① 「소년업무규칙」 제21조 제2항 비행소년 사건 송치.

② 「경찰수사규칙」 제107조 제1항.

관할하는 보호관찰소의 장, 소년분류심사원장 또는 소년원장(이하 "보호관찰소장 등"이라 한다)에게 피의자의 품행, 경력, 생활환경이나 그 밖에 필요한 사항에 관한 조사를 요구할 수 있다.[①] 제1항의 요구를 받은 보호관찰소장 등은 지체 없이 이를 조사하여 서면으로 해당 검사에게 통보하여야 하며, 조사를 위하여 필요한 경우에는 소속 보호관찰관·분류심사관 등에게 피의자 또는 관계인을 출석하게 하여 진술요구를 하는 등의 방법으로 필요한 사항을 조사하게 할 수 있다. 검사는 보호관찰소장 등으로부터 통보받은 조사 결과를 참고하여 소년피의자를 교화·개선하는 데에 가장 적합한 처분을 결정하여야 한다.

1. 불기소처분

불기소처분은 검사가 기소하지 않는다는 것으로서 소년사건 피의자에게 형사처벌을 하지 않겠다는 처분 결정이다. 불기소처분에는 기소유예, 증거불충분 혹은 범죄 인정이 안되는 이유로 혐의없음, 죄가안됨, 공소권없음, 각하 등의 종류가 있다.[②]

2. 조건부 기소유예

기소유예는 불기소처분의 일종으로서 기소유예 피의사실이 인정되나 「형법」 제51조 각호의 사항을 참작하여 소추를 필요로 하지 아니하는 경우이다. 특히 소년 사건의 경우에는 선도교육을 받는 조건으로 기소유예를 받는 경우이다. 이러한 선도 조건부 기소유예는 1. 범죄예방자원봉사위원의 선도 2. 소년의 선도·교육과 관련된 단체·시설에서의 상담·교육·활동 등의 선도를 받게 하는 조건으로 소년 피의 사건에 대한 공소를 제기하지 않는 것이다. 이 경우에는 소년과 소년의 친권자, 후견인 등 법정대리인의 동의를 받아야 한다.[③] 이러한 선도 조건부 기소유예를 결정하기

---

① 「소년법」 제49조의2(검사의 결정 전 조사) 제1항.
② 「검찰사건사무규칙」 제98조(사건의 결정).
③ 「소년법」 제49조의3(조건부 기소유예).

앞서 ① 소년범의 연령 ② 기소유예·보호처분 전력 유무 ③ 반성 유무(수사 초기부터 혐의를 인정했는지) ④ 재범가능성이 낮을 것 ⑤ 피해회복을 위한 노력 등을 고려하게 된다. 소년법상 이러한 조건부 기소유예는 기소를 하지 않는 것으로서 형사처벌이 아니며 전과에 남지 않는다.[①] 결국 소년보호사건에 의한 보호처분이나 형사재판을 받지 않고 종결된다는 점에서 검찰에서 많이 사용된다. 조건부 기소유예 처분을 받는 경우에는 해당 소년과 부모는 서약서를 작성하여야 하고, 6개월 내지 1년 미만의 기간 동안 법무부 산하의 법사랑위원회 위원[②]이나 보호관찰관과 매달 1회 정도 면담을 갖거나 청소년 상담복지센터의 기소유예 프로그램에 참여해야 하는 등 검사가 부과한 선도 조건을 성실히 이행하여야 한다. 만약 이를 성실히 이행하지 않는 경우에는 기소유예 처분은 취소되고 검사의 결정으로 정식 기소될 수 있다. 또한 기소유예 처분은 단지 기소를 유예시킨 것으로서 추후 범죄를 저지르면 검사는 기존 유예한 사건을 기소할 수 있다.

3. 소년부 송치

검사는 경찰로부터 송치 받은 소년 사건 혹은 직접 인지한 소년에 대한 피의사건을 수사한 결과 벌금형 이하의 형에 해당하는 죄를 저질렀거나 보호처분에 해당하는 사유가 있다고 인정한 경우에는 사건을 관할 소년부에 송치하여야 한다.[③]

4. 소년범 신병 처리

소년 형사절차에서는 성인에 대한 신병처리와 크게 다르지 않으나, 소년에 대한 구속영장은 부득이한 경우가 아니면 발부하지 못한다. 소년을 구속하는 경우에도 특별한 사정이 없으면 다른

---

① 수사경력에는 기록되나 3년 후에는 삭제한다.

② 선도조건부기소유예 대상청소년 및 범죄취약대상 청소년을 비롯한 범죄자에 대한 상담지도, 취업알선, 재정지원 등을 그 직무로 하고 법무부장관이 위·해촉하는 범죄예방활동분야의 민간자원봉사자를 말한다. 원래 명칭은 범죄예방위원이었다가 2014년 3월 3일, 범죄예방 본연의 업무를 중심으로 봉사활동을 활성화하고 국민으로부터 신뢰받는 봉사단체가 되도록 명칭변경을 하여 법사랑위원이 되었다. 현재 법무부 훈령 제1015호에 준하여 운영되고 있다.

③ 「소년법」 제49조(검사의 송치) 제1항.

피의자나 피고인과 분리하여 수용하여야 한다.[①] 검사 또는 형사법원이 형사사건으로 다루던 소년사건을 소년법원에 송치하여 보호사건으로 처리하는 경우에는 소년을 구금하고 있는 시설의 장은 검사의 이송 지휘를 받은 때로부터 법원 소년부가 있는 시•군에서는 24시간 이내에, 그 밖의 시•군에서는 48시간 이내에 소년을 소년부에 인도하여야 한다.[②]

5. 공소제기

피의자가 미성년자라고 할지라도 그 동기와 죄질이 중대하여 형사처벌이 필요하다고 판단되면 검사는 기소처분을 할 수 있다. 이는 법원에 형사 재판을 제기하는 것이다. 이는 성인범의 예와 같이 형사소송법이 적용된다.

IV. 학교폭력에 대한 법원의 개입

1. 법원 소년부에서의 소년 사건 처리 절차

경찰서장, 검사, 보호자, 학교 등 시설의 장은 사건 소년을 법원 소년부에 통고할 수 있다. 구체적으로는 촉법소년이나 우범소년이 있을 때에는 경찰서장은 직접 관할 소년부에 송치하여야 한다. 범죄소년, 촉법소년 또는 우범소년을 발견한 보호자 또는 학교•사회복지시설•준법지원센터[③]의 장은 이를 관할 소년부에

---

① 「소년법」 제55조(구속영장의 제한).

② 「소년법」 제52조(소년부 송치 시의 신병 처리).

③ 법무부 범죄예방정책국 소속기관으로 죄를 범한 사람에 대한 체계적인 사회 내 처우를 통해 건전한 사회복귀를 촉진하고 개인 및 공공의 복지를 증진함과 아울러 사회를 보호함을 목적으로 하며 궁극적으로는 지역시회 재통합을 지향한다. 전국에 64개 기관을 두고 있다. 보호관찰 등에 관한 법률에 따라 설치된 법무부의 소속기관(범죄예방정책국 소관)으로, 범죄나 비행을 저질러 소년부 결정에 따라 보호관찰 대상이 된 소년 또는 교도소나 소년원에서 가석방된 자, 보호관찰 조건부로 집행유예된 자에 대해 보호관찰을 행하는 기관이다. 법률상 명칭은 "보호관찰소"이나, 2016년 6월부터(공식적으로는, 보호관찰소의 명칭 병행 사용에 관한 지침(법무부훈령)에 따라 7월부터) "준법지원센터"를 공식 명칭으로 사용하게 되었다. 보호관찰지소도 준법지원센터로 지칭하고 있으며, 보호관찰소와 준법지원센터라는 명칭을 병행하여 사용하고 있으나 내부적으로는 보호관찰소라고 칭하고 있다.

통고할 수 있다.[①] 검사도 소년에 대한 피의사건을 수사한 결과 보호처분에 해당하는 사유가 있다고 인정한 경우에는 사건을 관할 소년부에 송치하여야 한다.[②] 소년부는 이와 같이 통고된 소년을 심리할 필요가 있다고 인정하면 그 사건을 조사하여야 한다. 보호사건을 송치받은 법원 소년부는 보호의 적정을 기하기 위하여 필요하다고 인정하면 결정(決定)으로써 사건을 다른 관할 소년부에 이송할 수 있다. 또한 당해 법원 소년부도 사건이 그 관할에 속하지 아니한다고 인정하면 결정으로써 그 사건을 합당한 관할 소년부에 이송하여야 한다.[③]

(가) 조사와 심리

법원 소년부에서의 조사는 의학·심리학·교육·사회학이나 그 밖의 전문적인 지식을 활용하여 소년과 보호자 또는 참고인의 품행, 경력, 가정 상황, 그 밖의 환경 등을 밝히도록 노력하여야 한다. 소년부 또는 조사관이 범죄 사실에 관하여 소년을 조사할 때에는 미리 소년에게 불리한 진술을 거부할 수 있음을 알려야 한다. 소년부 판사는 조사관에게 사건 본인, 보호자 또는 참고인의 심문이나 그 밖에 필요한 사항을 조사하도록 명할 수 있다. 소년부는 통고된 소년을 심리할 필요가 있다고 인정하면 그 사건을 조사하여야 하기 때문이다.[④] 소년부는 조사 또는 심리를 할 때에 정신건강의학과의사·심리학자·사회사업가·교육자나 그 밖의 전문가의 진단, 소년 분류심사원의 분류심사 결과와 의견, 보호관찰소의 조사결과와 의견 등을 고려하여야 한다.

(나) 소환 및 동행영장

소년부 판사는 사건의 조사 또는 심리에 필요하다고 인정하면 기일을 지정하여 사건 본인이나 보호자 또는 참고인을 소환할 수 있다. 사건 본인이나 보호자가 정당한 이유 없이 소환에 응하지

---

① 「소년법」 제4조 제3항.

② 「소년법」 제49조(검사의 송치) 제1항.

③ 법무부 범죄예방정책국 홈페이지(https://www.cppb.go.kr/cppb/578/subview.do) 참조.

④ 「소년법」 제11조(조사명령) 제1항.

아니하면 소년부 판사는 동행영장을 발부할 수 있다. 소년부 판사는 사건 본인을 보호하기 위하여 긴급조치가 필요하다고 인정하면 제13조제1항에 따른 소환 없이 동행영장을 발부할 수 있다. 동행영장에는 다음 각 호의 사항을 적고 소년부 판사가 서명날인하여야 한다.

〈도표 3〉 동행영장 발부 필요 내용

1. 소년이나 보호자의 성명 2. 나이 3. 주거 4. 행위의 개요 5. 인치(引致)하거나 수용할 장소 6. 유효기간 및 그 기간이 지나면 집행에 착수하지 못하며 영장을 반환하여야 한다는 취지 7. 발부연월일

이러한 소년에 대한 동행영장은 조사관이 집행한다. 소년부 판사는 소년부 법원서기관•법원사무관•법원주사•법원주사보나 보호관찰관 또는 사법경찰관리에게 동행영장을 집행하게 할 수 있다. 동행영장을 집행하면 지체 없이 보호자나 보조인에게 알려야 한다.

(다) (국선) 보조인

사건 본인이나 보호자는 소년부 판사의 허가를 받아 보조인을 선임할 수 있다. 보호자나 변호사를 보조인으로 선임하는 경우에는 위의 허가를 받지 아니하여도 된다. 보조인을 선임함에 있어서는 보조인과 연명날인한 서면을 제출하여야 한다. 이 경우 변호사가 아닌 사람을 보조인으로 선임할 경우에는 위 서면에 소년과 보조인과의 관계를 기재하여야 한다. 소년부 판사는 보조인이 심리절차를 고의로 지연시키는 등 심리진행을 방해하거나 소년의 이익에 반하는 행위를 할 우려가 있다고 판단하는 경우에는 보조인 선임의 허가를 취소할 수 있다. 보조인의 선임은 심급마다 하여야 한다.① 소년이 소년분류심사원에 위탁된 경우 보조인이 없을

① 「형사소송법」 중 변호인의 권리의무에 관한 규정은 소년 보호사건의 성질에 위배되지 아니하는 한 보조인에 대하여 준용한다. 「소년법」 제17조(보조인 선임) 제6항.

때에는 법원은 변호사 등 적정한 자를 보조인으로 선정하여야 한다. 소년이 소년분류심사원에 위탁되지 아니하였을 때에도 ① 소년에게 신체적·정신적 장애가 의심되는 경우 ② 빈곤이나 그 밖의 사유로 보조인을 선임할 수 없는 경우 ③ 그 밖에 소년부 판사가 보조인이 필요하다고 인정하는 경우 법원은 직권에 의하거나 소년 또는 보호자의 신청에 따라 보조인을 선정할 수 있다.

(라) 임시조치

소년부 판사는 사건을 조사 또는 심리하는 데에 필요하다고 인정하면 소년의 감호에 관하여 결정으로써 ① 보호자, 소년을 보호할 수 있는 적당한 자 또는 시설에 위탁(3개월) ② 병원이나 그 밖의 요양소에 위탁(3개월) ③ 소년분류심사원(1개월)[①]에 위탁한다. 소년부 판사는 이와 같은 임시조치의 결정을 하였을 때에는 소년부 법원서기관·법원사무관·법원주사·법원주사보, 소년분류심사원 소속 공무원, 교도소 또는 구치소 소속 공무원, 보호관찰관 또는 사법경찰관리에게 그 결정을 집행하게 할 수 있다. 임시조치는 언제든지 결정으로써 취소하거나 변경할 수 있다.

(마) 심리의 개시

소년부 판사는 사건 소년과 서기가 참석한 가운데 심리를 한다. 조사관, 보호자 및 보조인은 심리 기일에 출석할 수 있다. 이러한 심리는 친절하고 온화하게 하여야 한다. 심리는 공개하지 아니한다. 다만, 소년부 판사는 적당하다고 인정하는 자에게 참석을 허가할 수 있다. 조사관, 보호자 및 보조인은 심리에 관하여 의견을 진술할 수 있다. 소년부 판사는 필요하다고 인정하면 사건 본인의 퇴장을 명할 수 있다. 소년부 판사는 피해자 또는 그 법정대리인·변호인·배우자·직계친족·형제자매가 의견진술을 신청할 때에는 피해자나 그 대리인 등에게 심리 기일에 의견을

---

① 경기도 안양시 동안구에 위치하고 있는 소년분류심사원은 우리나라에 한 곳이 있다. 소년분류심사원이 없는 지역은 소년원(부산, 대구, 광주, 전주, 대덕, 춘천, 제주 소년원)에서 업무를 대행한다.

진술할 기회를 주어야 한다. 다만, 신청인이 이미 심리절차에서 충분히 진술하여 다시 진술할 필요가 없다고 인정되는 경우와 신청인의 진술로 심리절차가 현저하게 지연될 우려가 있는 경우에는 의견 진술 기회를 주지 않아도 된다. 소년부 판사는 증인을 신문하고 감정이나 통역 및 번역을 명할 수 있다.

〈도표 4〉 법원 소년부의 심리 개시 흐름

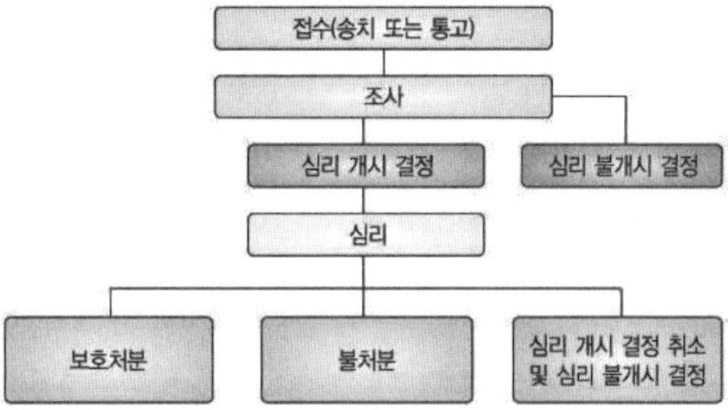

(바) 화해 권고

소년부 판사는 소년의 품행을 교정하고 피해자를 보호하기 위하여 필요하다고 인정하면 소년에게 피해 변상 등 피해자와의 화해를 권고할 수 있다. 소년부 판사는 화해를 위하여 필요하다고 인정하면 기일을 지정하여 소년, 보호자 또는 참고인을 소환할 수 있다. 소년부 판사는 소년이 화해 권고에 따라 피해자와 화해하였을 경우에는 보호처분을 결정할 때 이를 고려할 수 있다. 소년부 판사는 심리 결과 보호처분을 할 수 없거나 할 필요가 없다고 인정하면 그 취지의 결정을 하고(불처분 결정), 이를 사건 본인과 보호자에게 알려야 한다.

(사) 보호처분 결정

소년부 판사는 심리 결과 보호처분을 할 필요가 있다고 인정하면 결정으로써 아래 10개의 어느 하나에 해당하는 처분을 하여야 한다. 그러나 처분 상호 간에는 그 전부 또는 일부를 병합할 수 있다.

〈도표 5〉 보호처분의 종류

제 1 호 처분 :	보호자 또는 보호자를 대신하여 소년을 보호할 수 있는 자에게 감호 위탁
제 2 호 처분 :	수강명령
제 3 호 처분 :	사회봉사명령
제 4 호 처분 :	보호관찰관의 단기 (短期) 보호관찰
제 5 호 처분 :	보호관찰관의 장기 (長期) 보호관찰
제 6 호 처분 :	「아동복지법」 에 따른 아동복지시설이나 그 밖의 소년보호시설에 감호 위탁
제 7 호 처분 :	병원 , 요양소 또는 「보호소년 등의 처우에 관한 법률」 에 따른 소년의료보호시설에 위탁
제 8 호 처분 :	1 개월 이내의 소년원 송치
제 9 호 처분 :	단기 소년원 송치
제 10 호 처분 :	장기 소년원 송치

사회봉사명령은 14 세 이상의 소년에게만 할 수 있으며 수강명령과 장기 소년원 송치 처분은 12 세 이상의 소년에게만 할 수 있다. 이러한 소년의 보호처분은 그 소년의 장래 신상에 어떠한 영향도 미치지 아니한다. 소년부 판사는 위탁받은 자나 보호처분을 집행하는 자의 신청에 따라 결정으로써 소년법상 제 32 조의 보호처분과 제 32 조의 2 의 부가처분을 변경할 수 있다. 이러한 보호처분 결정은 지체 없이 사건 본인과 보호자에게 알리고 그 취지를 위탁받은 자나 보호처분을 집행하는 자에게 알려야 한다.

2) 형사 법원에서의 소년사건 처리절차

소년형사절차에서 구속영장과 재판의 집행은 원칙적으로 검사가 지휘한다.① 검사가 소년 사건에 대하여 공소제기 결정을 하게 되면 일반적인 형사절차가 진행된다. 그 동기와 죄질이 중대하여 소년에게 형사처분 할 필요가 인정될 때에는 법원에서 재판을 진행하는 것이다.

---

① 「형사소송법」 제 81 조와 제 460 조.

（가）조사와 심리

법원은 소년에 대한 형사사건에 관하여 필요한 사항을 조사하도록 조사관에게 위촉할 수 있다. 소년에 대한 형사사건의 심리는 다른 피의사건과 관련된 경우에도 심리에 지장이 없으면 그 절차를 분리하여야 한다. 소년에 대한 형사사건의 심리는 친절하고 온화하게 하여야 한다. 이러한 심리에는 소년의 심신상태, 품행, 경력, 가정상황, 그 밖의 환경 등에 대하여 정확한 사실을 밝힐 수 있도록 특별히 유의하여야 한다.

（나）국선변호인과 재판

형사법원은 소년형사사건에 대하여 성인형사사건과 거의 동일한 절차에 따라 처리하는데, 다만 소년에 대하여 변호인이 없거나 출석하지 아니한 때에는 반드시 국선변호인을 선정하여야 한다. 형사법원의 재판에 대하여는 형사소송법에 따라 항소, 상고, 항고 및 재심청구를 할 수 있다.

（다）소년 형벌의 완화

죄를 범할 당시 18세 미만인 소년에 대하여 사형 또는 무기형(無期刑)으로 처할 경우에는 15년의 유기징역으로 한다. 소년이 법정형으로 장기 2년 이상의 유기형(有期刑)에 해당하는 죄를 범한 경우에는 그 형의 범위에서 장기와 단기를 정하여 선고한다. 다만, 장기는 10년, 단기는 5년을 초과하지 못한다. 소년의 특성에 비추어 상당하다고 인정되는 때에는 그 형을 감경할 수 있다. 형의 집행유예나 선고유예를 선고할 때에는 부정기형을 적용하지 아니한다. 소년에 대한 부정기형을 집행하는 기관의 장은 형의 단기가 지난 소년범의 행형(行刑) 성적이 양호하고 교정의 목적을 달성하였다고 인정되는 경우에는 관할 검찰청 검사의 지휘에 따라 그 형의 집행을 종료시킬 수 있다.

（라）형의 집행과 가석방　　刑罚执行和假释

만일 재판에서 유죄가 확정되면 소년의 경우는 원칙적으로 소년교도소(국내 한 곳인 '김천소년교도소')에 여자 소년의 경우에는 국내 유일 여성 교도소인 청주여자교도소에 수용하게 된다. 19세 이상의 수형자와 19 세 미만의 수형자를 같은 교정시설에 수용하는 경우에는 서로 분리하여 수용한다. 18 세 미만인 소년에게는 「형법」 제 70 조에 따른 유치선고를 하지 못한다. 징역 또는 금고를 선고받은 소년에 대하여는 특별히 설치된 교도소 또는 일반 교도소 안에 특별히 분리된 장소에서 그 형을 집행한다. 다만, 소년이 형의 집행 중에 23 세가 되면 일반 교도소에서 집행할 수 있다. 보호처분이 계속 중일 때에 징역, 금고 또는 구류를 선고받은 소년에 대하여는 먼저 그 형을 집행한다. 징역 또는 금고를 선고받은 소년에 대하여는 아래 각 호의 기간이 지나면 가석방(假釋放)을 허가할 수 있다.

〈도표 6〉 가석방을 위한 기간 조건

1. 무기형의 경우에는 5 년
2. 15 년 유기형의 경우에는 3 년
3. 부정기형의 경우에는 단기의 3 분의 1

징역 또는 금고를 선고받은 소년이 가석방된 후 그 처분이 취소되지 아니하고 가석방 전에 집행을 받은 기간과 같은 기간이 지난 경우에는 형의 집행을 종료한 것으로 한다.

V. 결어

지금까지 학교폭력사건에 대한 경찰의 개입, 검찰의 개입, 법원의 개입을 차례로 알아 보았다. 경찰의 개입에 대한 재량범위는 중요하다. 학교폭력 가해자에게 행정상의 조치 외에도 사법상의 절차에 의하여 사회적 낙인과 처벌을 받는 것은 신중해야 한다. 그런 점에서 경찰은 훈방을 적극 활용하고 있다. 혹은 보호처분 등을 통해서 형사처벌을 회피할 수 있는 수단이 존재한다. 그럼에도 불구하고 경찰 단계에서의 학교폭력 가해자에 대한 프로그램은 법적·제도적 미비로 인하여 폭넓게 활용되지는 못하다는 한계가 있다. 검찰의 개입은 범죄 소년에 대하여는 절대적이다. 검찰은 14 세 이상의 범죄 소년에 대하여 처분에 대한 재량권을 가지고 있다. 소년부 송치도 가능하고 단순 기소유예 내지 선도조건부 기소유예도 많이 활용되고 있다. 최근 소년범죄의 흉폭화에 맞물려 검찰의 범죄소년에 대한 형사처벌이라는 사법 절차 준수 또한 가능하다. 그러나 그 비율은 매우 제한적으로 활용되고 있다. 청소년에 대한 사법절차에 의한 사회적 낙인을 최소화하려는 노력일 것이다. 학교폭력 사건에 대한 법원의 개입은 소년부 송치에 의한 보호처분과 처벌을 위한 형사법원 송치로 대별되지만, 민사법원에 의한 손해배상 청구도 많이 이용되는 편이다. 특히 10세 미만의 범법소년에 대하여는 보호처분이나 형사처벌 둘 다 해당되지 않기 때문이다. 학교폭력이 사회 문제가 되고 이에 대한 학생 교육이 강화됨에 따라 집단 따돌림 내지는 인터넷을 활용한 폭력으로 진화하고 있다. 따라서 그 무엇보다도 강조되는 것이 예방정책일 것이다. 입시와 경쟁을 강조하는 학교교육이 아닌 인덕과 조화를 강조하는 학교교육의 중요성은 아무리 강조해도 지나치지 않을 것이다.

참고문헌

김봉수·강동욱, "소년범에 대한 경찰의 형사사법처리절차 및 개선방안," 원광대학교 경찰학연구소, 경찰학논총, Vol. 8, No. 1 [2013].

문용린 외 공저, [학교폭력 위기개입의 이론과 실제], 학지사, 서울, 2008년.

이은주 외 2인, "소년범죄예방을 위한 지역사회경찰활동의 현황 및 개선방안," 경찰학연구소/경찰학논총 제9권 제3호 (2014).

이창북, [학교폭력 해소와 법률적 대처], 법문북스, 서울, 2017년.

교육부, [학교폭력 사안처리 가이드북], 서울, 2018년.

헌법재판소 1998. 5. 28. 선고 96헌바4 결정 참조.

헌법재판소 1998. 5. 28. 선고 96헌바4 결정 참조.

대법원 1991. 12. 10. 선고 91도2393 판결 참조.

검찰청 홈페이지 (https://www.spo.go.kr/site/spo/main.do) 참조.

법무부 범죄예방정책국 홈페이지 (https://www.cppb.go.kr/cppb/578/subview.do) 참조.

人工智能(Artificial Intelligence)时代的刑法作用

[韩]李尚洙 著　闫泓滔 译　[韩]金永完 校译 *

一、引言

现代社会进入了以人工智能为基础的第四次产业革命时代。2016 年 1 月在瑞士举行的达沃斯论坛①聚焦于对“第四次产业革命”的理解,即以人工智能、机器人、物联网技术融合的网络空间和以实体世界联系系统(cyber physical)为中心的技术革命。也就是说,人工智能、计算机化算法、机器人工学、现实增强、医用传感器、机器对机器通信、物联网、自动驾驶汽车等将改变全球经济的面貌。

从目前的情况来看,装载人工智能的工业机器人、医用手术机器人和家用机器人正在得到广泛应用,它们可以在有限的范围内进行意思决定,而这一决定影响着人们的生活。随着人工智能的快速发展,总有一天人工智能拥有的、与人们类似的认知和处理信息的能力将超越人们,可以预见到在将来的某一天,人工智能将拥有超越人们的认知能力。

---

* 李尚洙(Lee Sang-Su),山东师范大学法学院副教授;闫泓滔,山东大学法学院硕士研究生;金永完,山东大学法学院教授。

① 这是指每年在瑞士达沃斯举行的“世界经济论坛(World Economic Forum)”年会的统称。世界各国政界、关系、财界的触角聚集在一起,交换各种信息,讨论世界经济发展方案等。没有正式议题,对参加者关心的领域自由交换意见。1971 年,出生于德国的犹太人克劳斯·施瓦布(Klaus Schwab)以非营利基金会的形式创立。

一方面,人工智能的迅速发展为人们的生活提供了各种便利,另一方面也增加了对人们法益的侵害的可能性。例如,如果引入了自动驾驶汽车,在运行过程中发生交通事故,导致人受到损害或死亡,就会有人提出由谁承担刑事责任的讨论。① 而且,关于人工智能是否能取得著作权的问题②,即当他人的著作权被侵害的情况下,在刑法领域对人工智能侵害(他人)著作权的处罚也是个问题。

现行刑法体系规定,意思决定的主体仅限定为人,意思决定的责任原则上由人承担。但现在的人工智能与过去为便利人们而引进的(普通)机器不同,它可以模仿人们的感知和思考过程,亲自掌握信息、学习、亲自决策和实行。由于人工智能技术的快速发展,如果有意识自治能力的主体扩大到超出了"人"的范畴,(法律上)就会出现与以往不同层次的规范性问题。在人工智能通过非法的意思决断实施侵犯他人法益的行为的情况下,抹去对人工智能进行意思决断的责任——与在刑法意义上是否可以对人工智能自身进行非难问题相联系——侵害(他人)法益的刑事责任归属也是一个问题。也就是说,关于人工智能的意念决断和由此带来的法益侵害问题,有人提出了这样的问题——到底该由人工智能的设计制造者、拥有者、使用者还是人工智能本身承担责任。

特别是人工智能在未被人们主观上用作犯罪手段的情况下,人工智能引起的法益侵害与人的注意义务无关,因此可能会发生无法将其产生的结果归结于人工智能的设计制造者或所用者的情况。

关于处于人工智能背后的自然人刑事责任的归属问题,当人工智能自行决定并执行时,适用传统的刑法理论"以人为中心的视角"就明显暴露出其局限性。在传统刑法理论情况下,只能将处于人工智能背后的自然人——人工智能的设计制造者或所有者及使用者——作为刑事责任归属的

---

① 2016年5月,美国发生了搭载人工智能的自动驾驶汽车相关死亡事故。这是一次特斯拉汽车在不停行驶的情况下与卡车相撞导致汽车司机死亡的事故。据了解,这起事故的原因是,在高速公路上行驶的汽车没有意识到左转的白色拖车,刹车失灵,车辆的自动驾驶传感器当时没有区分天空的颜色和卡车的白色面。当然,这起事故并不是搭载人工智能的自动驾驶汽车侵犯司机以外的第三者法益的情况,但如果司机死亡,该把责任归咎于谁——人工智能编程是否有错误、编程外汽车制造商是否有责任、司机驾驶上的过失等原因可能会被提出。

② 参见[韩]李相美:《人工智能(AI)创作物的著作权是谁?》,《科学技术法研究》2016年第22卷第3号。

对象,此时在刑事政策上可能会遇到不能处理的极限情况。人工智能技术发展所指向的核心,可能会导致刑法无法充分应对的情况。刑法学有义务提出克服传统的刑法理论局限性的新方案。法益侵害持续发生,因而在社会成员对(法律)规范的期待不断下降的情况下,我们不能原封不动地保留应对能力不充分的法律,从而导致与人工智能有关的刑事责任一直存在死角地带。相反,要么准备应对人工智能时代的新法律规制,要么研究现有刑法理论与规范的新的适用方案。

二、人工智能时代(Artificial Intelligence)的到来以及伦理、法律问题

(一)人工智能的概念

"人工智能"一词的使用始于1956年该领域的先驱们在美国达特茅斯举行的国际会议(Dartmouth Conference)。马文·明斯基(Marvin Minsky)、约翰·麦卡锡(John McCarthy)、赫伯特·西蒙(Herbert Simon)、艾伦·纽威尔(Alen Newel)等出席了此次会议,约翰·麦卡锡首次提出了"人工智能"一词。但是,在该会议上,对人工智能概念并没有明确定义,根据现有研究、学术领域或学者的不同,对人工智能的理解或者探求的方向也不同,因此没有确立统一的概念。

人工智能(弱人工智能)主要通过信息系统实现人的学习能力、知觉能力、推论能力和自然语言理解能力等。在未来可以预见到与人们思考和行动类似的人工智能(强人工智能)的发展,从这一点上可以将人工智能理解为"将人们的心理体系有意识地具现的机械系统"①。

机器人(Robot)是一种区别于人工智能的概念。如果说人工智能是人为体现人们精神力的机器,那么机器人就是体现人们肉身的机器。有关法律争议的领域是人工智能,而不是机器人。显然,具备人工智能的机器人在一定程度上具备了自己判断的能力,从这一点来看,其可能会成为法律争议的对象,如法律主体性或责任能力。与此相反,不具备(精巧)人工智能的单纯机器人只不过是像其他普通机器一样,因此不能成为法律争议的对象。

① 参见[韩]杨天秀:《人工智能和法体系统的变化——以刑事司法为例》,《法哲学》2017年第20卷第2号。

最近关于人工智能或机器人的法律地位如何确定的问题，就像人们在行为领域以自我意识为核心一样，因此可以说比起机器人，人工智能更有可能涉及是否存在法律地位的问题。① 下文涉及人工智能机器人的概念将统一使用“人工智能”一词。②

韩国2008年颁布的《智能机器人开发及普及促进法》将智能机器人定义为“自觉感知外部环境，判断自身环境而采取行动的机械装置”。据此，人工智能的概念要素可以说是：(1)自觉感知外部环境；(2)判断自身环境；(3)自律行动的程序。③

(二)人工智能技术的灵活应用以及伦理、法律问题

人工智能技术的实用化为人们生活提供了很多便利，但也引发了过去意想不到的伦理和法律问题。例如，在自动驾驶车辆发生事故时，民事赔偿责任与刑法上的处罚如何确认的问题；作为人工智能基础的算法的缺位或错误操作导致非法行为或者损害时的法律处理问题；是否允许人工智能诊断疾病及做手术的问题；专门负责机器人活动管理及规制的政府机构的必要性和角色问题等。这最终涉及当人工智能介入人们生活的某个领域，当人工智能代替人们一定行为发生损害结果，在社会中侵害有意义的法益时，如何用法律处理这一问题。这时，是否给人工智能赋予人格，是将人工智能看成只是按照人的指示操纵的机器，还是将人工智能拟定为具有自律性意思决定能力的道德行为者(Artificial Moral Agent, AMA)。这两种方式对上述问题的应对方案可能会有所不同。

以上所列问题是以往法律体系内未曾预料到的领域，因此通过现有的法律解释来寻找解决方案将暴露其局限性，目前还缺乏相应的理论基础。人工智能的运算体系可以判断给定的信息，并根据不同的事件采取不同的

---

① 参见[韩]杨天秀：《人工智能和法体系统的变化——以刑事司法为例》，《法哲学》2017年第20卷第2号。

② 搭载人工智能的形式除了机器人以外，还有包括自动驾驶汽车在内的多种方式。如果使用人工智能机器人的概念，就会把以人工智能为基础的汽车或其他对象排除在讨论之外，只把讨论限定为“机器人”，因此不妥当。

③ 韩国于2008年3月28日制定了《智能机器人开发及普及促进法》，为促进智能机器人的开发和普及奠定基础，制定推进智能机器人产业持续发展的政策。该法律所使用的“智能机器人”被定义为一种机器装置，它能自己感知外部环境，判断情况，并进行自律的活动。法律上的智能机器人的特征要素是对外部环境的自我认识、对情况的自我判断力、自律的动作。

应对措施,因此,直接适用与民事损害赔偿责任相关联的制造物责任法是没有道理的。[①] 前面提到,如果以人工智能系统为媒介发生法益侵害,不仅要对是否满足民事上的损害赔偿责任成立条件作出法律判断,还要对其行为是否存在受到谴责的可能性进行判断,因此能否归属刑事责任成为问题。

为了防止人工智能被用于非法行为或犯罪,可以在制作阶段就对人工智能进行编程,以确保其不会侵害他人的法益,或者设计使其能够在面对非法行为时作出拒绝执行的伦理判断。[②] 那么,如果人工智能获得了区分善恶、作出伦理判断的自律性和意思能力,能否将人工智能拟定为道德行为人,并对人工智能赋予民事法上的、刑事法上的责任就成了问题。而且,如上所述,人工智能的技术应该发展到什么程度才能够充分承认人工智能的自律性,也是个疑问。

欧盟进行的 RoboLaw 项目[③]于 2014 年推出了《机器人监管指南》,将机器人分为自动驾驶车辆、手术用机器人、机器人人工机构、看护机器人,分别为监管政策提供了依据。根据其应用的领域分别分析争议点,进行审查监管,这一点对于解决人工智能有关的问题具有很大的启发性意义。但在韩国,对人工智能及机器人工学运用的法律关系和责任归属的讨论还没有达到非常活跃的阶段。与人工智能领域相对应的法系统的整备和法解释论的规定目前仍然存在不尽如人意的情况,现在有必要继续讨论如何制定相关应对对策。

三、人工智能有关的刑事法争议点上的讨论

(一)论据的前提——弱人工智能和强人工智能的区别

在人工智能的发展过程中,作为重要概念出现的是弱人工智能(Weak

---

① 人工智能可以根据自身的判断进行基础性的行为,因此难以按照对由制造物媒介产生的民事损害进行放宽处理或进行转换证明责任处理,使制造物责任法的法理原封不动地适用于因人工智能产生的损害赔偿。

② 参见[韩]林锡淳:《刑法上的人工智能的责任归属》,《刑事政策研究》2016 年第 27 卷第 4 号。

③ 该项目在名为《机器人监管指南》的最终报告中写道:“特别是,如果不能否认自律的机器人在很多案例中不是单纯的对象,而是像主体一样出现,那么就应该赋予机器人法律人格,并接受通过赋予机器人权利和义务而产生的所有结论。”欧盟议会司法委员会 2016 年 5 月底在此基础上提交报告草案。该报告对社会保险费和税收负担义务以及欧洲各地工业机器人的注册作出了要求。因此,人工智能机器人被归类为电子人格,被赋予了法的主体地位,从而使拥有权利和义务的机器人能够对损失承担责任。

AI)和强人工智能(Strong AI)。这一概念在人工智能的开发部门广泛使用,特别是强人工智能(Strong AI)被提出作为人工智能开发的目标。

弱人工智能(Weak AI)是指不具有与人们相同的感性,在有限的领域内产生与人们智力活动类似的产物的人工智能。执行给定算法、主要在特定领域解决问题的人工智能就属于此。现在的人工智能领域研究的中心是弱人工智能,最近成为话题的机器学习(Machine Learning)①或深度学习(Deep Learning)②也可以说是弱人工智能。

强人工智能(Strong AI)是可以用与人们类似的思维系统分析问题和行动的人工智能。这是一种与人们的感性及思想体系运作的方式相同的人工智能,可以说是一种通用的人工智能。因此,强人工智能也被称为一般人工智能(Artificial General Intelligence,AGI)。

简单总结弱人工智能和强人工智能的区别,弱人工智能的目的是输入特定的数据,通过程序学习,完成特定的工作目标;强人工智能是以模仿人类大脑所执行的功能为指向点。也就是说,如果说弱人工智能是辅助人们的人工智能,那么强人工智能就可以说是能够理解人类感性并具备独立思考能力的人工智能。

对于人工智能的刑事责任问题存在着肯定说与否定说,但在目前弱人工智能阶段,人工智能本身的刑事责任是没有问题的,因为利用弱人工智能进行犯罪的情况大多数都是由人作为实质的支配者,即在犯罪背后操纵。因此,如果发生这种情况,将利用弱人工智能作为犯罪工具的人或以人工智能为媒介犯罪与犯罪结果具有因果关系的人归入犯罪法上的主体就足够了。如果人工智能的使用者输入程序使其进行犯罪行为,那么该使用者将承担故意犯罪的责任;而对于人工智能的误操作或意外行为所导致的后果,

---

① 机器学习是人工智能研究的一个领域,是指在计算机上实现人类学习能力等功能的技术。也就是说,让人工智能自己学习的方法。以前的人工智能不具备自己学习的能力,所以在输入数据的时候必须设定人为的概念和标准等。与此不同,机器学习通过以现有数据为基础进行分析和学习,可以自己获得新的知识。

② 深度学习让机器学习,类似于人们的两个大脑在海量数据中发现模式后区分事物的信息处理方式,让计算机分辨事物。如果采用深度学习技术,即使人们没有确定所有的判断标准,计算机也可以自行认知、推理、判断。这项技术广泛用于语音、图像识别和照片分析等。谷歌 AlphaGo 也是基于深度学习技术的计算机程序。随着深度学习的开发,现在人工智能不仅可以自己学习,还具备了从各种数据中推论一般概念或规则等的能力。

可能涉及人工智能的设计制造者或使用者的过失责任。对于人工智能的错误行为或意想不到的行为所造成的后果,人工智能计划者或使用者是否承担过失责任值得讨论。

但是,如果是强人工智能犯罪,那么确定其责任归属主体将面临困难。

作为对以人工智能为媒介的法益侵害的应对方案,以刑法上的两罚规定为基础,对人工智能也有认定犯罪能力或责任归属能力的见解,有援引民法上的制造物责任法理的见解,有以美国刑法上的责任归属要件为基础认定人工智能的刑事责任的见解,也有引进以德国为代表主张电子人格(Electronic Person)的见解。在这篇文章中,我们将回顾以往关于强人工智能引起的法益侵害的刑事法的责任归属问题并进行讨论,探讨其妥当性与否,然后再将对刑事责任归属于人工智能本身是否可以作为一种应对方案进行评估。

(二)人工智能与自由意志的问题

众所周知,人们都有自由意志,并因此作出各种选择。自由意志是人们的本性和核心,自由意志的存在尤其在刑法领域具有重要意义。因为在目前的犯罪体系中,犯罪是以具有自由意志的人们能够选择自己的意思作为犯罪前提进行的。“无责任无刑罚主义原则”以人们的意思决定自由为逻辑前提。也就是说,尽管根据自由意志能够进行合法行为,但对于基于自己意愿进入非法领域的行为,仍将加以谴责并施加刑罚。因此,对于未被承认自由意志的刑事未成年人或精神疾患患者,应根据少年法中的保护措施或治疗监护措施进行处理,而基于谴责可能性的刑罚则不得施加。

人们有自由意志,反过来也可以作为否定人工智能具有人性的论据。其原因是,人工智能只按照程序运行,不存在任何形式的自由意志。人工智能与人们不同,不具有欲求(Desire),因此不能将人工智能的行为看作是自由意志的产物①;或者说,即使人工智能具有自律性,这一自律性也只在掌握数据的认识和判断力的战略范围内有意义②,因此很难将其视为自律的行为;即使人工智能自己经过学习,具有推论能力,但在社会中没有达到能够

---

① 参见[韩]金永斗:《人工智能与自由意志》,延世法学会第60届学术大会,2017年。

② 参见[韩]朱贤京:《以人工智能和事业法的争点——责任归属为中心》,《刑事政策》2017年第29卷第2号。

在互动中思考自我的阶段。① 这些观点都对人工智能是否具有自由意志持有怀疑。人工智能不被认可为具有自由意志,它无法像人类一样充分考虑其行为对社会的反价值影响,在此意义上,人工智能不应对其行为违法所产生的后果承担责任。

根据以意思自由为前提的传统的责任概念,由于人工智能很难满足责任条件,那么对其施加以责任非难为基本要素的刑罚也就不可能了。但最近有人提出了修改或补充、解体或重构以意思自由为基础的传统责任理论的方案,脑科学的研究成果对此提供了启示。② 该研究认为,人们拥有意思自由只是一场未经经验证明的理论和逻辑斗争的产物,只是一种幻想,因此主张刑法上的责任原则应在否定人们意思自由的基础上重新构建。信奉脑科学研究成果的人并不都主张废除刑法。他们也认识到了刑法的必要性,只是主张对责任概念的修改,认为刑法不应该是报应的法律,而应该是预防和保安处分的法律。犯罪者受到处罚并非因为他们有意识地进行了有责任的行为,而是因为他们应该尽可能地得到改善,如果不能改善,反而应该保护社会免受犯罪分子的侵害。

还有一种观点认为,在传统的刑法无法有效防御的领域,需要从以前的"以人为中心的刑事司法"向"脱离以人为中心的刑事司法"进行修改和变化。③ 据此,"社会系统"(Social System)占据了刑事司法的中心地位,在观察社会现象时,不是把行为,而是把沟通(Communication)作为更为根源的概念来把握。从"脱离以人为中心的刑事司法"标准来看,对强人工智能也可以赋予社会性人格,因为强人工智能自律地参与社会沟通和交流。在这

① 参见[韩]李仁英:《关于人工智能机器人的刑事责任和责任主义,《弘益法学》2017年第18卷第2号。

② 根据科学百科研究报告,人们在决定采取一定行动之前,已经在脑中激活了其活动,认为决定行动的主体是"脑",认为是由人的自由的意愿驱动的,只是制造的妄想或事后的合理化。特别是,德国的脑研究者认为,人们下决心行动后再开始行动是妄想乃至错觉,应该以人们的不自由为法律秩序的基础,放弃责任主义。参见[韩]金圣敦:《脑科学与刑事责任的新地平》,《刑事法》2010年第22卷第4号。

③ 杨天秀教授接受德国社会学家N.Luhmann的"体系统论",对"去人类中心"的刑事司法进行论证。对"去人类中心"的刑事司法主体进行扩张,将"体系"理解以法律体系为中心,以"疏通"代替行为来设计法律体系。从"去人类中心"的刑事司法观点来看,强人工智能应当承担刑事责任。因为,强大的人工智能可以用自律参与社会上的沟通。参见[韩]杨天秀:《人工智能和法体系统的变化——以刑事司法为例》,《法哲学》2017年第20卷第2号。

种情况下,自由意志并不重要,重要的是是否拥有沟通的自由。然而,强人工智能是与人们具有同等智能的人工智能,因此也具有自身的规律性。在这一点上,讨论强人工智能的刑事责任时,自由意志被认为并不是一个重大问题。

综上所述,由于人工智能不具有与人们同等的自律性和意思自由,因此不能追究人工智能的刑事责任的前提标准可以稍微宽松一些。以意思自由为基础的责任非难,作为刑罚的根本要素,对人工智能进行处罚的前景也有可能在不久的将来实现。

(三)犯罪能力

犯罪能力是成为犯罪主体的"资质"。犯罪在形式上的构成要件包括从事了违法的、应当承担责任的行为。在对犯罪构成要件的刑法规定中,其出发点是"人的行为"①。原则上,审查犯罪构成要件满足与否要看是否有人的行为。也就是说,犯罪行为的主体应该是自然人,因此人工智能或人工智能机器人原则上不能成为犯罪主体。

在现代社会中,随着非自然人的团体参与社会活动的增加,因团体而频繁发生法益侵害的情况下,出于刑事政策目的,对团体产生了处罚的必要性,除自然人以外,被赋予法人资格的团体法人能否成为犯罪的主体,或者是否有责任能力的问题,引起了争论。② 这种争论不仅是基于理论上的分歧,还是基于除了对自然人进行刑事处罚之外还需要通过两罚规定对"法人"进行处罚的现实要求,通过这种方式,现行刑事法律体系为除自然人主体以外的法人也设立了可以追究刑事责任的机制。

与弱人工智能不同,强人工智能的常用化会对现有的刑事司法体系造成重大挑战,因为强人工智能和人一样,具备自律性和思考能力。例如,搭载着人工智能的自动驾驶车辆的存在和发展,使人工智能具有自律性或自由意志,至少可以指向自由意志的一个判断依据。更值得注意的是,人工智能朝着逐渐增强其自律性和自主判断能力的方向发展。这也让人们可以预

---

① 根据刑法,原则上以人们的行为为处罚对象,以人们有犯罪的能力为前提。

② 对于法人是否认定犯罪能力的学说,存在否定、肯定、部分肯定等。从比较法的角度来看,大陆法系的立场是将犯罪主体作为身份要件来否定法人的犯罪能力,而英美法系则注重对法人犯罪政策惩罚请求,肯定法人的犯罪能力。关于法人的本来面目,由法人真实说支配的德国否定法人的犯罪能力,采取法人拟人制说的英国和美国肯定法人的犯罪能力。因此,可以判断,法人的本来面目和法人的犯罪能力并非有逻辑上的必然关系,而是理论的刑事政策考虑的产物。

测到,有一天会出现完全独立于人、与人具有同等自由意志的人工智能。

人工智能能够像人一样,作为自己设定目标、实现目标、通过自律选择手段的主体而运作,这意味着强人工智能可以成为独立的犯罪主体。当然,从目前以弱人工智能为基础的科学技术水平来看,这种强人工智能的商用化可能在遥远的未来。但如果这种情况成为现实,就会遇到对强人工智能的刑事责任是否承认的问题,这将在理论上和实践上对以人为中心形成的现行刑法体系提出挑战。

(四)刑法上责任归属的可能性

无论何种行为主体被认定有犯罪能力,为了理顺对主体的处罚,都需要有刑事法律上的责任归属。责任归属以责任能力为前提。责任能力意味着行为者受到非难的资格。行为主体拥有犯罪能力并不意味着其拥有责任能力。要想对行为者进行非难,行为者至少需要有对事情的理解能力、区别善恶的能力。也就是说,即使行为者在有自由意思决定的情况下可以进行合法行为,其故意决定并实施非法行为,就可以谴责行为者的过错。刑事未成年者或精神疾病患者由于缺乏事情辨别能力,不能将行为的结果归咎于他们,因此他们的责任能力被否定。那么,如上所述,关于像人类一样具有自律性的人工智能,能否被加以刑事责任的问题可能会被提出。我们将对此进行讨论,并探讨其可行性。

1.刑法上两罚规定的受容可能与否

在刑事法律体系中,对法人在理论上采取犯罪能力否定的情况下,也会对法人按照刑法上的两罚规定进行处罚。与此相似,对于人工智能产生的法益侵害结果,无论其在刑法上是否从事了有意义的行为,或者无论是否承认人工智能的犯罪能力,都仍然可以讨论由人工智能行为导致的结果的刑事责任归属问题。①

---

① 两罚规定是将自然人的刑事责任归于法人的方式。在两罚规定的情况下,法人的刑事责任归属不要求直接行为人存在故意或过失这一归责条件,只要有违反行为的一定归责事由(法人违反对职工等行为的管理、监督义务)就足够了。以下关于人工智能自身适用两罚规定可接受性的讨论,对非人工智能本身产生的法益侵害结果适用两罚规定时,对不存在故意和过失的设计者、制造者和使用者是否能够施加责任。这里的讨论也是以强人工智能为前提的。两罚规定可以成为法人处罚的根据,与是否存在犯罪能力、刑罚能力无关,讨论是对是否拥有意思自由不确定、犯罪能力不确定的人工智能产生的法益侵害的结果是否能归于人工智能本身的根据的问题。也就是说,把重点放在"两罚规定的受范者扩大"上,论证两罚规定能否成为人工智能处罚的依据。

对人工智能进行双重惩罚规定(两罚规定)的立法化,其宗旨和立法目的是,随着高新技术的发展以及由此带来社会风险的特定对象,当它作为严重危害人们生活的主体,立法者根据自己的决断宣布,对于特定对象,也可以通过赋予刑罚来要求其履行社会责任。

未来,如果人工智能以自己积累的经验或知识为基础,发展到具有犯罪意识,自行控制犯罪计划和进行过程的阶段,那么就不能认为人工智能只是履行了工具的作用。

而且,人工智能能够与人们类似地感知并分析信息,根据人工智能命令操作机械装置部分——以人工智能机器人为例,相当于其胳膊、腿——能够超越为人工智能编制好的程序而依据自己的判断进行操作,而这是之前完全没有预料到的情况,就不能仅以不法行为的非难可能性来定义责任。在这种情况下,可能会有人质疑,只对人工智能的设计制造者和使用者追究刑事责任,是否忠实于责任主义。人工智能如果具备了目的指向性意志这一精神要素,就没有理由阻止其成为刑事责任的对象。[①] 可以施加刑事责任的对象是在社会共同生活过程中能够计划和实施犯罪行为、侵犯刑法保护法益的活动主体,只要是可以对其施加伦理性责任的对象就足够了,不一定只限于自然人。

2.刑法上制造物责任法理认定的可能性

民事责任与刑事责任不同,对以物为媒介造成外部危害后果的归责我们已经设立了相应的方案,直接适用制造物责任法的归属条件,可以减轻传统民事法责任。制造物责任法并不要求在涉及物品介入的损害结果上确认谁有过失,以及传统民事法责任理论中的过失与损害之间是否有因果关系。通常通过推定上的过失或因果关系,或将其立证责任交给制造者,最终采取将责任转交给制造者的方式。因此,制造物责任法是基于对社会共同体内产生的危险进行分配的思考。

民事上的制造物责任法法理是否可以应用于由人工智能造成的后果,从而能否确认其刑事责任的问题仍然存在争议。从接受这一点的立场出发,有学者提出了所谓“制造物刑事责任法”的立法,并强调其必要性和妥当

① 参见[韩]李仁英:《关于人工智能机器人的刑事责任和责任主义》,《弘益法学》2017年第18卷第2号。

性。但是,如果将制造物责任法的法理适用于刑法上的责任归属,将人工智能所介入的法益伤害的结果归咎于人工智能的设计制造者、使用者等,将很容易承认因果关系的推定或允许立证责任的转变。这可能会在两个方面引来批评意见。首先,这种"归责"方式是为了把人工智能产生的结果责任归属转向第三者,而不是人工智能本身。因此,将脱离人们控制、从事自律行为的人工智能产生的法益侵害的结果归入人工智能的制造者、使用者并不恰当。其次,作为民法领域的固有特性,将社会内发生的危险通过衡平原则分配的法理,如果将其适用于刑法的责任归属,就会导致即使不承认过失或因果关系也会承担该责任,由此,刑法的核心原则即责任原则有可能面临形骸化的风险。

3.基于美国刑法中的"归责要件"认定人工智能刑事责任的观点:以加布里埃尔·哈列维(Gabriel Hallevy)[①]的观点为中心

在美国刑法中,"刑事责任"(Criminal Liability)的认定,必须存在"自发行为"(Voluntary Act, Actus Reus)的客观要件和"作为犯罪意思"(Mental State, Mens Rea)的主观要件。

哈列维以美国刑法为基础,探讨人工智能的量刑可能性,他主张,如果人工智能导致的结果满足上述两个条件,就可以对其认定刑事责任,而不需要其他任何标准或能力。他将与人工智能相关的责任归属类型分为第三方责任归属类型(Perpetration-by-Another Liability Model)、相当结果的责备归因模型(Natural-Probable-Consequence Liability Model)、直接可及性归属模型(Direct Liability Model)。[②]

根据第三方责任归属模型,人工智能被评价为不可非难行为者(Innocent Agent)。人工智能只是机器,而不是人,不足以认定犯罪行为的主体性。人工智能是作为精巧的工具而行为的,作为人工智能行为的背后操纵者将成为犯罪行为的实质主体。例如,当人工智能的制造者将犯罪行为

① 加布里埃尔·哈列维(Gabriel Hallevy)为以色列 Ono Academic College 法学部刑法专业教授。哈列维教授关于人工智能和刑法的著作在世界范围内广为人知,被翻译成韩语、汉语和土耳其语。哈列维教授讲授刑法、证据法、企业法、高科技法、游戏理论等,以色列最高法院经常接受他独创的刑法理论。

② Gabriel Hallevy,"I, Robot-I, Criminal—When Science Fiction Becomes Reality: Legal Liability of AI Robots Committing Criminal Offenses", *Syracuse Science & Technology Law Reporter*, Vol.22, 2010, pp.1-37.

的程序安装到人工智能中,并导致人工智能实施了犯罪行为时,就属于这种情况。

对于由人工智能产生的可预见结果,相当结果的责备归因模型将其归因于人工智能设计者或使用者。人工智能设计者和使用者在人工智能产生违法行为结果之前,不会认识到它,也没有阻止违法行为发生的意思,也不会参与其行为。此时,对人工智能的设计者或使用者追究其结果责任,需要考虑其主观、精神因素(Mental State),即过失(Negligence)。如果认定这种结果的发生是由于他们违反了注意义务所造成的,被视为是自然而可能发生的结果(Natural and Probable Resulture),那就足够了。[①]

直接可及性归属模型是指这相当于人工智能作为直接的主体运作的情况。因此,这一类型关注的是能够将责任归属于人工智能本身。就像为了施加人们的刑事责任,需要行为要素(Actus Reus)和精神要素(Mensrea)一样,对于人工智能,除了这两个条件外,不需要考虑其他因素。

关于行为要件,如果人工智能被设计成可以控制搭载它的机械装置,且在人工智能的指示下,机械装置部分得以启动,就满足了刑法上的行为要件。例如,在人工智能的指示下,搭载该功能的机器人(或其他机器机制)对站在旁边的他人身体施加物理力时,暴行罪的行为要件就得到满足。

关于人工智能能否直接承担刑事责任,最为关键的问题是人工智能的感知,如认知(Knowledge)、故意(Intent)、过失(Negligence)等主观、精神要素(Mens Rea)能否得到认可。哈列维认为,人工智能的算法与人们类似,具备了可以认知视觉、听觉、物理接触等的装置,处理认知信息的过程也模拟了人们的处理过程,因此可以认定认知(Knowledge)这一精神要素。而且,它们可以像人们一样,对特定结果的发生有很强的目的或意图进行编程,因此特定故意(Specific Intent)也可以得到认定。

哈列维指出,通过删除人工智能的软件,可以消除其作为主体的独立存在性(Independent Existence),从而获得仅次于死刑的结果;也可以禁止使用一段时间,从而被处以剥夺机器人行动自由的拘禁刑。另外,人工智能被允

① 例如,飞机配置拥有自主飞行功能的人工智能,在该功能启动的情况下,当遇到强风的飞行员停止飞行到目的地并试图返回起飞点时,人工智能感知飞行员的行为是对执行编程任务的妨害,为了消除这些障碍,中断了对驾驶室的氧气供应,导致飞行员死亡。

许拥有财产并进行征收,或者被强制进行劳役以替代财产,因此处以财产刑也承认了人工智能的受刑能力。①

4.对主张引进电子人格的见解

欧盟议会于 2017 年 2 月 16 日通过了关于当前机器人悬案的决议案,其中包括长期赋予机器人电子人格,承认机器人法律地位的提案。在该提案中,电子人格说明了自律型机器人具有(独立)享有特定权利和义务的法律地位②,即机器人在承担由自己导致的损害赔偿责任或作为自律性人格的人作出意志决定或与第三方独立互动时,可以被赋予电子人格的地位。

以德国为例,从十年前到现在一直存在着能否对 AI 机器人实施刑事制裁的讨论——即“机器人刑法”(Strafrecht für Roboter),也有人主张,对所谓的人工智能可以在法律上赋予其电子人格,承认其刑事责任能力。对于机器人来说,承认其拥有刑事责任能力的观点依据如下:

第一,除人们外,对动物也有过量刑,因此也可以对机器人进行量刑。③第二,如果基于机器与人们类似拥有智能、自律性、意识自由特征的观点,那么也可以赋予机器与这些属性相关的刑法性责令。④ 另外,刑法上归责的重要之处与其说是“责任是否存在”的存在主义,不如说是“能不能对其进行归责”的归属可能性,从理论上讲,对机器人归属刑事责任也并不是不可以的。根据这一观点,可以参照法人人格的设定单独赋予机器人电子人格地位。⑤ 第三,通过对机器人进行重新编程或改变机器人行为,也可以对机器

---

① Gabriel Hallevy,“I, Robot-I, Criminal—When Science Fiction Becomes Reality: Legal Liability of AI Robots Committing Criminal Offenses”, *Syracuse Science & Technology Law Reporter*, Vol.22, 2010, pp.1-37.

② 决议案就机器人及人工智能提出了制定法律责任的基础、伦理标准,通过欧盟正在提出新设负责国及在劳动市场的应对方向等。在对智能自主机器人进行概念定义的同时,还明确了从长远来看,应该考虑机器人等的特殊法律地位。关于明确法律责任的必要性问题,本决议案中强调了随着机器人及人工智能的发展,将对社会、环境、人们健康会产生影响。特别指出制定自动驾驶车辆规范迫在眉睫,提出应建立具有强制性的保险体系及基金,以补偿因自动驾驶车辆发生事故的牺牲者,并从长远来看,应考虑赋予机器人等特殊法律地位。

③ 在过去的刑法史中,即使有对动物处以量刑的先例,虽然以后也可以成为对动物以及非人类的类似对象处以刑事责任的历史和事实基础,但这不能成为理论和规范依据。

④ 参见[韩]金永焕:《机器人刑法(Strafrecht für Roboter)?》,《法哲学》2016 年第 19 卷第 3 号。

⑤ 参见[德]苏珊·贝克(Susanne Beck):《关于引入电子人的利弊的优步意识和地位问题的荒谬》,Hilgendorf/Günther(编辑):《机器人与立法》,2013 年,第 254 页;参见[韩]金永焕:《机器人刑法(Strafrecht für Roboter)?》,《法哲学》2016 年第 19 卷第 3 号。

人实施法律制裁。①

未来,如果开发出既具有与人们理性思维过程几乎相似的自律意志力,又具备道德推论能力的强人工智能,并且人工智能的意识结构与人们几乎相同、犯罪的主观性认知和意思等有被认可的余地,那么对人工智能的责任非难是可能的。从认定法人的刑事责任依据来看,法人的行为实际上是以法人代表等自然人的行为为基础的,因此与对人工智能的责任归属讨论不在同一个层面上。至少,即使法人的刑事责任不以法人自身的正体性为基础,但为了保护社会的法益,法人的刑事责任也理应得以正当化。那么,在因人工智能而造成的法益侵害和犯罪危险性显著增加的情况下,也能成为人工智能刑事责任归属正当化的理由。②

四、结论:人工智能时代对刑法作用的重新定位

在人工智能因自己的思维力获得独立的行为能力、达到与人相似的程度时,对于人工智能以这些能力为基础的意思决断造成的法益侵害,当人工智能的设计制造者、使用者以现有刑法理论为基础并没有犯罪意思或者没有强制性的注意义务时,不能让人工智能的设计制造者、使用者承担责任。此时,究竟让谁承担责任成为问题。

根据以意思自由为前提的传统的责任概念,由于人工智能很难满足责任要件,那么对其进行以责任非难为基本要素的刑罚也是不可能的。但是,如果人工智能能够像人类一样,作为设定目标、实现目标而选择自律手段的主体而运作的话,这就意味着强人工智能可以成为独立的犯罪主体。如果说人工智能是以自己积累的经验或知识为基础,拥有犯罪意思,能够自己制定犯罪计划和控制犯罪进程,那么此时就不能认为人工智能只是履行了工具的作用。

人工智能如果具备目标指向的意志这一精神要素,就没有理由阻止其

---

① 马蒂亚斯说:"制造商可以通过删除导致机器错误操作的所有数据,让机器立即恢复到最初的位置,这样机器就可以按照自己的使用手册中所写的进行明确的行动。"因此,作为对机器人的刑事制裁,他还主张恢复计划。参见[韩]金永焕:《机器人刑法(Strafrecht für Roboter)?》,《法哲学》2016年第19卷第3号。

② 参见[韩]李仁坤、姜哲河:《关于人工智能机器人的刑事法理理论体系相关日记》,《韩国法学会-法学研究》2018年第18卷第3号。

成为刑事处罚的对象。可以施加责任的对象是在社会共同生活过程中计划并实行犯罪行为,侵犯刑法保护的法益的活动主体,不一定只限于自由人。刑法已经通过两罚规定认定了法人的刑事责任归属。在人工智能这一新问题上,应以人工智能今后会有更大的发展为前提,努力进行立法的整备、理论的订立。

对于与人类拥有同等程度的自律性的人工智能,笔者认为通过立法赋予其独立的人格是应对未来发展的人工智能时代的妥当解决方案;而且,这将克服在人工智能时代由传统的刑法观所带来的情况局限性,应重新制定定位人工智能作用的方案。对此,欧盟议会长期赋予机器人电子人格,《机器人悬案决议》对于认定机器人的法律地位提供了很好的启示。如果从人工智能拥有与人类相同的自由意志、自律性、知识能力的观点来看,考虑到社会共同体中概念的合目的性,将适用于人们的刑法扩大适用于机器人也不会存在大问题。

即使对人工智能的刑法上的责任归属是可能的,作为责任非难的刑罚也要通过与传统的刑罚不同的手段进行。也就是说,对于人工智能的谬误可及性,可以通过停止使用有问题的代码、设计方案或人工智能本身,命令其对反价值的意思决定原因部分进行纠正或改善。如果无法改善或存在明显困难,可以在删除相关代码、设计方案或者人工智能本身的同时,禁止今后使用相同、同类、类似的代码、设计方案或者人工智能本身,并强制将这些被禁止的内容公之于众。

【原文】

人工智能 (Artificial Intelligence) 時代에서 刑法의 役割

李尙洙

Ⅰ. 序論

現代社會는 人工智能을 기반으로 하는 제 4 차 産業革命 時代에 진입하였다. 2016 년 1 월에 스위스에서 개최된 다보스 포럼은 '제 4 차 産業革命 (The 4th industrial revolution)' 에 대한 이해에 초점을 두었는데, 이는 人工智能, 로봇, 사물인터넷의 技術融合에 의한 사이버 공간과 실물세계의 연계 (cyber physical) 시스템이 중심이 되는 기술혁명을 의미한다. 人工智能, 컴퓨터화된 알고리즘, 로봇공학, 增强現實, 의료용 센서, 기계 - 대 - 기계 커뮤니케이션, 사물인터넷, 自律走行 車輛 등이 글로벌 경제의 양상을 바꾸어 놓으리라는 것이다.

현재의 상황을 살펴보면, 人工智能을 탑재한 산업용 로봇이나 의료수술용 로봇, 가정용 로봇들이 사용되고 있고 이들은 제한된 범위 내에서나마 意思決定을 할 수 있으며 이 결정이 人間의 삶에 영향을 미치고 있다. 人工智能의 빠른 발전이 지속됨으로써 언젠가는 人工智能이 人間과 유사하게 情報를 認識하고 처리하는 것을 뛰어넘어 人工智能이 人間의 知能을 능가할 것이라는 예상도 가능해 보인다.

한편 人工智能의 급격한 발전은 人間의 삶에 여러 가지 편리함을 제공하지만, 다른 한편으로는 人間의 法益에 대한 侵害 可能性도 함께 增加시키고 있다. 예를 들어, 自律走行 自動車가 도입되어 운행 중 交通事故가 발생하여 사람이 傷害를 입거나 死亡하게 되면 그 刑事責任을 누가 부담하게 되는지에 대한 논의가 제기될 수 있다. 그리고 人工智能이 著作權을 취득할 수 있는지 여부, 타인의 著作權을

侵害하는 경우 刑事法 영역에서 人工智能을 著作權 侵害로 處罰할 수 있을지도 문제된다.

현행 刑法 체계는 意思決定의 主體를 사람으로 한정하고 意思決定에 대한 責任을 원칙적으로 사람이 부담하도록 규정하고 있다. 그러나 최근의 人工智能은 과거 人間의 편리를 위해 도입된 기계들과는 달리 人間의 認識과 思考過程을 模倣하여 스스로 情報를 습득하고 學習하며 직접 의사를 결정하고 실행할 수도 있나. 빠르게 발전하는 人工智能 기술로 인해 意思決定의 主體가 人間의 범주를 넘어서 확대된다면 이전과는 다른 차원의 규범적 문제가 발생할 것이다. 人工智能이 不法적인 意思決定을 하고 이를 실행하여 타인의 法益을 侵害한 경우, 人工智能에 대하여 意思決定에 대한 責任을 지우고 – 刑法적인 의미에서 非難이 가능한지 여부의 문제와 연결된다 – 侵害된 法益에 대하여 刑事責任을 歸屬시킬 수 있는지가 문제된다. 다시 말해, 人工智能이 내린 意思決定과 이로 인한 法益侵害 결과에 대하여 人工智能의 設計「製造者, 所有「使用者 또는 人工智能 그 자체 중 누가 責任을 져야 하는가 라는 문제가 제기되는 것이다.

특히 人工智能이 사람에 의해 犯罪手段으로 사용된 경우가 아니고, 人工智能에 의해 야기된 法益侵害가 사람의 注意義務 違反과 관련성이 없어서 人工智能의 設計「製造者 또는 所有「使用者에게 그 발생한 결과의 責任을 歸屬시킬 수 없는 상황이 발생할 수 있다. 人工智能 背後에 있는 自然人에게 刑事責任의 歸屬이 곤란할 정도로 人工智能이 自律的인 意思決定을 하고 이를 實行하는 경우에 傳統的인 刑法 理論의 人間 中心的 시각은 분명 적용상 그 한계를 드러낸다. 이러한 상황에서도 人工智能의 背後에 있는 自然人 – 人工智能의 設計·製造者 혹은 所有·使用者 – 만을 刑事責任 歸屬의 대상으로 삼는 것은 刑事政策적으로 한계상황에 부딪칠 수 있고, 人工智能 기술발전이 지향하는 핵심에 대해 刑法이 충분히 대처하지 못하는 상황을 초래할 수도 있을 것이다. 刑法學은 傳統的 刑法理論이 가지는 한계를 극복할 수 있는 방안을 제시해야 할 책무가 있다. 法益侵害가 지속적으로 발생하고 이로 인해 사회구성원 간에 규범에 대한 기대 실추가

지속적으로 반복됨에도 불구하고 對應能力이 충분하지 않은 法規範을 그대로 存置 시켜서 責任의 사각지대를 방치하는 결과를 초래할 수는 없다. 오히려 人工智能 시대를 대비한 새로운 法規範을 준비하든지 아니면 기존의 규범을 달리 적용할 수 있는 刑法理論적 방안을 강구해 나가야 할 것이다.

Ⅱ. 人工智能時代 (Artificial Intelligence) 의 到來와 倫理的 · 法的 問題點

1. 人工智能의 概念 定義

'人工智能'이라는 단어가 사용되기 시작한 것은 1956 년 이 분야의 선구적인 研究者들이 美國 다트머스에서 개최한 國際會議 (Dartmouth Conference) 에서부터이다. 마빈 민스키 (Marvin Minsky), 존 매카시 (John McCarthy), 허버트 사이몬 (Herbert Simon), 앨런 뉴웰 (Alen Newel) 등이 이 회의에 참석하였는데, 존 매카시 (John McCarthy) 가 처음으로 人工智能이라는 용어를 提案하였다. 다만, 이 회의에서 人工智能 개념에 대해 명확하게 정의하지는 않았고, 또 기존의 研究와 더불어 학문적 영역 별로 또는 학자에 따라 人工智能을 이해하거나 추구하는 방향이 달라서 이에 대한 통일된 개념이 확립되어 있지는 않은 실정이다.

人工智能은 일차적으로 人間의 學習能力, 知覺能力, 推論能力과 자연어 理解能力 등을 情報시스템을 통해 실현한 것이고 (약한 人工智能), 향후 人間과 유사하게 사고하고 행동하는 人工智能 (강한 人工智能) 의 발전도 예견되고 있다는 점에서 "人間의 心理體系를 人工的으로 具現한 機械 體系" 라고 이해할 수 있다.

人工智能과 구별해야 할 개념으로서 로봇 (robot) 이 있다. 人工智能이 人間의 精神能力을 인공적으로 구현한 기계라면, 로봇은 人間의 肉體를 인공적으로 구현한 기계이다. 법적인 쟁점과 관련하여 문제가 되는 영역은 人工智能이지 로봇이 아니다. 물론 人工智能을 갖춘 로봇은 어느 정도 스스로 판단할 수 있는 能力을 갖추고 있다는 점에서 法的 主體性이나 責任能力과 같은 법적 쟁점의 대상이 될 수는 있다. 이와 달리 정교한 人工智能을 갖추지 않은 단순한 로봇은 여느 기계처럼 수단에 지나지 않는다는 점에서 법적 쟁점의 대상이 될 수는 없다. 따라서 최근 人工智能 혹은 로봇에 관해 법적으로 문제가 되는 부분은 人間의 行爲領域에서 自律性이 핵심이 되는 것처럼, 로봇보다는 人工智能과 더욱 관련을 맺는다고 말할 수 있다. 이하에서는 人工智能 로봇을 포괄하는 개념으로서 '人工智能'이라는 용이를 사용하고자 한다.

우리나라에서 2008년에 입법된 "지능형 로봇 개발 및 보급 촉진법"에서는 지능형 로봇을 "외부환경을 스스로 認識하고 狀況을 判斷하여 自律的으로 動作하는 기계장치"로 정의하고 있다. 이에 의하면 人工智能의 개념요소는 ①外部環境을 스스로 認識하고, ②狀況을 스스로 判斷하여, ③ 自律的으로 作動하는 프로그램이라고 할 수 있다.

2. 人工智能 技術의 活用과 倫理的·法的 問題點

人工智能 技術의 實用化는 人間의 생활에 많은 편의를 제공하고 있지만, 이에 못지않게 과거에는 예상하지 못했던 윤리적·법적 문제점을 야기하고 있다. 예를 들어, 自律走行 차량이 사고를 냈을 때 民事上 賠償責任과 刑事法的 處罰問題, 人工智能의 기반이 되는 알고리즘의 缺陷 또는 誤作動으로 不法行爲나 피해가 발생하였을 때의 법적 처리 문제, 人工智能에 의한 질병의 검진과 로봇수술 허용 여부, 로봇활동에 대한 관리 및 규제를 전담하는 정부 기구의 필요성과 역할 문제 등을 들 수 있다. 이것은 결국 人間 생활의 어느 영역까지 人工智能이 개입할 수 있으며, 人工智能이 人間의 行爲를 대체하여 기능한 결과로 사회 내에서 의미를 가지는 法益侵害가 발생했을 때, 이것을 어떻게 법적으로 처리할 것인가의 문제와 관련된다. 이때 人工智能을 단지 사람의 지시에 따라 조종되는 기계와 유사한 물건으로 볼 것인지, 아니면 人工智能에 人格을 擬制할 것인지, 또는 人工智能을 自律的인 意思決定 能力을 가진 道德的 行爲者(Artificial Moral Agent; AMA)로 평가할 수 있는지에 따라 위의 문제들에 대한 대응방안이 달라질 수 있다.

위에서 열거한 문제들은 종래의 법체계 내에서는 예상하지 못했던 영역이므로 기존의 法解釋을 통해서 해결책을 찾는 것은 그 한계를 드러낼 것이고 현재로서는 이에 대응하기 위한 이론적 토대도 부족한 실정이다. 人工智能의 연산체계는 주어진 情報를 판단하고 사안마다 다르게 대응한다는 점에서 民事上 損害賠償責任과 관련해서 制造物責任法을 그대로 적용하기에는 무리가 있다. 앞에서도 언급했지만, 人工智能 시스템이 매개되어 法益侵害가 발생한 경우 民事上 損害賠償責任의 성립요건이 충족되는가에 대한 법적 판단뿐만 아니라, 그 行爲가 刑法的으로 非難可能하고, 따라서 刑事責任을 歸屬시킬 수 있는지도 문제된다.

人工智能이 不法行爲 또는 犯罪에 사용되는 것을 방지하기 위하여 제작 단계부터 人工智能 자체가 타인의 法益을 侵害하지 못하도록 프로그래밍하거나 不法적인 行爲에 대해서는 그 명령을 거부할 수 있는 윤리적 판단이 가능하도록 설계할 수도 있다. 그렇다면 人工智能이 선과 악을 구별하고 윤리적 판단을 할 수 있는 自律性과 意思能力을 취득하는 경우, 人工智能을 도덕적 行爲者로 擬制하고 人工智能에 대하여 民事法的, 刑事法的 責任을 부과할 수 있을지 문제된다. 그리고 위에서 전제한 바대로 人工智能의 自律性이 충분히 인정되기 위해서는 그 기술이 어느 정도까지 발전해야 하는지도 의문이다.

유럽연합에서 진행된 RoboLaw 프로젝트는 2014년 '로봇 규제를 위한 가이드 라인'을 내놓았는데 自律走行 車輛, 手術用 의료로봇, 로봇 인공기관, 돌봄 로봇으로 나누어 규제정책의 근거를 제시하고 있다. 활용되는 분야별로 쟁점을 분석하여 규제를 검토하였다는 점은 시사하는 바가 크다. 그러나 국내에서 人工智能 및 로봇공학의 활용에 따르는 法律關係와 責任歸屬에 대한 논의는 아직 충분히 활성화되지 않은 단계이다. 人工智能 분야는 여전히 이에 대응하는 法體系의 整備와 法解釋論의 定立이 미흡한 상황이므로 이제는 대응책을 마련하기 위한 논의를 지속하고 발전시킬 필요가 있다.

Ⅲ. 人工智能의 刑事法的 爭點에 대한 論議

1. 論議의 前提 - 약한 人工智能과 강한 人工智能의 구별

人工智能의 발달 과정에서 중요한 개념으로 등장한 것이 약한 人工智能(weak AI)과 강한 人工智能(strong AI)이다. 이 개념은 人工智能 개발과 硏究 분야에서 폭넓게 쓰이고 있으며 특히 강한 人工智能은 人工智能 개발의 목표점으로 제시되고 있다.

약한 人工智能(weak AI)은 人間과 같은 감성을 지니지는 않고 한정된 분야에서 人間의 지능 활동과 유사한 결과물을 발생시키는 人工智能이다. 주어진 알고리즘을 수행하며 주로 특정한 영역에서 문제를 해결하는 人工智能이 여기에 해당한다. 현재의 人工智能 硏究의 중심은 약한 人工智能 쪽에 있으며, 최근 화제가 되는 Machine Learning 또는 Deep Learning도 약한 人工智能으로서의 성격이 강하다고 할 수 있다.

강한 人工智能(strong AI)은 人間과 같은 사고체계로 문제를 분석하고 행동할 수 있는 人工智能이다. 이것은 人間의 感情 및 思考體系와 같은 방식으로 작동하는 人工智能으로, 범용(汎用)적인 人工智能이라 할 수 있다. 따라서 강한 人工智能은 일반 人工智能(Artificial General Intelligence, AGI)이라고 불리기도 한다.

약한 人工智能과 강한 人工智能의 차이를 간단히 정리하자면, 약한 人工智能은 특정 데이터를 입력하고 프로그램을 통해 學習시킴으로써 특정 작업을 하는 것을 목적으로 하는 반면에, 강한 人工智能은 人間의 腦가 수행하는 역할을 模倣하는 것을 지향점으로 한다. 즉 약한 人工智能이 人間을 보조하는 수준의 人工智能이라면 강한 人工智能은 人間의 感性을 理解하고 獨自的으로 思考하는 수준의 人工智能이라고 할 수 있다.

人工智能의 刑事責任에 대해서는 肯定說과 否定說이 대립하지만, 현재의 약한 人工智能 단계에서는 人工智能 그 자체의 刑事責任은 문제되지 않을 것이다. 약한 人工智能을 이용한 犯罪의 경우에는 대부분 그것을 犯罪에 이용한, 犯行의 實質的인 支配자, 사람이 背後에 있기 때문이다. 따라서 이러한 상황이 발생하면 약한 人工智能을 犯罪의 도구로 이용한 사람 또는 人工智能이 매개되어 발생한 결과에 대해 因果關係가 인정되는 사람에게 刑事法적인 責任을 歸屬시키면 충분하다. 예를 들어, 人工智能 사용자가 人工智能이 犯罪를 저지르도록 프로그램을 입력한 경우에는 그 사용자는 故意犯의 責任을 부담할 것이고, 人工智能의 誤作動이나 예상치 못한 행동으로 인한 결과에 대해서는 人工智能 設計·製造者, 또는 使用者의 過失責任 여부가 문제될 것이다.

그러나, 강한 人工智能이 犯罪를 저지른 경우, 그 責任의 歸屬主體를 정하는 문제에 어려움이 따른다.

人工智能이 매개된 法益侵害에 대한 대응방안으로, 刑法상의 兩罰規定을 바탕으로 人工智能에 대해서도 犯罪能力 또는 責任歸屬能力을 인정하는 견해, 民事法상의 製造物責任 법리를 援用하는 견해 및 美國 刑事法상의 責任歸屬 要件에 기초하여 人工智能의 刑事責任을 인정하는 견해, 독일을 중심으로 電子人格 (Electronic Person)의 도입을 주장하는 견해가 있다. 이 글에서는 강한 人工智能이 야기한 法益侵害의 刑事法的 責任歸屬과 관련하여 종래의 논의를 살펴보고, 그 타당성 여부를 검토한 후에 人工智能 그 자체에 대하여 刑事責任을 歸屬시키는 것도 하나의 대응방안으로 제시될 수 있는지를 검토하겠다.

2. 人工智能과 自由意志의 問題

人間은 自由意志를 가지고 이에 따라 여러 가지 선택을 하는 존재로 알려져 왔다. 自由意志는 人間의 본성이자 핵심이고, 自由意志의 존재는 특히 刑事法 영역에서 중요한 의미를 갖는다. 현재의 犯罪體系에서 刑罰은 自由意志를 지닌 人間이 자신의 의사로 犯罪를 선택하였음을 전제로 부과되기 때문이다. "責任이 없으면 刑罰 없다"는 責任主義 원칙은 人間의 意思決定의 自由를 논리적 전제로 한다. 즉, 自由意志에 따라 適法行爲를 할 수 있었음에도 불구하고 스스로의 의사에 기초하여 不法의 세계로 진입한 것에 대해서 非難을 가하고 刑罰을 부과하는 것이다. 따라서 自由意志가 인정되지 않는 刑事未成年者나

精神疾患者에 대해서는 少年法상의 保護處分이나 治療監護 處分은 別論으로 하고 非難可能性을 기초로 하는 刑罰은 부과될 수 없는 것이다.

人間에게 自由意志가 있다는 것은 반대로 人工智能의 人間性을 부정하는 논거로도 사용될 수 있다. 人工智能은 프로그램된 대로만 움직이며 여기에 어떤 형태의 自由意志도 존재하지 않는다는 것이 그 이유다. 人工智能은 人間과 달리 欲求(desire)를 가지지 않으므로 人工智能의 행동을 自由意志의 결과물로 볼 수 없다거나, 人工智能이 自律性을 가지고 있다 하더라도 이 自律性은 데이터를 습득하기 위한 認識과 判斷의 範圍 내에서만 의미를 갖기 때문에 이를 自律的 行爲라 보기는 어렵다는 견해, 人工智能이 스스로 자기 學習能力을 거쳐 推論能力을 가진다고 하더라도, 사회 속에서 상호작용을 하면서 사고하는 자신을 認識할 수 있는 自意識을 가지는 단계까지는 도달하지 못했다는 견해는 모두 人工智能이 自由意志를 갖는지에 대해서 懷疑的인 입장이다. 따라서 人工智能은 自由意志가 인정되지 않기 때문에, 자신의 行爲가 사회에 미치는 반(反)가치에 대하여 人間만큼 고려할 수 없고, 이러한 의미에서 人工智能에 대하여는 行爲不法에 따른 責任을 물을 수 없다고도 한다.

意思自由를 전제로 하는 傳統的 責任개념에 비추어 볼 때, 人工智能에 대해서는 責任요건이 충족되기 어렵고 그렇다면 責任非難을 기본요소로 하는 刑罰을 부과하는 것도 불가능해진다. 그러나 최근에는 意思自由에 기반한 傳統的 責任理論을 修整 또는 補完하거나 解體하고 再構成하는 방안이 제시되고 있는데, 이에 대해 시사점을 제공하는 것이 腦科學의 研究成果이다. 이에 의하면 人間이 의사자유를 가진다는 것은 경험적으로 입증되지 않은 이론적·논리적 투쟁의 결과물일 뿐이며, 환상에 불과하다고 한다. 따라서 刑法상의 責任原則은 人間의 의사자유를 부정하는 토대 위에서 새롭게 재구성되어야 한다고 주장한다. 腦科學 研究성과를 信奉하는 자들이 모두 刑法의 폐지를 말하는 것은 아니다. 이들도 刑法의 필요성을 認識하고 있으며 다만 責任 개념의 수정을 통해 刑法이 應報를 위한 법이 아니라 豫防과

保安處分을 위한 法이 되어야 한다고 한다. 犯罪자는 의도적으로 有責한 行爲를 하였기 때문에 處罰되는 것이 아니라, 가능한 한 改善되어야 하기 때문에 處罰되는 것이고 개선이 가능하지 않을 경우에는 오히려 사회가 犯罪者들로부터 보호되어야 한다고 한다.

그리고 전통의 刑法이 효과적으로 방어할 수 없는 분야에 있어서는 종전의 人間中心的 刑事司法에서 탈(脫)人間의 刑事司法으로의 수정과 변화가 요구된다는 견해가 있다. 이에 따르면 '사회적 체계'(Social System)가 脫人間中心的 형사사법의 중심적인 지위를 차지하고 사회현상을 관찰할 때 行爲가 아닌 疏通(communication)을 더욱 근원적인 개념으로 파악한다. 脫人間中心的 刑事司法의 기준에서 보면, 강한 人工智能에 대하여도 社會的 人格性을 부여할 수 있다. 왜냐하면 강한 人工智能은 自律的으로 사회에서 이루어지는 소통에 참여할 수 있기 때문이다. 이 경우 自由意志가 중요한 것이 아니라, 오히려 疏通의 自由를 갖고 있는지가 중요하다고 한다. 다만 강한 人工智能은 人間과 同等한 精神能力을 갖춘 人工智能이므로 自律性 역시 갖는다. 그 점에서 自由意志는 강한 人工智能에 대한 刑事責任을 논의할 때는 큰 문제가 되지는 않는다고 한다.

이상의 논의를 종합해 볼 때, 우선 人工智能이 人間과 동등한 自律性, 意思自由를 가지지 못하므로 人工智能에 대해서는 刑事責任을 물을 수 없다는 전제에서 조금은 자유로울 수 있다. 그리고 意思自由에 기초를 둔 責任非難을 根本要素로 하는 刑罰을 人工智能에 대하여 부과하는 것도 머지않아 현실화될 것이라는 전망도 가능해 보인다.

3. 犯罪行爲 能力

刑法상 犯罪行爲 能力은 犯罪의 主體가 될 수 있는 資格이다. 犯罪란 형식적으로는 構成要件에 해당하고 違法하고 責任 있는 行爲이다. 犯罪成立要件에 대한 刑法 규정에서 그 출발점은 '人間의 行爲'이다. 원칙적으로 人間의 行爲만이 犯罪成立要件 충족 여부에 대한 심사대상이 된다. 즉, 犯罪行爲의 主體는 自然人인 사람이어야 하므로 人工智能 또는 人工智能 로봇은 원칙적으로 犯罪主體가 될 수 없다.

現代社會에서 自然人이 아닌 團體의 사회활동 참여가 증가하고

團體에 의한 法益侵害가 빈번하게 발생하고 있는 상황에서, 刑事政策 목적상 團體에 대한 處罰의 필요성이 대두되었고 自然人 이외에 法人格이 부여된 團體인 法人이 犯罪의 主體가 될 수 있는지, 또는 刑罰能力이 있는지에 대한 論爭이 提起되었다. 이러한 논쟁은 이론상의 견해 차이뿐만 아니라, 刑事法이 兩罰規定을 통해 自然人인 사람 이외에 '法人'을 處罰하고 있는 法現實에 기초한다. 이를 통해 현행 刑事司法體系는 自然人인 사람 이외에 법적인 지위를 부여받은 法人에게도 刑事責任을 歸屬시킬 수 있는 장치를 마련해 두고 있다.

약한 人工智能과는 달리 강한 人工智能의 常用化는 기존의 형사사법 체계에 중대한 도전을 야기할 수 있다. 왜냐하면 강한 人工智能은 人間과 동등할 정도로 自律性과 思考能力을 갖추었기 때문이다. 예를 들어, 人工智能을 탑재한 自律走行 自動車의 존재와 발전은 人工智能이 自律性 혹은 自由意志를 가지고 있으며, 적어도 自由意志를 지향할 수는 있다는 하나의 판단근거가 된다. 더 주목할 점은 人工智能의 발전이 그 自律性 혹은 自律的 판단能力을 점차 증대시켜 나가는 방향으로 이루어진다는 것이다. 이는 언젠가 人間으로부터 완전히 독립하여 人間과 동등한 모습의 自由意志를 가지는 人工智能이 출현할 수 있을 것이라는 예상도 가능하게 한다.

人工智能이 人間처럼 스스로 목표를 설정하고 목표를 달성하기 위해 自律的으로 수단을 선택하는 主體로서 작동할 수 있다면, 이것은 강한 人工智能이 독자적인 犯罪主體가 될 수 있다는 것을 의미한다. 물론 약한 人工智能에 기반을 두고 있는 현재의 과학기술 수준에서 볼 때, 이러한 강한 人工智能이 상용화되는 것은 먼 미래의 일이 될 수도 있다. 그렇지만 만약 이러한 상황이 현실화된다면, 과연 강한 人工智能에 대하여 刑事責任을 인정할 수 있는가 하는 문제에 봉착하게 될 것이고, 이것은 人間을 中心으로 하여 形成된 현재의 刑事司法體系에 중대한 理論的·實踐的 挑戰이 될 것이다.

4. 刑事法상 責任歸屬의 可能性

어떤 行爲主體에게 犯罪能力이 인정된다 하더라도 그 主體를 處罰하기 위해서는 刑事法적인 責任歸屬이 요구된다. 責任歸屬은

責任能力을 전제로 한다. 責任能力은 行爲者가 非難 받을 만한 자격을 가지고 있음을 뜻한다. 行爲主體가 犯罪能力을 가졌다고 해서 모두가 責任能力을 가지는 것은 아니다. 行爲者에게 非難을 가하려면 최소한 行爲者에게 事物을 理解하고 善惡을 辨別할 수 있는 能力이 있어야 한다. 즉, 行爲者가 자유로운 意思決定을 통하여 適法行爲를 할 수 있었음에도 불구하고, 不法을 決意하고 實行한 것에 대하여 行爲者의 탓이라고 非難할 수 있을 때 責任能力이 인정된다. 刑事未成年者나 精神疾患者는 犯罪能力이 인정되는 경우에도 事物 辨別能力이 없기 때문에, 따라서 行爲의 結果를 그들의 탓이라고 非難할 수 없으므로 責任能力이 否定된다.

그렇다면 위에서 언급한 것같이 人間처럼 自律性을 獲得한 人工智能에 대해 刑事責任을 賦課할 수 있는가의 문제가 제기될 수 있다. 이에 대한 논의를 살펴보고 그 타당성을 검토해 보겠다.

(1) 刑法상 兩罰規定의 受容 可能 與否

刑法體系에서 法人은 이론적으로 犯罪能力에 관한 否定說을 취하는 경우에도 현행 兩罰規定에 따라 處罰된다. 이와 유사하게 人工智能이 발생시킨 法益侵害 결과에 대해서도 刑法상 의미있는 行爲 여부, 人工智能의 犯罪能力 인정 여부를 떠나서 발생한 결과에 대한 刑事責任歸屬문제를 여전히 논의해 볼 수 있다.

人工智能에 대해서 兩罰規定을 立法化하는 경우, 그 취지와 입법목적은 첨단기술의 발전과 더불어 이에 수반되는 사회적 위험을 가져오는 특정한 대상이 人間의 삶에 대한 심각한 危險源의 主體로서 작용할 때, 입법자는 그의 결단에 의해 그 특정한 대상에 대해서도 刑罰賦課를 통해 社會的 責任의 履行을 요구할 수 있음을 선언하는 것이다.

미래에 人工智能이 그 자신의 축적된 경험 또는 지식에 기초하여 犯罪意思를 가지고 스스로 범행계획과 진행 경과를 통제해 나가는 단계로 발전된다면 이때 人工智能이 단지 도구로서의 역할만 수행했다고 볼 수는 없을 것이다.

그리고 人工智能이 人間과 유사하게 情報를 認識하고 分析하여

人工智能의 명령에 의해 작동되는 기계장치 부분을 – 人工智能 로봇을 예로 들면 그 팔, 다리에 해당된다 - 설계된 프로그램을 넘어서 스스로의 판단에 따라 작동할 수 있게 하는 단계가 도래하면, 이전에 전혀 예상하지 못하였던 상황들이 전개되면서 責任을 自由意思를 가진 자의 不法한 行爲에 대한 非難可能性이라는 기준만으로 정의할 수 없게 될 것이다. 이 경우 人工智能의 設計·製造者와 使用者에게만 刑事責任을 묻는 것이 과연 責任主義에 충실한 것인가에 대해 의문이 제기될 수 있다. 人工智能이 目標指向的 意志라는 정신적 요소들을 구비하게 된다면 刑事處罰 대상이 되는 것을 막을 이유가 없을 것이다. 刑事責任을

부과할 수 있는 대상은 사회 공동생활 과정에서 犯罪行爲를 계획하고 실행하여 刑法이 보호하는 法益을 侵害할 수 있는 活動主體이면서 倫理的 責任이 가해질 수 있는 대상이면 족하고, 반드시 自然人에게만 한정할 필요는 없다고 판단된다.

(2) 刑事法상 製造物責任 法理의 認定 可能性

民事責任의 경우에는 刑事責任의 경우와는 달리 물건이 매개된 외부적 결과에 대한 責任을 人間에게 歸屬시키기 위한 방안이 이미 마련되어 있다. 傳統的인 民事法的 責任歸屬條件의 적용을 완화하는 制造物責任法의 법리가 바로 그것이다. 制造物責任法은 물건이 매개된 손해의 결과에 대해 責任을 지우기 위해 누구에게 과실이 있는지, 그 과실과 손해 사이에 因果關係가 있는지를 傳統的인 民事責任 이론의 수준으로 확인할 것을 요구하지 않는다. 製造上의 過失이나 因果關係를 推定하거나 그 立證責任을 製造者에게 負擔시킴으로써 결국 責任을 製造者에게 轉換하는 방식을 취한다. 이로써 制造物責任法은 社會共同體 내에서 發生하는 危險을 分配하는 사고에 기초하고 있는 것이다.

民事上의 制造物責任法 法理를 人工智能에 의해 발생한 결과에 대해서도 援用하여 刑事責任을 인정할 수 있는가 문제된다. 이를 수용하려는 입장에서는 이른바 ‘製造物 刑事責任法’의 입법을 제안하면서 그 필요성과 타당성을 강조한다. 그러나 制造物責任法의

법리를 刑事法적 責任歸屬에 적용하는 경우는 人工智能에 의해 매개된 法益侵害의 결과를 人工智能의 설계 · 제조자, 사용자 등에게 歸屬시키기 위해 因果關係의 推定을 쉽게 인정하거나 立證責任의 轉換을 許容하게 될 것이다. 이것은 두 가지 측면에서 비판이 제기될 수 있다. 우선, 이러한 責任歸屬 방식은 人工智能에 의해 발생한 결과에 대한 責任歸屬을 人工智能 자체가 아닌 제 3 자인 사람에게 轉嫁하기 위한 것이다. 따라서 人間의 통제를 벗어나 自律的으로 行爲하는 人工智能에 의해 발생한 法益侵害의 결과를 그 侵害를 야기한 人工智能 자체에 대하여 歸屬시키기 위한 논리로는 적절하지 않다. 그리고 민사법 영역의 고유한 특성으로서, 사회 내에서 발생하는 위험을 형평원칙에 부합하게 분배하기 위한 법원리를 刑事法의 責任歸屬에 적용하는 경우, 過失이나 因果關係가 인정되지 않아도 그 責任을 부담하게 되어 刑事法의 대원칙인 責任原則이 形骸化 될 위험이 있다.

(3) 美國 刑事法상의 責任歸屬要件에 기초하여 人工智能의 刑事責任을 인정하는 견해

- Gabriel Hallevy 의 견해를 중심으로 -

美國 刑法상 刑事責任 (criminal liability) 이 발생하기 위해서는 客觀的 要件으로서 自發的 行爲 (voluntary act; actus reus) 와 主觀的 要件으로서 犯罪意思 (mental state ; mens rea) 가 존재하여야 한다.

Gabriel Hallevy 는 美國 刑事法을 기초로 人工智能의 刑事責任 가능성을 검토하는데, 人工智能에 의해 야기된 결과가 위 두 요건을 충족하면 刑事責任이 인정되고 다른 어떠한 기준이나 能力이 요구되는 것은 아니라고 주장한다. 그는 人工智能과 관련된 責任歸屬 유형을 제 3 자 責任歸屬 유형 (Perpetration-by-Another Liability Model), 相當한 結果에 대한 責任歸屬 유형 (Natural-Probable-Consequence Liability Model), 直接 責任歸屬 유형 (Direct Liability Model) 으로 구분한다.

제 3 자 責任歸屬 유형 (Perpetration-by-Another Liability Model) 에 의하면 人工智能은 非難할 수 없는 行爲者 (innocent agent) 로 평가된다. 人工智能은 기계일 뿐 사람이 아니라서 犯罪行爲의 主體性을 인정하기에는 충분하지 않다. 人工智能은 정교한 도구로서 行爲한

것이고 人工智能을 操縱하는 背後者인 사람이 犯罪行爲의 실질적인 主體가 된다. 예를 들어, 人工智能의 제작자가 犯罪를 저지르게 하는 프로그램을 人工智能에 설치하여 人工智能이 犯罪行爲를 실행한 경우가 이에 해당한다.

相當한 結果에 대한 責任歸屬 유형 (Natural-Probable-Consequence Liability Model) 은 人工智能에 의해 발생한 豫見 可能한 結果에 대해 人工智能 설계자나 이용자에게 그 責任을 歸屬시킨다. 人工智能 설계자나 이용자는 人工智能에 의한 법 違反行爲의 결과가 발생할 때까지 그것을 認識하지 못하고, 법 違反行爲를 저지를 의사도 없고 그 行爲에 가담하지도 않는다. 이때 人工智能 설계자나 이용자에게 발생한 결과에 대한 責任을 歸屬시키기 위해서 요구되는 主觀的 · 精神的 요소 (mental state) 는 過失 (negligence) 이다. 이들이 장차 발생할 犯罪行爲를 認識할 필요도 없다. 그러한 결과의 발생이 그들의 注意義務 違反行爲에 대한 자연스럽고 상당한 결과 (natural and probable consequence) 라는 것이 인정되면 족하다.

直接 責任歸屬 유형 (Direct Liability Model) 은 人工智能이 刑事責任의 직접적인 主體로 작동하는 경우에 해당한다. 따라서 이 유형은 人工智能 자체에 대한 責任歸屬 여부에 주목한다. 人間에게 刑事責任을 부과하기 위해서 行爲要素 (actus reus) 와 精神的 要素 (mens rea) 가 요구되는 것처럼 人工智能에 대해서도 이 두 가지 요건 외에 다른 것은 필요하지 않다.

行爲要件과 관련하여, 人工智能이 이것이 탑재된 기계장치를 제어할 수 있도록 설계되어 人工智能의 指示하에 기계장치 부분이 작동한다면 刑法상의 行爲要件이 충족된다. 예를 들어, 人工智能의 지시로 이를 탑재한 로봇 (혹은 다른 기계 메카니즘) 이 옆에 서 있는 타인의 신체에 물리력을 가한 경우 暴行罪의 行爲要件이 충족된다.

人工智能이 직접 刑事責任을 질 수 있는지와 관련하여 가장 문제되는 것이 人工智能에 대하여 認識 (knowledge), 고의 (intent), 과실 (negligence) 같은 主觀的 · 精神的 要素 (mens rea) 가 인정될 수 있느냐 하는 것이다. Gabriel Hallevy 는 人工智能의 알고리즘은 人間과

유사하게 시각, 청각, 물리적 접촉 등을 인지할 수 있는 장치가 구비되어 있고 인지된 情報를 처리하는 과정도 人間의 처리과정을 模倣하고 있으므로 認識 (knowledge) 이라는 정신적 요소를 인정할 수 있다고 한다. 그리고 人間처럼 특정 결과 발생에 대한 강한 목적 또는 의도를 가지도록 프로그래밍 할 수 있으므로 特定故意 (specific intent) 까지도 인정될 수 있다고 한다.

그리고, Gabriel Hallevy 는 人工智能의 소프트웨어를 삭제함으로써 主體로서의 獨立的 存在性 (independent existence) 을 제거하여 死刑에 버금가는 결과를 얻을 수 있고, 일정 기간 사용을 금지함으로써 로봇의 행동의 자유를 박탈하는 拘禁刑에 처할 수도 있다고 한다. 또한, 人工智能에게 재산의 보유를 허용하고 이를 징수함으로써 또는 재산을 대체하기 위한 노역을 부과함으로써 財産刑에 처할 수도 있다고 하여 人工智能의 受刑能力까지 인정한다.

(4) 電子 人格 (Electronic Person) 의 도입을 주장하는 견해

유럽연합 의회는 2017. 2. 16. 당면한 로봇 현안에 관한 결의안을 통과시켰는데, 그 내용 중에는 장기적으로 로봇에게 電子人格 (electronic person) 을 부여하여 로봇의 법적 지위를 인정하자는 제안이 포함되었다. 여기서 '電子 人格 (electronic person)' 은 특정한 권리 · 의무를 가질 수 있는 자율형 로봇의 법적 지위로 설명되는데, 로봇이 자신이 발생시킨 손해에 대한 배상의무를 부담하거나 自律的인 意思決定을 할 때 또는 제 3 자와 독립적으로 상호작용하는 경우, 電子的人間으로서의 지위를 부여받을 수 있도록 하고 있다.

독일의 경우 이미 10 년 전부터 AI 로봇에 대한 형사제재 가능성 여부와 관련하여 '로봇刑法 (Strafrecht für Roboter)' 논의가 진행 중에 있으며, 이른바 人工智能의 경우 법률상 電子 人格을 부여하여 刑事責任能力을 인정할 수 있다는 주장도 나타나고 있다. 로봇에게 責任을 인정할 수 있는 견해로 다음과 같은 근거가 제시된다.

첫째, 人間 외에 동물에게도 刑罰이 집행된 적이 있으므로 로봇에 대한 刑罰도 가능하다. 둘째, 기계가 지능, 自律性, 의사자유라는 관점에서 人間과 유사하다면 바로 그러한 속성들과 관련되는 刑法적

責任을 기계에도 부과하는 것도 가능하다. 또한 刑法상 責任歸屬에서 중요한 점은 '刑法的 責任이 存在하는가'라는 存在論的 의미보다는, '責任이 있는 것으로 歸屬시킬 수 있는가'라는 規範的 歸屬可能性이므로 이론적으로 로봇에게 刑事責任을 歸屬시키는 것이 불가능한 것은 아니다. 이 견해에 따르면 로봇에게도 法人과 유사하게 電子 人格이라는 지위를 독자적으로 부여할 수 있다는 입장까지 발전할 수 있다. 셋째, 로봇에 대한 再프로그램화 혹은 로봇의 행태를 변화시킬 수 있는 해악을 부과함으로써 로봇에 대해서도 법적 제재가 가능하다는 것이다.

미래에 人間의 이성적 사고과정과 거의 흡사한 自律的 意思決定 能力을 가지고 있으면서 도덕적 推論能力까지 갖춘 강한 人工智能(strong AI)이 개발된다면, 人工智能의 意思決定구조가 人間의 그것과 거의 같아 犯罪의 主觀的 要素인 認識·意思 등이 인정될 여지가 있고 人工智能에 대한 責任非難이 가능할 것이다. 法人의 刑事責任을 인정하는 근거와 관련 지어 볼 때, 法人의 刑事責任은 실제로는 대표자 등 自然人의 行爲에 기반하기 때문에 人工智能에 대한 責任歸屬 논의와 동일한 평면에서 이루어지는 것은 아니지만, 적어도 法人의 刑事責任이 法人 自體의 正體性에 기초한 것이 아님에도 불구하고 社會共同體의 法益保護를 위해 法人의 刑事處罰이 正當化될 수 있다면, 人工智能에 의한 法益侵害 狀況과 犯罪危險性이 顯著하게 增加하는 경우에, 人工智能에 대한 刑事責任의 歸屬도 正當化될 수 있는 根據가 된다.

Ⅳ. 結論 - 人工智能 時代에서 刑法의 役割에 대한 새로운 자리매김

人工智能의 設計·製造者, 使用者에게 기존 刑法 이론에 기초한 犯罪意思를 인정할 수 없거나, 注意義務를 더 이상 강제할 수 없을 정도로 人工智能이 自律的 思考能力과 독자적인 行爲能力을 획득하여 人間과 유사한 정도에 이르게 될 때, 人工智能이 이러한 能力에 기초한 意思決定의 결과로 저지른 法益侵害에 대해서는 人工智能의 設計「製造者, 使用者에게 責任을 부담시킬 수는 없을 것이다. 이때 과연 누구에게 刑事責任을 歸屬시킬 수 있는지가 문제된다.

意思自由를 전제로 하는 傳統的 責任개념에 비추어 볼 때, 人工智能에 대해서는 責任要件이 충족되기 어렵고 그렇다면 責任非難을 기본요소로 하는 刑罰을 부과하는 것도 불가능할 수 있다. 그러나 人工智能이 人間처럼 스스로 목표를 설정하고 목표를 달성하기 위해 自律的으로 수단을 선택하는 主體로서 작동할 수 있다면, 이것은 강한 人工智能이 독자적인 犯罪主體가 될 수 있다는 것을 의미한다. 人工智能이 그 자신의 축적된 경험 또는 지식에 기초하여 犯罪意思를 가지고 스스로 범행계획과 진행 경과를 통제해 나가는 단계로 발전된다면 이때 人工智能이 단지 도구로서의 역할만 수행했다고 볼 수는 없을 것이다.

人工智能이 目標指向的 意志라는 精神的 要素들을 구비하게 된다면 刑事處罰 대상이 되는 것을 막을 이유가 없을 것이다. 刑事責任을 부과할 수 있는 대상은 사회 공동생활 과정에서 犯罪行爲를 계획하고 실행하여 刑法이 보호하는 法益을 侵害할 수 있는 活動主體이면서 倫理的 責任이 가해질 수 있는 대상이면 족하고, 반드시 自然人에게만 한정할 필요는 없다고 판단된다. 이미 自然人이 아닌 法人에 대하여 民事的 法人格을 인정하고, 兩罰規定을 통하여 刑事責任 歸屬을 인정한 경험이 있다. 人工智能이라는 새로운 문제에 있어서도 人工智能이 앞으로 훨씬 발전할 것임을 전제로 이에 대한 立法的인 整備와 理論的인 定立에 노력을 기울일 시기라고 판단된다.

人間과 동등할 정도로 自律性을 취득한 人工智能에 대해서는 입법을 통해서 별도의 인격을 부여하는 것이 미래의 발전된 人工智能 시대에 대비하는 타당한 해결책이 된다고 생각한다. 그리고 이것이 人工智能 시대에 刑事法이 傳統的인 刑法觀이 가지는 상황적 한계를 극복하고 그 역할을 새롭게 자리매김하는 방안이 될 것이다. 이와 관련하여, 장기적으로 로봇에게 電子 人格(electronic person)을 부여하여 로봇의 법적 지위를 인정하는 유럽연합 의회의 '로봇 현안에 관한 결의안'은 좋은 시사점을 제공한다. 人工智能이 自由意志, 自律性, 知的 能力이라는 관점에서 人間과 동등하다면, 사회공동체에서 구성되는 개념의 합목적성을 고려해 볼 때 人間에게 적용되는 刑法을 로봇에게도 그 대상을 확장시켜 적용하는 것이 큰 문제가 되지는 않을 것이다.

人工智能에 대한 刑法적 責任歸屬이 가능한 경우라도 責任非難으로서의 刑罰은 傳統的 刑法과는 다른 수단을 통해 부과되어야 할 것이다. 즉, 人工智能의 誤謬可能性에 대한 改善 또는 豫防策으로서는 문제된 코드나 설계 또는 人工智能 자체의 사용을 중지하고 反價値的 意思決定의 원인이 된 부분의 교정 또는 개선을 명령할 수 있을 것이다. 개선이 불가하거나 현저히 곤란할 경우 해당 코드, 설계, 人工智能의 삭제를 명하는 동시에 향후 동일, 동종, 유사의 코드, 설계, 人工智能의 사용을 금지하고 이러한 금지된 내용을 대세적으로 공표하도록 강제하는 방식이 가능하다.

<參考文獻>

김성돈, "腦科學과 刑事責任의 새로운 地平", 刑事法研究, 제 22 권 제 4 호 (통권 제 45 호), 2010.

"傳統的 刑法理論에 대한 人工智能 기술의 도전", 刑事法研究, 2018.

김영두, "人工智能과 自由意志", 연세법학회 제 60 회 학술대회, ┌人工智能시대의 법적 과제┌발표문, 2017.

김영환, "로봇刑法 (Strafrecht für Roboter)?", 法哲學研究, 제 19 권 제 3 호, 2016.

류화진, 지능형 로봇의 犯罪主體성과 刑事責任, 과학기술과 법 제 7 권 제 2 호, 2016.

마쓰오 유타카, 박기원 (옮김), "人工智能과 딥러닝: 人工智能이 불러올 산업구조의 변화와 혁신", 동아엠엔비, 2016.

양천수, "人工智能과 法體系의 變化 - 형사사법을 예로 하여 -", 법철학研究, 제 20 권 제 2 호, 2017.

윤지영 윤정숙 임석순 김대식 김영환 오영근, 法科學을 적용한 형사사법의 선진화 방안 (VI), 研究총서 15-B-16, 韓國刑事政策研究원,

2015.

이상미,"人工智能(AI) 創作物의 著作權者는 누구인가?" 科學技術法研究,제 22 권 제 3 호, 2016 .

이인곤·강철하,人工智能 로봇의 刑事法理論 體系에 관한 일고, 한국법학회 - 法學研究,제 18 권 제 3 호 (통권 71 호) 2018.

이인영,"人工智能 로봇에 관한 刑事責任과 責任主義", 홍익법학, 제 18 권 제 2 호 (2017).

이창민,人工智能의 刑事責任,서울대학교 기술과 법 센터, LAW & TECHNOLOGY, 제 14 권 제 2 호, 57 면 .

임석순,刑法상 人工智能의 責任歸屬,刑事政策研究 제 27 권 제 4 호,韓國刑事政策研究원, 2016.

전지연,"刑罰論적 관점에서 본 刑法적 製造物責任의 필요성", 刑事政策 제 13 권 제 1 호, 2001.

情報통신기술진흥센터,"美國의 人工智能(AI) 기술 R&D 추진 동향", 해외 ICT R&D, 정책동향 2015 년 3 호, 2015.

주현경,"人工智能과 刑事法의 爭點 - 責任歸屬을 중심으로 -" 刑事政策 제 29 권 제 2 호 (통권 제 52 호 2017).

최은창,人工智能 시대의 法的·倫理的 爭點,科學技術政策研究원, FUTURE HORIZON (28), 2016.

하태훈,"缺陷製造物로 인한 法益侵害와 그 刑事責任", 刑事法研究 제 17 호, 2002.

Gabriel Hallevy, I, Robot-I, Criminal— When Science Fiction Becomes Reality: Legal Liability of AI Robots Committing Criminal Offenses, *Syracuse Science & Technology Law Reporter*, 2010.

Gabriel Hallevy, The Criminal Liability of Artificial Intelligence Entities—From Science Fiction to Legal Social Control, *Akron Intellectual Property Journal*, 2010.

George R. Cross & Cary G. Debessonet, An Artificial Intelligence Application in the Law: CCLIPS, A Computer Program that Processes Legal Information, *High Technology Law Journal*, 1986.

Sabine Gless, Emily Silverman, Thomas Weigend, If Robots Cause Harm, Who Is To Blame? Self-Driving Cars and Criminality, *New Criminal Law Review*, 2016.

The European Parliament's Legal Affairs Committee, *European Civil Law Rules In Robotics*, 2016.